CYFRES BEIBL A C............

GOLYGYDD:

D. R. Ap - THOMAS

PENDERFYNODD Adran Diwinyddiaeth Urdd Graddedigion Prifysgol Cymru yn 1974 hybu darpariaeth cyfres o lawlyfrau yn Gymraeg ar gyfer efrydwyr pynciau beiblaidd a chrefyddol. Cafwyd rhestr o'r prif anghenion, ac eisoes trefnwyd i gyhoeddi deg cyfrol gyda chydweithrediad parod Bwrdd Gwasg Prifysgol Cymru. Bydd y cyfrolau yn ymdrin yn y lle cyntaf â'r pynciau hynny a ddysgir yng ngholegau ac ysgolion Cymru, ond mewn modd a'u gwna o fudd i bob un sy'n ymddiddori yn y Beibl a Chrefydd yn gyffredinol.

Rhoddir pob rhyddid posibl i'r awduron ymdrin â'u mater yn eu ffordd eu hunain o fewn terfynau'r gyfres. Amcan y Golygydd fydd cyfyngu ei waith i geisio'r cysondeb hwnnw rhwng cyfrol a chyfrol sy'n gweddu i gyfres fel hon.

Y Gyfres hyd yn hyn:

1. GRAMADEG HEBRAEG Y BEIBL
   G. H. Jones a D. R. Ap-Thomas. 1976.

2. ARWEINIAD I'R TESTAMENT NEWYDD:
   I. Yr Efengylau a'r Actau.
   D. P. Davies. 1978.

3. FFYNONELLAU HANES YR EGLWYS.
   Casgliad o Gyfieithiadau.
   I. Y Cyfnod Cynnar.
   R. Tudur Jones (gol.). Mewn llaw.

4. DIWINYDDIAETH YR HEN DESTAMENT.
   G. H........... Mewn llaw.

British Library Cataloguing in Publication Data
Arweiniad i'r Testament Newydd.
  Cyfrol 1 : Yr efengylau a'r Actau — (Cyfres Beibl a chrefydd; 2)
  1. Bible. New Testament — Commentaries
  I. Series
  225.6   BS2348.W/
  ISBN 0-7083-0693-4

Argraffwyd gan Wasg John Penry, Abertawe

CYFRES BEIBL A CHREFYDD: 2

ARWEINIAD I'R

TESTAMENT NEWYDD

CYFROL I

YR
EFENGYLAU A'R ACTAU

GAN

DAVID PROTHEROE DAVIES

CAERDYDD
GWASG PRIFYSGOL CYMRU
1978

RHAGAIR

Ni chefais yr un gair o'm haddysg ffurfiol trwy gyfrwng iaith fy nhadau. Yn wir, er i mi gyrraedd y Brifysgol yn hyddysg yn ieithoedd yr hen fyd, roeddwn yn gwbl anllythrennog yn iaith fy nghenedl fy hun. Ond fel llawer Cymro arall ni sylweddolais faint fy ngholled nes i mi dreulio cyfnod o amser oddi cartref.

Pa hawl, felly, sydd gennyf i ymgymryd â'r gwaith o gyflwyno'r Testament Newydd trwy gyfrwng yr iaith Gymraeg? Nid oes ateb ac eithrio'r esboniad fod darnau o'r llyfr yn seiliedig ar ddeunydd a baratoais ar gyfer Cymry ifainc yng Ngholeg Llanbedr a fynnodd addysg trwy gyfrwng eu mamiaith gan un oedd yn honni ei fod yn Gymro. Hoffwn ddatgan fy ngwerthfawrogiad ohonynt, nid yn unig am eu cyfeillgarwch, ond hefyd am roi hwb i mi fentro gyda chyfrwng mynegiant oedd, er mawr cywilydd i mi, yn ddieithr. Ni fynnaf honni i mi feistroli'r cyfrwng. Dyma, sut bynnag, gynnyrch yr ymdrech.

Ac yn y cyswllt hwn mae'n rhaid i mi roi clod i Brenda, fy mhriod, a fu o'r cymorth mwyaf i mi yn hyn fel ym mhob peth arall. Hi a'm dysgodd sut i ysgrifennu'r Gymraeg. Hyhi oedd wrth fy ochr bob cam o'r ffordd, yn cywiro gwallau ac yn awgrymu gwelliannau. Rwy'n ddiolchgar am bob cymorth a charedigrwydd a gefais gan ddau o'm cyfeillion yn Adran y Gymraeg, Coleg Dewi Sant, sef Dafydd Marks, a'm hachubodd rhag syrthio fwy nag unwaith, ac Islwyn Ffowc Elis, a ddarllenodd y teipysgrif cyfan yn fanwl gan geisio ei orau glas i wella mynegiant ac arddull oedd yn llawn diffygion. Serch hynny, arnaf fi yn unig y mae'r bai am holl wendidau cynnwys a mynegiant y llyfr.

Carwn ddiolch i Dafydd Ap-Thomas, Golygydd y gyfres, am y fraint o gael cyfrannu cyfrol iddi, heb sôn am ei gwrteisi a'i amynedd. Y mae fy nyled yn fawr i Mrs. Myra Jones, Ysgrifenyddes yr Adran Ddiwinyddiaeth, am ei chymorth parod gyda'r gwaith o baratoi'r deipysgrif ar gyfer y wasg. Yn olaf, dymunaf ddiolch i Wasg Prifysgol Cymru am gyhoeddi'r llyfr ac i'r Cyfarwyddwr, John Rhys, am ei lywio trwy'r wasg.

Mai, 1978   David Protheroe Davies.

5

TALFYRIADAU

adn.	adnod(au)
arg.	argraffiad
art. cit.	*articulo citato* (yn yr erthygl y cyfeiriwyd ati eisoes)
cyf.	cyfieithiad/cyfrol
cymh.	cymharer
C.C.	Cyn Crist
diwyg.	diwygiedig/diwygiwyd
e.e.	er enghraifft
gw.	gweler
gol.	golygydd
ibid.	*ibidem* (yr un llyfr/erthygl ag a nodwyd yn flaenorol)
n.	nodyn
O.C.	Oed Crist
op. cit.	*opere citato* (yn y gwaith neu'r llyfr y cyfeiriwyd ato eisoes)
par.	paragraff
passim	drwy'r llyfr yma a thraw
pen.	pennod/penodau
Saes.	Saesneg
t./tt.	tudalen/nau
ym.	ymlaen (y tudalennau canlynol)

Cylchgronau, Cyfresi, Cyhoeddwyr

BJRL	*Bulletin of the John Rylands Library*
Exp. T.	*The Expository Times*
ICC	*International Critical Commentary*
JBL	*Journal of Biblical Literature*
JTS h.g./c.n.	*The Journal of Theological Studies* (hen gyfres/ cyfres newydd)
NTS	*New Testament Studies*
Nov. Test.	*Novum Testamentum*
SCM	The Student Christian Movement
SNTS	*Studiorum Novi Testamenti Societas*
SPCK	Society for Promoting Christian Knowledge
Suppl.	Supplement(s)
ZKG	*Zeitschrift für Kirchengeschichte*
ZNW	*Zeitschrift für die neutestamentliche Wissenschaft*
ZThK	*Zeitschrift für Theologie und Kirche*

CYNNWYS

LLYFRYDDIAETH GYFFREDINOL

Mae'r rhestr lyfrau yn cynnwys (*a*) llyfrau y cyfeirir atynt yn aml yn y nodiadau ac, yn bwysicach, (*b*) llyfrau a gymeradwyir i'r sawl sydd am ddarllen ymhellach. Mae'r talfyriad a ddefnyddir rhwng cromfachau.

Cymraeg

D. R. Ap-Thomas (gol.), *Efrydiau Beiblaidd Bangor* I, Gwasg John Penry, Abertawe, 1973.
J. Gwili Jenkins, *Arweiniad i'r Testament Newydd*, Bangor, 1928. (Gwili)
J. Morgan Jones, *Y Testament Newydd: Ei Hanes a'i Gynnwys*, Gwasg Prifysgol Cymru, Caerdydd, 1930. (*Y Testament Newydd*)
Thomas Rees (ac eraill) (gol.), *Geiriadur Beiblaidd*, 2 Gyf., Hughes a'i Fab, Wrecsam, 1926. (*GB*)
Isaac Thomas, *Arweiniad Byr i'r Testament Newydd*, Gwasg Prifysgol Cymru, Caerdydd, 1963. (*Arweiniad*)

Saesneg

W. Barclay, *The Gospels and Acts*, 2 Gyf., SCM, Llundain, 1976.
M. Black a H. H. Rowley (gol.), *Peake's Commentary on the Bible*, Nelson, Llundain, 1962. (*PC*)
W. G. Kümmel, *Introduction to the New Testament* (Cyf. Saes. gan H. C. Kee), SCM, Llundain, arg. diwyg. 1975 (Almaeneg gwreiddiol, 1973). (Introd.)
R. Davidson ac A. R. C. Leaney, *The Pelican Guide to Modern Theology*, Cyf. III, Biblical Criticism, Penguins, Harmondsworth, 1970. (*Pelican Guide* III)
R. P. Martin, *New Testament Foundations*, Cyf. I The Four Gospels, Gwasg Paternoster, Exeter, 1975. (*Foundations* I).
C. F. D. Moule, *The Birth of the New Testament*, Black, Llundain, 1962.

RHAGYMADRODD

TARDDU o'r ffydd Iddewig a wnaeth Cristnogaeth. Roedd sylfaenydd y ffydd Gristnogol yn fwy o Iddew nag o Gristion, fel roedd ei ddilynwyr cyntaf yn ddieithriad bron yn Iddewon o ran crefydd yn ogystal â chenedl. Beth, felly, sy'n gwahaniaethu'r Cristion oddi wrth yr Iddew? Cred mewn un Duw yw craidd y naill grefydd fel y llall. Mae'r ddwy grefydd yn honni fod Duw, y Creawdwr, yn gweithredu y tu mewn i hanes ac yn medru dylanwadu ar weithgareddau dynion. Yn yr un modd cred y ddwy grefydd y dylai dyn ymddwyn yn ôl egwyddorion moesol sy'n unol ag ewyllys Duw. Hawlia'r ddwy fod yr hil ddynol, neu ran ohoni o leiaf, yn symud tuag at nod terfynol y rhoddir arno'r enw 'teyrnas Dduw', ac ar ben hyn oll mae'r ddwy grefydd yn derbyn fel Ysgrythur (gair Duw) gorff sylweddol o ddeunydd a gyfansoddwyd dros gyfnod o ryw fil o flynyddoedd, yn cynnwys dogfennau cyfreithiol, proffwydoliaethau, croniclau hanesyddol, dywediadau doethineb a barddoniaeth. Â chymaint â hyn yn gyffredin iddynt gellid maddau i'r sylwedydd o'r tu allan am feddwl nad dwy grefydd wahanol mo Gristnogaeth ac Iddewiaeth yn gymaint â dwy agwedd wahanol ar yr un grefydd, am eu bod yn credu yn yr un Duw ac yn ei addoli. Ond eto mae'r ddwy grefydd yn gwbl wahanol i'w gilydd.

Esbonio'r gwahaniaeth sylfaenol rhwng y ddwy grefydd yw prif bwrpas y Testament Newydd, os nad ei unig bwrpas, sef cyhoeddi fod Duw wedi gweithredu i achub y ddynol ryw trwy gyfrwng dyn a anwyd yn Iddew. Enw'r dyn hwn oedd 'Iesu' ('Jesua' neu 'Josua' yn ei ffurf Iddewig) ac ychwanegwyd y geiriau 'o Nasareth' at ei enw er mwyn gwahaniaethu rhyngddo ef ac eraill o'r un enw. Dyma'r dyn yr honnodd grŵp arbennig o Iddewon mai ef oedd cyfrwng iachawdwriaeth Duw, a chan fod eu cydwladwyr yn disgwyl gwaredwr a fyddai'n dwyn y teitl

'Meseia' (= eneiniog) cyhoeddi a wnaethant fod Iesu, ymhlith pethau eraill, yn 'Feseia'. Nid oedd y mwyafrif o'u cyd-grefyddwyr yn cytuno ac, o ganlyniad, tyfodd enwad o fewn Iddewiaeth yn unswydd i gyhoeddi mai Iesu o Nasareth oedd y Meseia. Symudodd rhai o'r aelodau i fyw yn y byd Helenistig ac i ledaenu'r neges yno. Fe gyfieithwyd y term Hebraeg Meseia i'r gair Groeg *Christos* (= Crist), ac felly daeth yr enwad i'w adnabod wrth yr enw '*Crist*nogion': hynny yw, y rhai a gredai mai Iesu oedd y Crist (= Meseia). 1

Y gwahaniaeth sylfaenol, felly, rhwng yr Iddew a'r Cristion yw fod y Cristion, o'i gyferbynnu â'r sawl sy'n arddel y ffydd Iddewig, yn credu fod y gwaredwr (y Meseia) sy'n gweithredu ar ran Duw wedi dod ym mherson y dyn hanesyddol, Iesu o Nasareth. Arwyddocâd hyn yw fod y Cristion yn honni fod gan ei ffydd sail hanesyddol yn yr ystyr fod y weithred achubol wedi digwydd mewn gwirionedd mewn lle arbennig ar adeg arbennig. Os felly, mae'n rhaid i'r sawl sydd am brofi hawliau'r ffydd Gristnogol, boed Gristion neu beidio, ddilyn llwybr yr hanesydd ac archwilio'r dystiolaeth yn ôl egwyddorion ymchwil hanesyddol. Y cam cyntaf yw darganfod beth yw'r dystiolaeth, a'r ail yw gofyn a ellir dibynnu arni.

At ei gilydd, mae'r dystiolaeth honno i'w chael yn yr adran Gristnogol o'r Beibl Cristnogol, sef y Testament Newydd, ac yn enwedig yn yr ysgrifau a elwir yn efengylau. Honnir yn gyffredin fod y tair efengyl gyntaf yn y fersiynau argraffedig cyfoes o'r Beibl, y rhai a briodolir i Fathew, Marc a Luc, yn fwy eu gwerth o safbwynt yr hanesydd nag yw'r bedwaredd a briodolir i Ioan. Gorsymleiddio yw honni hynny. Mae'n amlwg hyd yn oed i'r darllenydd arwynebol nad yw'r un o'r efengylau yn ddogfen hanesyddol seml. Annoeth hefyd fyddai anwybyddu tystiolaeth hanesyddol y bedwaredd efengyl, am fod y dystiolaeth honno'n tarddu o ddogfen sy'n dangos mewn ffordd amlycach na'r efengylau eraill safbwynt Cristnogol neilltuol.

Ein hamcan yn y gyfrol hon yw cyflwyno'r efengylau a'r Actau, rhai o ddogfennau sylfaenol y ffydd Gristnogol, sef y dogfennau sy'n cynnwys y traddodiad am Iesu o Nasareth ei hun. Ynddynt hwy y ceir y rhan fwyaf o'r dystiolaeth y mae hawliau'r ffydd Gristnogol wedi'u seilio arni. Nid yw'n bosibl mewn astudiaeth o'r math hwn adolygu'r holl faes yn drwyadl. Ni ellir gwneud mwy nag archwilio'r dogfennau yn feirniadol, darganfod y berthynas rhyngddynt, olrhain y ffynonellau y tarddodd eu gwybodaeth ohonynt, ystyried tras y ffynonellau hynny a hefyd trafod diddordebau pennaf y gwahanol awduron ynghyd â'r amgylchiadau yr oedd y gwŷr hynny'n cyfansoddi ynddynt. Dylai hyn oll ein helpu i ddeall yn well pa fath gwestiynau y dylid eu gofyn wrth archwilio'r dogfennau cyn penderfynu a yw eu cynnwys yn hanesyddol gywir ai peidio.

Fel pob cyflwynydd arall ni all yr awdur presennol ond codi rhai o'r pynciau hyn. Fe drefnwyd y deunydd fel y gall y darllenydd cyffredinol ddilyn y drafodaeth heb ymdrafferthu â'r cyfeiriadau at waith ysgolheigion cyfoes sydd i'w cael yn y nodiadau. Ond mae'r gyfrol yn anelu at y myfyriwr yn bennaf, ac ni all y myfyriwr sydd o ddifrif osgoi darllen ymhellach ac ymgynghori â'r llyfrau a nodir ar ddiwedd pob pennod. Sut bynnag, dyma fwriad yr awdur, sef dangos y ffordd yn hytrach na chynnig atebion pendant i'r materion dan sylw.

Nodyn

1 Am hynny dylid osgoi defnyddio 'Crist' fel pe bai'n gyfystyr â 'Iesu'.

ADRAN A

Y TRADDODIAD SYNOPTAIDD

PERTHYNAS LENYDDOL YR EFENGYLAU CYFOLWG

O ACHOS eu deunydd cyffredin mae'n bosibl dadlau fod rhyw fath ar berthynas rhwng y tair efengyl gyntaf. Nid oes yn y bedwaredd efengyl, ar y llaw arall, ond ychydig o ddeunydd cyfochrog, a dull hollol wahanol sydd i'r cyfansoddi.[1] Am y rheswm yma gelwir y tair efengyl gyntaf yn efengylau cyfolwg[2] (synoptig) am y gellir edrych arnynt ochr yn ochr; felly, ceisio esbonio'r cysylltiadau rhwng y tair efengyl gyntaf y mae'r ysgolheigion sy'n trin a thrafod y broblem synoptig. Ond cyn ystyried eu damcaniaethau dylid cyflwyno'r ffeithiau y mae'n rhaid i bob ysgolhaig sylwi arnynt.

Y Dystiolaeth Ffeithiol

(1) Cynnwys	Mathew	Marc	Luc
Cyfanrif (adnodau)	1068	661	1149
Mathew-Marc-Luc	320	320	320
Mathew-Marc	600	600	x
Mathew-Marc (nid Luc)	280	280	x
Mathew-Luc	570	x	570
Mathew-Luc (nid Marc)	250	x	250
Marc-Luc	x	350	350
Marc-Luc (nid Mathew)	x	30	30
Mathew yn unig	218	x	x
Marc yn unig	x	31	x
Luc yn unig	x	x	549

(Dim ond bras-gywir yw'r ystadegau).

Diddorol yw sylwi nad oes ond 31 o adnodau i'w cael ym Marc yn unig tra y ceir 600 o'r 661 o adnodau'r efengyl honno ym Mathew hefyd. Mae'n ddiddorol hefyd nad oes yn y ddwy efengyl arall ddeunydd cyfochrog i agos i 550 (mae'n debyg fod y nifer yn uwch na hynny) o'r 1149 o adnodau sydd yn Luc. Ond dylid pwysleisio nad yw'r ystadegau yma ynddynt eu hunain yn profi dim.

(2) Geiriad

Lle'r adroddir yr un hanes yn y gwahanol efengylau ceir yr un geiriau yn union ym mhob un ohonynt yn aml iawn. Mae'n bosibl gweld hyn yn eglur os edrychir ar *synopsis* o'r efengylau.[3] Yn yr adnodau sy'n gyffredin i Fathew a Marc mae'r cytundeb geiriol gyfuwch â 51%, ac yn yr adnodau sy'n gyffredin i Farc a Luc gyfuwch â 53%.[4] Ni ellir rhoi'r cyfartaledd am yr adnodau sy'n gyffredin i Fathew a Luc am nad yw'r cytundeb yn gyson; weithiau mae'n agos i 100%, ond weithiau yn isel iawn.[5] Nodwedd arwyddocaol y geiriad yn y deunydd sy'n gyffredin i bob un o'r tair efengyl yw mai ychydig iawn o gytundeb sy rhwng Mathew a Luc yn erbyn Marc.

(3) Trefn

At ei gilydd ceir yr hanesion yn yr un drefn yn y tair efengyl.[6] Yn y cyswllt yma ymddengys mai Marc yw'r ddolen gydiol am fod Mathew a Marc yn cytuno yn erbyn Luc, a Luc a Marc yn erbyn Mathew, ond nad yw Mathew a Luc byth yn cytuno yn erbyn Marc.

O ystyried y ffeithiau hyn mae'n rhesymol dweud fod perthynas o ryw fath rhwng y tair efengyl gyfolwg. Naill ai copïo'i gilydd sy'n cyfrif am hynny neu fod pob awdur yn ei dro'n defnyddio'r un ffynhonnell neu ffynonellau. Ac esbonio'r berthynas hon yw amcan y rhai sy'n trafod y broblem synoptig. Ond cyn troi at eu hesboniadau dylid holi ynghylch y posibiliadau. Ar wahân i'r posibilrwydd fod pob un yn dibynnu ar ffynhonnell gyffredin,[7] mae'n bosibl awgrymu deunaw o wahanol gysylltiadau rhyngddynt[8]:

(a) Yr ail wedi copïo'r cyntaf a'r trydydd wedi copïo'r ail:

A	A	B	B	C	C
B	C	A	C	A	B
C	B	C	A	B	A

(b) Y cyntaf a'r ail yn annibynnol a'r trydydd wedi copïo'r ddau arall:

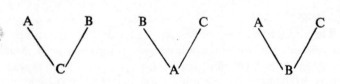

(c) Yr ail a'r trydydd wedi copïo'r cyntaf ond yn annibynnol ar ei gilydd:

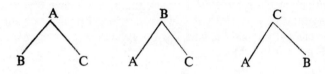

(ch) Yr ail wedi copïo'r cyntaf a'r trydydd wedi copïo'r ddau arall:

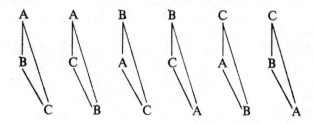

Efallai na fydd yr un o'r posibiliadau hyn yn esbonio'r holl ffeithiau yn foddhaol, ac y bydd yn rhaid derbyn y ddamcaniaeth fod pob awdur yn ei dro wedi defnyddio rhyw ffynhonnell sy wedi hen ddiflannu.

Nid dyma'r lle i ystyried y posibiliadau i gyd, ac felly anwybyddir y rhai nad oes yr un ysgolhaig wedi eu hawgrymu. Nid oes yr un ysgolhaig, er enghraifft, wedi awgrymu fod Mathew wedi copïo Luc, er bod Americanwr o'r enw H. Philip West, Jr., wedi cynnig fod Mathew efallai wedi defnyddio fersiwn gyntefig o Luc.[9]

Dyma'r prif ddamcaniaethau:

(i) *Yr esboniad traddodiadol.* Mathew oedd y cyntaf, yn ôl traddodiad, gyda Marc yn copïo Mathew, a Luc yn defnyddio'r ddwy efengyl arall. Gellir darlunio'r cysylltiadau fel hyn:

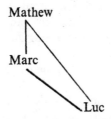

Dyma farn swyddogol yr eglwys Babyddol, barn sy'n mynd yn ôl cyn belled ag Awstin Sant, a soniodd am Farc fel y sawl a ddilynodd yn olion traed Mathew gan gwtogi ei waith.[10] B. C. Butler[11] yw prif gynrychiolydd y ddamcaniaeth hon ymhlith ysgolheigion cyfoes. Amrywiad ar yr un thema yw'r ddamcaniaeth a geir ymhlith eraill o'r eglwys Babyddol ar y cyfandir, sy'n honni fod Marc wedi defnyddio fersiwn gyntefig o Fathew a ysgrifennwyd yn yr iaith Aramaeg, er bod y fersiwn Roeg o Fathew yn dibynnu ar y Marc Groeg.[12]

(ii) *Damcaniaeth Griesbach.* Mae'r ddamcaniaeth hon yn ymestyn yn ôl hyd 1783 i'r ysgolhaig o Almaenwr, J. J. Griesbach.[13] Fe'i hanwybyddwyd yn y cyfnod modern nes i'r Americanwr W. R. Farmer[14] ei hatgyfodi mewn llyfr a gyhoeddwyd ym 1964. Mathew oedd yr efengyl gyntaf yn ôl y ddamcaniaeth hon hefyd, yna Luc yn defnyddio Mathew a Marc yn copïo'r ddwy efengyl arall. Dyma ddarlun o'r cysylltiadau:

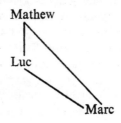

(iii) *Damcaniaeth y ddwy ffynhonnell*.[15] Mae'r ddamcaniaeth yma'n honni mai Marc oedd y gyntaf o'r efengylau. Mae'r gred ym mlaenoriaeth Marc yn ymestyn yn ôl i'r ysgolhaig o Almaenwr, Karl Lachmann, ym 1835.[16] Fe'i datblygwyd gan Almaenwr arall o'r enw H. J. Holtzmann[17] a awgrymodd hefyd fod gan Fathew a Luc ffynhonnell arall yn gyffredin. Dynodwyd y ffynhonnell yma'n ddiweddarach gan y llythyren Q.[18] O ganlyniad, honnid bod Mathew a Luc yn eu tro wedi defnyddio Marc heb unrhyw gydweithrediad; ysgrifennodd Mathew a Luc felly yn annibynnol y naill ar y llall a daeth y deunydd sy'n gyffredin iddynt hwy ond nad yw ym Marc o ffynhonnell arall, sef Q. Datblygodd y ddamcaniaeth yn nwylo B. H. Streeter[19] i gynnwys dwy ffynhonnell ychwanegol, sef M a L, er mwyn esbonio'r deunydd nad yw ar gael ond naill ai ym Mathew neu yn Luc.

(iv) *Damcaniaeth Farrer*. Ceir amrywiad ar y syniadau hyn mewn damcaniaeth a gynigiwyd gan A. M. Farrer[20] a oedd yn derbyn blaenoriaeth Marc ond yn gwrthod y ffynhonnell Q. Dyma esboniad Farrer ar y cysylltiadau rhwng y tair efengyl:

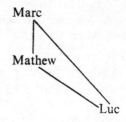

Hynny yw, Mathew yn copïo Marc, a Luc yn defnyddio'r ddwy efengyl arall. Ac felly cyfuniad o'r ddwy arall yw'r drydedd fel yn namcaniaeth Butler, ond nid oes cytundeb rhwng Farrer a Butler prun ddaeth yn gyntaf, ai Mathew ai Marc.

Wrth ystyried y damcaniaethau hyn yn fanylach dylid cofio fod damcaniaeth nad yw'n cydnabod ffynonellau ychwanegol yn fwy deniadol ar yr olwg gyntaf nag un sy'n gorfod troi at ffynhonnell dybiedig nad oes yr un gair ohoni wedi goroesi hyd heddiw. Ond efallai y bydd yn rhaid syrthio yn ôl ar y fath ddamcaniaeth am na all damcaniaeth sy'n ei chyfyngu ei hunan i'r efengylau yn unig esbonio'r ffeithiau i gyd. Mae'r ysgolheigion diweddar sy'n gwrthod damcaniaeth Streeter, sef Butler, Farmer, a Farrer i raddau, bob un yn ei dro, wedi pwysleisio y dylid darllen yr efengylau eu hunain a'u hystyried heb na rhagfarn na rhagdyb cyn ffurfio unrhyw ddamcaniaeth ynglŷn â'r cysylltiadau rhyngddynt.

Ac ni ellir amau na thanseiliwyd un o ddadleuon sylfaenol Streeter ganddynt, sef y ddadl fod y ffeithiau am gynnwys, geiriad a threfn yn arwain yn anochel at y gosodiad mai Marc oedd yr efengyl a ysgrifennwyd yn gyntaf. Nid yw'n bosibl dadlau o blaid unrhyw ddamcaniaeth arall yn wyneb y ffeithiau hyn, ym marn Streeter. Nid oes na rheswm na synnwyr i'r fath honiad, meddai ysgolheigion fel Butler a Farmer, ac mae'n rhaid cytuno â hwy.

Wrth gymharu'r tair efengyl dylid gofyn dau gwestiwn: (1) A wnaeth Marc gopïo Mathew neu i'r gwrthwyneb? (2) A oedd Luc wedi darllen Mathew? Pe baem yn ateb y cwestiwn cyntaf trwy ddweud fod Marc yn gynharach na Mathew, ni fyddai'n rhaid ystyried ond damcaniaeth Farrer a'r ddamcaniaeth ynghylch y ddwy ffynhonnell; byddai'r dewis yn dibynnu ar yr ateb i'r ail gwestiwn, sef a oedd Luc wedi darllen Mathew. Ar y llaw arall, os oedd Mathew yn gynharach na Marc, gellir anwybyddu damcaniaeth Farrer a'r ddamcaniaeth ynghylch y ddwy ffynhonnell a dewis rhwng Butler, sy'n dweud fod Luc wedi defnyddio Mathew a Marc, a Farmer sy'n dweud fod Marc wedi defnyddio Mathew a Luc; felly, byddai'n rhaid newid yr ail gwestiwn a gofyn: A wnaeth Luc gopïo Marc neu i'r gwrthwyneb? Dylid gofyn hefyd: A wnaeth Mathew gopïo Luc ai peidio? Ond gan nad oes yr un ysgolhaig wedi awgrymu blaenoriaeth Luc gellir anwybyddu'r cwestiwn yna am y tro.

(1) A wnaeth Marc gopïo Mathew neu i'r gwrthwyneb?

O'r safbwynt ffeithiol, 600 o'r 661 o adnodau ym Marc sydd ym Mathew hefyd, neu, a chyflwyno'r un wybodaeth mewn modd gwahanol, ceir deunydd ym Marc yn cyfateb i 600 o'r 1071 o adnodau sydd ym Mathew: hynny yw, ychydig yn fwy na hanner Mathew sydd ym Marc gyda bron 90% o ddeunydd Marc ym Mathew. Os copïodd Mathew Farc defnyddiodd bron yr holl

efengyl; ar y llaw arall, os copïodd Marc Fathew gadawodd allan
bron hanner yr efengyl.

At ei gilydd, lle mae'r ddwy efengyl yn adrodd yr un hanes
ceir llai o eiriau ym Mathew a llai o fanylion nag ym Marc. 21
Dyma ddadl o blaid blaenoriaeth Mathew yn nhyb Farmer am
fod ysgrifenwyr diweddarach yn tueddu i ychwanegu manylion
yn hytrach na'u gadael hwy allan. Gweler, er enghraifft, yr
efengylau apocryffaidd. 22 Nid oes amheuaeth nad yw hynny'n
wir; gall Farmer nodi enghreifftiau lle mae manylion arbennig
ym Marc yn nodweddiadol o'r math o esboniadau sy'n cael eu
hychwanegu at y traddodiad — er enghraifft, ei ddull o esbonio
arferion Iddewig. 23 Yn hanes y dioddefaint, ar y llaw arall,
ymddengys fod Mathew yn euog o ychwanegu manylion
chwedlonol at y traddodiad. 24

Daw tystiolaeth gref o blaid blaenoriaeth Marc o gyfeiriad
iaith yr efengylau a'u hagwedd ddiwinyddol. Pe bai Marc wedi
copïo Mathew, byddai hynny'n golygu ei fod wedi gadael allan
lawer o'r hanesion am fywyd a dysgeidiaeth Iesu — er enghraifft,
hanesion y geni, Gweddi'r Arglwydd, y Gwynfydau a llawer o'r
damhegion, am resymau na ellir eu hesbonio, ac yn ogystal wedi
distrywio cyfansoddiad gofalus a threfnus Mathew er mwyn
ailysgrifennu'r deunydd mewn mwy o eiriau ac mewn iaith
waeth o lawer o safbwynt arddull a hyd yn oed gramadeg a
chystrawen. 25 Ar y llaw arall, os copïodd Mathew Farc, cywirodd
yr iaith yn ogystal ag ailosod y deunydd mewn dull mwy trefnus
gan ychwanegu deunydd a ddaeth o ffynhonnell neu ffynonellau
gwahanol.

Dywed Farmer nad yw'r dystiolaeth ynglŷn ag iaith ac agwedd
ddiwinyddol yn berthnasol; hynny yw, nid yw fod Groeg Mathew
yn well na Groeg Marc yn dangos o reidrwydd fod Mathew wedi
copïo Marc, ac nid yw fod y portread o Iesu ym Marc yn
ymddangos yn fwy cyntefig na'r hyn a geir ym Mathew yn profi
mai Marc oedd y cynharaf. Nid yw'n profi hyn, mae'n wir;
damcaniaeth ydyw o hyd yn hytrach na ffaith, ond mae'r
nodweddion hyn yn awgrymu o leiaf fod Marc yn gynharach na
Mathew. Mae'n haws credu fod Mathew wedi cywiro Marc a
gwella ei arddull na meddwl fod Marc wedi ailysgrifennu Mathew
mewn modd annysgedig ac aflwyddiannus.

Wrth gwrs, mae'n rhaid cyfaddef fod Butler a Farmer yn cynnig peth tystiolaeth sydd o blaid blaenoriaeth Mathew, sef yr adnodau lle'r ymddengys fersiwn Mathew yn gynharach nag un Marc. Ond os derbynnir y ddamcaniaeth fod Mathew yn ceisio rhoi agwedd Iddewig ar y deunydd, mae'n bosibl gosod rhai o'r enghreifftiau hyn o'r neilltu, ac os oedd Mathew weithiau yn dilyn ffynhonnell neu ffynonellau ar wahân i Farc a oedd yn cynnwys fersiwn fwy cyntefig o'r hanes nag un Marc, nid oes rhaid derbyn dadl Farmer a Butler o gwbl, ac felly mae'n deg syrthio'n ôl ar ddamcaniaeth sy'n awgrymu ffynhonnell neu ffynonellau y tu allan i'r efengylau eu hunain, ffynonellau a oedd yn ysgrifenedig, efallai, ond nid o reidrwydd. Roedd unedau bychain o'r traddodiad, yn enwedig y traddodiad am ddysgeidiaeth Iesu, ar led ar lafar hyd yn oed wedi i'r efengylau gael eu hysgrifennu.[26] Ac felly, nid yw'n anodd credu fod Mathew weithiau wedi troi at draddodiad llafar o'r math yma yn hytrach nag at Farc. Felly, i ateb y cwestiwn gwreiddiol, ymddengys y gosodiad fod Mathew wedi defnyddio Marc wrth gyfansoddi ei efengyl yn fwy tebygol na'r gwrthwyneb.

Ond pa le sydd i Luc yn y patrwm hwn? Os derbynnir fod Mathew wedi defnyddio Marc, beth yw'r cysylltiad rhwng Luc a Marc, ar y naill law, a Luc a Mathew, ar y llaw arall? Mae'r dewis rhwng y ddamcaniaeth ynghylch y ddwy ffynhonnell, sy'n honni fod Luc wedi defnyddio Marc ond nid Mathew, sef

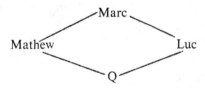

a damcaniaeth Farrer sy'n dweud fod Luc yn dibynnu ar Fathew yn ogystal â Marc, sef

Ac felly mae'n rhaid ystyried yr ail gwestiwn:

(2) A oedd Luc wedi darllen Mathew?

Fel y dywedwyd uchod, dylid ychwanegu'r geiriau 'neu i'r gwrthwyneb' i'r cwestiwn yma, ond hyd yn hyn nid oes yr un ysgolhaig wedi awgrymu fod Mathew wedi defnyddio Luc. Mae'n deg hefyd cyfeirio yn ôl at yr ateb i'r cwestiwn cyntaf a chymryd blaenoriaeth Marc dros Fathew yn ganiataol. Os gwnaeth Luc ddefnyddio Mathew, yna nid oes rhaid ystyried ond dau esboniad ar y cysylltiad rhwng Luc a Marc, sef y posibilrwydd fod Luc wedi defnyddio Mathew heb ddefnyddio Marc ac felly wedi cael y deunydd Marcaidd yn ogystal â deunydd arall o Fathew. hynny yw

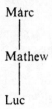

neu ddamcaniaeth sy'n honni fod Luc wedi defnyddio Mathew a Marc; hynny yw, naill ai

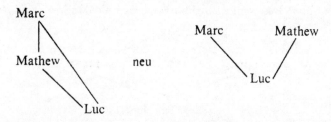

Nid oes neb wedi awgrymu'r posibilrwydd cyntaf fel esboniad ar y broblem er bod Farmer, sy'n credu bod Marc wedi defnyddio Mathew a Luc, yn awgrymu na ddarllenodd Luc ond Mathew yn unig; hynny yw, cafodd Luc yr holl ddeunydd sy'n gyffredin i'r tair efengyl o Fathew. Ond gwrthod damcaniaeth Farmer a wnaethom wrth ystyried y cysylltiad rhwng Marc a Mathew, ac felly mae'n amlwg na ellir dibynnu arni fel esboniad ar y cysylltiad rhwng Marc a Luc chwaith. Nid oes neb wedi awgrymu fod

Mathew a Marc yn annibynnol y naill ar y llall, ac felly nid oes
rhaid ystyried ond damcaniaeth Farrer — hynny yw, Mathew yn
defnyddio Marc, a Luc yn defnyddio'r ddwy efengyl arall, sef

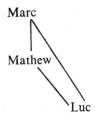

Ar y llaw arall, os na ddefnyddiodd Luc Fathew mae'n rhaid
esbonio (i) y cysylltiad rhwng y ddwy efengyl a Marc a (ii)
tarddiad y deunydd sy'n gyffredin iddynt ond nad yw ym Marc.
Un sydd wedi ymosod ar ddamcaniaeth Farrer yw Farmer, a
hynny'n llym, wrth ddangos pa mor rhyfedd fyddai dull Luc o
gyfansoddi ei efengyl pe bai wedi defnyddio Marc a Mathew
gyda'i gilydd. Byddai'n golygu ei fod wedi tynnu'r holl ddeunydd
Marcaidd allan o'i gyd-destun ym Mathew a dewis adnodau yma
a thraw o Fathew heb unrhyw gynllun y gellir ei esbonio, gan
anwybyddu ar yr un pryd ddarnau go helaeth o'r efengyl. Mae'n
digwydd yn aml iawn nad oes cysondeb rhwng Mathew a Luc.[27]
Ac mae'n anodd dadlau yn wyneb y fath anghysondeb fod Luc
wedi darllen efengyl Mathew a'i defnyddio.
    Ond eto i gyd ceir nifer o adnodau heb fod ym Marc (rhyw
ddau gant a hanner) lle mae'r cytundeb rhwng Mathew a Luc
weithiau yn agos iawn. Mae'r rhan fwyaf ohonynt yn cofnodi
athrawiaeth Iesu, ond yn ogystal fe geir darn o ddysgeidiaeth
Ioan Fedyddiwr,[28] hanes y temtiad[29] a hanes gwyrth (yr hanes
am fab neu gaethwas y canwriad yng Nghapernaum).[30] Ac felly,
nid yw'r deunydd i gyd o'r un fath; o'r herwydd ni all rhai
ysgolheigion dderbyn damcaniaeth sy'n awgrymu fod yr holl
ddeunydd yn tarddu o un ffynhonnell ysgrifenedig, sef Q.[31] Nid
yw'r cytundeb geiriol yn agos iawn bob tro chwaith, ac ateb rhai
ysgolheigion yw awgrymu mwy nag un ffynhonnell: QA, QB ac
yn y blaen.[32] Ar ben hynny mae'n rhaid esbonio'r cytundebau
rhwng Mathew a Luc yn erbyn Marc, a'r esboniad symlaf ar y

cytundebau hynny fyddai fod Luc wedi darllen Mathew neu i'r gwrthwyneb.

A ydyw'r adnodau eu hunain yn rhoi tystiolaeth o unrhyw fath am eu tarddiad? Dywedwyd uchod ei bod yn bwysig edrych ar destunau'r efengylau heb ragfarn ynghylch prun o'r efengylau yw'r fwyaf cyntefig. O ganlyniad i'w damcaniaethau mae'n rhaid i Butler a Farrer ddweud fod Mathew bob tro yn fwy cyntefig na Luc. Ar y llaw arall, mae'r ddamcaniaeth ynghylch Q yn caniatáu'r posibilrwydd mai Mathew ambell dro a Luc dro arall sy'n dangos y nodweddion mwyaf cyntefig. Yn wir, byddai'n anodd iawn derbyn honiad Butler mai Mathew at ei gilydd yw'r efengyl fwyaf cyntefig. Byddai'n llawn mor bosibl dadlau mai Luc yw'r fwyaf cyntefig. Yn y Gwynfydau, er enghraifft, mae'n debyg mai gan Luc y mae'r fersiwn wreiddiol, wrth sôn am 'y tlodion' yn lle'r 'tlodion yn yr ysbryd' a geir ym Mathew.³³ Yn yr un modd, mae fersiwn Luc o Weddi'r Arglwydd yn debyg o fod yn agosach at yr un wreiddiol na fersiwn Mathew.³⁴ Eto i gyd, nid oes neb wedi awgrymu hyd yn hyn fod Mathew wedi darllen Luc.

Ac felly, mae'n haws credu fod gan Fathew a Luc ffynhonnell neu ffynonellau yn gyffredin ar wahân i Farc na chredu fod y naill wedi darllen y llall. Gellir crynhoi'r rhesymau o blaid y ddamcaniaeth fel hyn:

(a) Mae'n esbonio'n gliriach ddull Luc o gyfansoddi ei efengyl. Byddai'r ddamcaniaeth ei fod wedi defnyddio Mathew a Marc yn golygu dull cymhleth dros ben o gyfansoddi.

(b) Byddai ffynhonnell gyffredin yn esbonio'r cytundeb agos rhyngddynt mewn geiriad yn y mannau lle nad ydynt yn defnyddio Marc ac, efallai, yn esbonio'r cytundebau rhyngddynt yn erbyn Marc.³⁵

(c) Pe bai'r naill wedi darllen y llall, byddai'n deg disgwyl llawer mwy o gytundeb rhyngddynt yn erbyn Marc.

(ch) Mae'n esbonio'n well pam y ceir fersiwn sy'n adlewyrchu'r nodweddion mwyaf cyntefig weithiau ym Mathew a weithiau yn Luc.

Dylid ystyried y rhain ochr yn ochr â'r dadleuon yn erbyn y ddamcaniaeth, sef:

(a) Mae'n golygu awgrymu ffynhonnell ychwanegol nad oes

yr un gair ohoni wedi goroesi ar wahân i'r hyn a geir yn yr efengylau eu hunain.

(b) Mae'n amhosibl mesur maint y ffynhonnell yma. Pe bai'r cwbl yn dod o'r un ffynhonnell, cynnwys cymysg dros ben oedd iddi.

(c) Nid yw'n esbonio *pob* cytundeb rhwng Mathew a Luc yn erbyn Marc.

Serch hynny, ar ôl ystyried pob dadl, mae'r ddamcaniaeth ynghylch Q yn datrys mwy o broblemau nag y mae'n eu creu, ond dylid gofalu rhag amlinellu ei chynnwys a'i disgrifio'n rhy fanwl. Mae'r amrywiaeth fawr yn y cytundeb geiriol yn awgrymu nad un ffynhonnell mo Q yn gymaint â chyfres o ffynonellau. O ganlyniad i waith y beirniaid ffurf mae'n rhaid cydnabod mor bwysig ac eang oedd y traddodiad llafar yn nyddiau cynnar yr eglwys Gristnogol 3 6 ac felly mae'n fwy na thebyg i'r deunydd a ddisgrifir gan y llythyren Q, neu ran ohono o leiaf, ddod o'r hanesion di-rif a draddodid ar lafar. Efallai fod pob gair o'r deunydd Q yn tarddu o'r traddodiad llafar. Mae'n bosibl esbonio rhai o'r gwahaniaethau rhwng Mathew a Luc fel cyfieithiadau gwahanol o fersiwn Aramaeg 3 7 ac felly mae'n debyg fod rhan o'r deunydd yma yn tarddu o ffynhonnell Aramaeg y ceir dwy fersiwn Roeg ohoni, y naill ym Mathew a'r llall yn Luc. Ond eto mewn mannau eraill, 3 8 mae'r cytundeb geiriol rhwng Mathew a Luc mor agos fel eu bod, mae'n debyg, yn defnyddio ffynhonnell Roeg gyffredin. Ac felly mae'n bwysig sylweddoli nad yw'r symbol Q yn dynodi dim mwy na'r deunydd sy'n gyffredin i Fathew a Luc heb fod ym Marc. Mae'n rhaid cofio nad ffynhonnell ysgrifenedig ac ynddi ddeunydd cyson y gellir ei adnabod mo Q, ond symbol a ddefnyddir i ddisgrifio'r deunydd sy'n gyffredin i Fathew a Luc heb fod ym Marc; ac felly, ni ellir dweud mai dogfen yw Q yn yr un ystyr â Marc.

Crynodeb

Gofynnwyd dau gwestiwn: (1) A wnaeth Marc gopïo Mathew neu i'r gwrthwyneb? a (2) A oedd Luc wedi darllen Mathew? Yr ateb i'r cwestiwn cyntaf oedd fod Mathew wedi copïo Marc a'r ateb i'r ail oedd fod Mathew a Luc yn annibynnol ac wedi defnyddio ffynhonnell neu ffynonellau cyffredin ar wahân i Farc.

Wrth gwrs, dylid dangos fod Luc wedi defnyddio Marc yn hytrach nag i'r gwrthwyneb. Os na wnaeth hynny ac os oedd Marc yn gynharach na Mathew, yna Luc fyddai'r gyntaf o'r efengylau i gael ei hysgrifennu: damcaniaeth ddiddorol nad yw'r un ysgolhaig wedi ei chynnig hyd yn hyn. Y ffaith yw mai'r unig ysgolhaig sy'n honni fod Marc yn dibynnu ar Luc yn y cyfnod cyfoes yw W. R. Farmer. Gellir addasu pob dadl o blaid blaenoriaeth Marc dros Fathew at gefnogi blaenoriaeth Marc dros Luc. Groeg drosgl sydd gan Farc ac arddull anfedrus ac amleiriog, a phe bai wedi defnyddio Luc byddai'r un mor anodd esbonio ei ddewis o'r deunydd ag y byddai esbonio'i ddull o ddefnyddio Mathew. Ac felly, cwbl annhebygol yw'r gosodiad fod Marc yn dibynnu ar Luc. Ar y llaw arall, os defnyddiwyd Marc gan Luc roedd ei ddull o gyfansoddi yn hollol ddealladwy.

Ac felly mae'n rhaid syrthio'n ôl ar yr esboniad a ganlyn ar y berthynas rhwng yr efengylau cyfolwg:

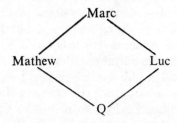

Mae'r esboniad yma'n egluro'r cytundeb agos mewn geiriad, y cynnwys cyffredin, y drefn gyffredin o adrodd yr hanesion, y cytundebau rhwng Luc a Marc yn erbyn Mathew a'r cytundebau rhwng Mathew a Marc yn erbyn Luc. Ond nid yw'n esbonio'r cytundebau rhwng Mathew a Luc yn erbyn Marc yn y mannau lle mae'r tair efengyl yn adrodd yr un hanes. Honnodd Farmer fod y ddamcaniaeth ynghylch y ddwy ffynhonnell yn syrthio i'r ddaear am na all esbonio'r dystiolaeth gyfan; hynny yw, mae'n methu esbonio'r cytundebau yma rhwng Mathew a Luc yn erbyn Marc. Ac felly mae'n rhaid ystyried dadleuon Streeter a'i debyg yn erbyn y cyhuddiad hwn.

(a) Cyfeiriwyd uchod at un o'r posibiliadau, sef bod Luc a Mathew weithiau yn dewis dilyn rhyw ffynhonnell arall, Q er enghraifft, yn hytrach na Marc. Petai hyn wedi digwydd byddai'n bosibl esbonio eu cytundebau yn erbyn Marc ar y sail eu bod weithiau'n defnyddio ffynhonnell arall a oedd yn wahanol i Farc. Awgrymodd Streeter fod Marc hefyd wedi defnyddio Q a bod fersiwn Mathew a Luc o Q weithiau'n fwy cyntefig na fersiwn Marc. Ond mae hyn i gyd yn rhy ddychmygol i ddibynnu arno.

(b) Nid yw'n sicr o gwbl fod y fersiwn o Farc a geir yn ein Testament Newydd ni yn cyfateb bob tro i fersiwn wreiddiol yr awdur ei hun, nac i'r fersiwn a oedd o flaen Mathew a Luc chwaith. Gwyddys, er enghraifft, nad yw'r diweddglo presennol yn ddilys.[39] Ceir llu o ddarlleniadau gwahanol yn yr hen lawysgrifau o'r efengylau, ac felly efallai fod Mathew a Luc yn cytuno ambell waith am eu bod yn ailadrodd yr hyn oedd yn y fersiwn wreiddiol o Farc ond sydd erbyn hyn wedi hen ddiflannu o Farc am fod y testun yn llygredig o bryd i'w gilydd. Eto, efallai fod Mathew a Luc yn cytuno am eu bod yn dilyn yr un testun llygredig o Farc ond bod y testun gwreiddiol wedi goroesi ym Marc ei hun.[40] Ac felly, mae'n rhaid wrth ymchwil i'r dystiolaeth destunol cyn honni gormod ar sail y cytundebau rhwng Mathew a Luc yn erbyn Marc.

(c) Gwnaeth Mathew a Luc ymdrechion i gywiro iaith Marc a'i arddull am eu bod mor drwsgl ac, mewn rhai mannau, mor anghywir.[41] Ac felly, nid yw'n rhyfedd eu bod weithiau wedi cywiro Marc yn yr un ffordd.

O safbwynt geiriad a hanesion ychydig iawn yw'r cytundebau rhwng Mathew a Luc yn erbyn Marc. Ceir mwy o gytundeb yn y pethau a adawyd allan gan Fathew a Luc, er nad oes ond 31 o adnodau ym Marc nad oes deunydd cyfochrog iddynt naill ai ym Mathew neu yn Luc. Ac felly mae'n anodd gweld sut y gellir seilio damcaniaeth ar yr ychydig iawn o gytundebau a geir rhwng y ddwy efengyl arall yn erbyn Marc. Ymddengys nad ydynt yn ddigon i ddistrywio'r ddamcaniaeth ynghylch blaenoriaeth Marc er eu bod yn rhybudd nad oes sicrwydd pendant yn ei chylch.

Damcaniaeth Streeter ynghylch y pedair dogfen

Roedd llawer o ysgolheigion yn cefnogi'r ddamcaniaeth ynghylch y ddwy ffynhonnell ymhell cyn amser Streeter.[42] Bron na ellir dweud fod pawb[43] wedi derbyn y ddamcaniaeth yn y

blynyddoedd cyn y Rhyfel Mawr, er mai o law Streeter y daeth y
mynegiant clasurol ohoni yn ei lyfr ar yr efengylau.[44] Heddiw
mae'n rhaid newid dadleuon Streeter a'u haddasu i ryw raddau,
er y derbynnir egwyddorion sylfaenol y ddamcaniaeth ynghylch
y ddwy ffynhonnell. Ond aeth Streeter ymhellach na hyn gan
awgrymu dwy ffynhonnell (dogfennau yn ôl Streeter) ychwanegol
a ddynodwyd gan y llythrennau M ac L. Cynnwys M oedd y
deunydd cyfyngedig i Fathew ar wahân i ddeunydd golygyddol a
hanesion y geni, tra roedd L yn cynnwys y deunydd cyfyngedig i
Luc ag eithrio deunydd golygyddol a'r un hanesion. Daeth
efengyl Mathew felly o gyfuniad o Farc, Q a M gyda'r deunydd
golygyddol a hanesion y geni, ac yn yr un modd cyfansoddwyd
Luc allan o Farc, Q ac L ynghyd â'r deunydd golygyddol a
hanesion y geni.[45]

Anwybyddwyd beirniadaeth ffurf gan Streeter o bwrpas, ond
heddiw gyda'r weledigaeth a ddaw yn sgîl y feirniadaeth honno
nid oes cymaint o ddiddordeb gan ysgolheigion yn y posibilrwydd
o ddarganfod ffynonellau ysgrifenedig. Y duedd gyfoes yw ystyried
Q, M ac L yn gasgliadau o ddeunydd gwahanol a ddaeth i'r
awduron o amryw o ffynonellau, y rhan fwyaf o'r deunydd yn
cael ei draddodi ar lafar, er bod rhai o'r ffynonellau, o bosibl,
yn ysgrifenedig. Ac felly nid oes fawr o gefnogaeth i ddehongliad
Streeter a'i ddamcaniaeth ynghylch y pedair dogfen am nad oes
fawr o ddiddordeb gan feirniaid cyfoes mewn darganfod ffynon-
ellau. Prif ddiddordeb ysgolheigion heddiw yw dod o hyd i olion
a nodweddion sy'n adlewyrchu'r Iesu gwreiddiol heb boeni
llawer am darddiad y deunydd, ac ochr yn ochr â'r gwaith yma
ystyried cyfraniad yr efengylwyr a'u dull o roi'r deunydd at ei
gilydd, beth bynnag oedd y ffynhonnell wreiddiol.[46]

Cyn-Luc

Yn gysylltiedig â'i ddamcaniaeth ynghylch y pedair dogfen,
awgrymodd Streeter fod efengyl gyntefig y tu ôl i efengyl bresennol
Luc a rhoddodd yr enw Cyn-Luc (=Proto Luke) ar yr efengyl
gynnar hon. Apeliodd y syniad yma o Gyn-Luc at Vincent Taylor
a cheir datblygiad o ddamcaniaeth wreiddiol Streeter mewn llyfr
ganddo yn dwyn y teitl Behind the Third Gospel.[47] Gellir crynhoi
eu dadleuon ar fyr fel a ganlyn.

Defnyddiodd Luc lai o lawer o ddeunydd Marc nag a wnaeth Mathew (ceir llai na dau draean o Farc yn Luc). Os oedd Luc yn dilyn fframwaith efengyl Marc yna mae'n rhaid cyfaddef ei fod wedi gosod darnau hir iawn yn y fframwaith hwn wrth ddefnyddio deunydd Q ac L (allan o'r 1149 o adnodau sydd yn Luc ni ddaw ond rhyw 350 o Farc). Dyma felly y darnau ar wahân i hanes y geni (pen. i-ii) lle na cheir deunydd Marcaidd yn ôl Streeter a Taylor: (i) iii. 1-iv. 30 — hynny yw, os yw hanes Luc am Ioan Fedyddiwr ac am y temtiad yn tarddu o ddeunydd Q yn hytrach nag o Farc; (ii) vi. 20-viii. 3; (iii) ix. 51-xviii. 14; (iv) xix. 1-27; (v) xxii. 14-xxiv (hyd at ddiwedd yr efengyl) am na ddaw'r rhan fwyaf o hanes Luc am y dioddefaint allan o Farc, ac eiddo Luc yn unig yw'r rhan olaf o ben. xxiv.

Ac felly honiad Streeter a Taylor yw fod sôn am Luc yn 'gosod i mewn' y darnau yma yn anghywir am mai 'gosod i mewn' y deunydd Marcaidd a wnaeth. Mewn geiriau eraill, 'roedd Luc wedi cynllunio fframwaith ei efengyl cyn dod ar draws efengyl Marc, a'r fframwaith hwn oedd Cyn-Luc. Honasant hefyd fod dadleuon eraill yn cefnogi'r ddamcaniaeth, sef: (a) Mae'r awdur wedi rhoi deunydd Q a deunydd L at ei gilydd, ond wedi cadw deunydd Marc ar wahân. Ac felly, o'i chyferbynnu â Mathew, mae deunydd Q a deunydd Marc yn hollol ar wahân yn efengyl Luc. Awgryma hyn fod yr awdur wedi gweithio deunydd Q i mewn i'r efengyl cyn dod ar draws Marc ac felly nad oedd ganddo ddewis ond gosod deunydd Marc i mewn yn ddarnau cyfan yma a thraw.

(b) Ymddengys fod yn well gan Luc ddeunydd na ddaw o Farc na'r deunydd Marcaidd lle y mae'r ddwy ffynhonnell yn cynnwys hanes yr un digwyddiad, hyd yn oed os yw'r hanes ym Marc yn well na'r llall.[48]

(c) Dywedwyd fod y dyddio gofalus ar ddechrau'r drydedd bennod yn rhoi'r argraff mai dyma oedd yr adnod gyntaf yn yr efengyl wreiddiol; os felly, daw'r achau yn syth ar ôl i'r efengylydd sôn am Iesu am y tro cyntaf am nad oedd Cyn-Luc yn cynnwys y ddwy bennod gyntaf.

Dyma felly oedd cynllun yr efengyl wreiddiol yn ôl cefnogwyr Cyn-Luc: iii. 1-iv. 30, vi. 20-viii. 3, ix. 51-xviii. 14, xix. 1-27, xxiv. 13-53 ynghyd â'r darnau ym xxii. 14-xxiv. 12 nad ydynt yn ôl pob golwg yn tarddu o Farc. Byddai rhai yn ychwanegu hefyd vi. 1-11, vi. 13-16, ac, o bosibl, xix. 27-34 a xxi. 34-36. Amharod fu'r beirniaid ar y cyfan i dderbyn y ddamcaniaeth ynghylch Cyn-Luc er mawr ddicter Vincent Taylor. A bod yn deg â chefnogwyr y ddamcaniaeth dylid nodi fod rhai ymchwiliadau diweddar ar hanes y dioddefaint yn Luc yn yr Almaen, er enghraifft, gwaith H. Schürmann[49] a F. Rehkopf,[50] wedi dod o hyd i dystiolaeth o blaid y ddamcaniaeth, os rhywbeth. Ac felly, pam nad yw beirniaid wedi bod yn barod i dderbyn damcaniaeth sy'n ymddangos mor ddeniadol?

(a) Y traddodiad llafar sy'n denu diddordeb beirniaid cyfoes o'r efengylau yn hytrach na ffynonellau ysgrifenedig. Awgrym y ddamcaniaeth ynghylch Cyn-Luc yw fod gan Luc ddwy ddogfen o'i flaen wrth lunio efengyl newydd ohonynt. Ond dengys ymchwil ddiweddarach nad dogfennau fel y cyfryw mo'r ddwy 'ffynhonnell' yma am fod y deunydd yn amrywiol. Efallai fod rhai o'r damhegion a briodolir i L yn tarddu o un ffynhonnell arbennig, ond nid yw deunydd L i gyd o'r un natur. Yn aml iawn mae'n anodd gwahaniaethu rhwng y deunydd a briodolir i L a'r deunydd a briodolir i'r efengylydd Luc ei hun, yn enwedig yn hanes y dioddefaint.

(b) Dyma graidd y ddadl. Dibynna'r ddamcaniaeth ynghylch Cyn-Luc i raddau helaeth ar yr honiad nad yw hanes y dioddefaint yn y drydedd efengyl yn tarddu o Farc, ond yn hytrach o ffynhonnell arbennig yr awdur. Nid yw ysgolheigion yn cytuno o bell ffordd ar yr ateb i'r broblem yma, er bod rhai ysgolheigion diweddar yn tueddu, fel y gwelwyd uchod, i gefnogi'r honiad fod gan Luc fframwaith ar wahân i Farc yn hanes y dioddefaint ac felly rhyngosodiadau yw'r elfennau sy'n tarddu o Farc.[51]

(c) Honnir nad yw'r darnau eraill o ddeunydd Cyn-Luc mor rhydd o ddeunydd Marcaidd ag yr awgrymodd Taylor a Streeter, yn enwedig y darn cyntaf iii. 1 — iv. 30.[52]

(ch) Dywedir fod y ddamcaniaeth yn dibynnu gormod ar ddyfalu ar ran y beirniad. Y cwbl sydd gan y beirniad yw'r efengyl derfynol, ac felly mae'n beryglus gweithio yn ôl o'r fan honno at gynysgrif dybiedig. A hefyd mae'n rhaid cydnabod fod gan ysgolheigion heddiw lawer mwy o ddiddordeb yn yr efengyl derfynol fel cyfanwaith nag oedd gan eu rhagflaenwyr.[53]

Nid yw'n bosibl felly rhoi barn bendant ar y ddamcaniaeth ynghylch Cyn-Luc, ac ar wahân i ddarganfod nodlyfr yr awdur gwreiddiol mewn ogof neu rywle tebyg ni fydd ateb pendant yn bosibl. Mewn erthygl wamal54 awgrymodd Hugh Montefiore nad oedd y ddamcaniaeth yn 'dal dŵr' am na fyddai'r gynysgrif wedi goroesi'r llongddrylliad a gofnodwyd yn yr Actau (xxvii-xxviii). Dengys y ffaith nad oes modd ateb dadl Montefiore i ba raddau y dibynna'r ddamcaniaeth ar ddyfalu.

LLYFRAU

Cymraeg

S. Ivor Buse, 'Astudiaeth yr Efengylau Cyfolwg oddi ar 1950', *Diwinyddiaeth* X (1959), 2-15.
Gwili, tt. 493-511.
Richard Hughes, 'Efengylau, Synoptaidd', *GB* I, 484-498.
Richard Hughes, 'Yr Efengylau Synoptaidd', *GB* II, 1325-1333.
Isaac Thomas, *Arweiniad*, pen. XV, tt. 114-126.

Saesneg

B. C. Butler, *The Originality of St. Matthew*, Caergrawnt, 1951.
W. R. Farmer, *The Synoptic Problem*, Macmillan, Llundain ac Efrog Newydd, 1964.
A. M. Farrer, 'On Dispensing with Q' yn *Studies in the Gospels* (gol. D. E. Nineham), Blackwell, Rhydychen, tt. 55-88.
B. H. Streeter, *The Four Gospels*, Macmillan, Llundain, 1924.
G. M. Styler, *Excursus* IV yn *The Birth of the New Testament* (C. F. D. Moule).

Nodiadau:

1 Gw. pen. VII isod.
2 Dyna ystyr y gair Groeg *synopsis*.
3 Gw., e.e., K. Aland (gol.), *Synopsis Quattuor Evangeliorum*, 9fed arg., Deutsche Bibelstiftung, Stuttgart, 1976; A. Huck (gol.), *Synopsis of the First Three Gospels*, 9fed arg. diwyg. gan H. Lietzmann (arg. Saes. gan F. L. Cross), Blackwell, Rhydychen, 1959 (testun Groeg); H. F. D. Sparks (gol.), *A Synopsis of the Gospels*, Black, Llundain, 1964 (testun Saesneg).
4 Gw. V. Taylor, *The Gospels*, 9fed arg., Epworth, Llundain, 1960, t. 44.
5 Ceir enghreifftiau o gytundeb geiriol agos ym Mat. iii. 7-10 = Luc iii. 7-9 Mat. iv. 1-11 = Luc iv. 1-13, Mat. vii. 3-5 = Luc vi. 41-42, Mat. xi. 4-11, 16-19 = Luc vii. 22-28, 29-35, Mat. xii. 39-40, 42 = Luc xi. 29-31, Mat. xxiii. 37-39 = Luc xiii. 34-35. Honnir gan J. Jeremias, *New Testament Theology* I (Cyf. Saes. gan John Bowden), SCM, Llundain, 1971, t. 38, 'about a fifth show word-for-word or almost word-for-word correspondence'. Ceir cytundeb llac ym Mat. v. 39-42, 44, 46-48 = Luc vi. 29-30, 27-28, 32-33, 36, Mat. vi. 9-13 = Luc xi. 2-4 (Gweddi'r Arglwydd), Mat. xxii. 1-10 = Luc xiv. 15-24. Gw. ymhellach y rhestr o ddosbarthiadau W. Bussmann (*Synoptische Studien*, Halle, 1925-31) yn T. W. Manson, *The Sayings of Jesus*, SCM, Llundain, 1949 (cyhoeddwyd yn gyntaf ym 1937 fel rhan o *The Mission and Message of Jesus*), t. 20.

6 Gw. *GB* I, 486-487. Cymh. Kümmel, *Introd.*, tt. 57-60.
7 Gw. Gwili, tt. 495-497, lle y trafodir damcaniaethau gwahanol ysgolheigion sy'n honni fod yr efengylwyr yn dibynnu ar draddodiad llafar cyffredin. Cymh. Kümmel, *Introd.*, tt. 46-47.
8 Gw. W. R. Farmer, *The Synoptic Problem*, tt. 208-209.
9 Gw. *NTS* XIV (1967), 75-95.
10 Dyma union eiriau Awstin: *Marcus eum* (h.y. Mathew) *subsecutus tamquam pedisequus et breviator eius videtur* (*de Consensu Evangelistarum* I, 2-3).
11 *The Originality of St. Matthew*.
12 Gw., e.e., ddamcaniaethau L. Vaganay, *Le Problème Synoptique*, Paris, 1954 (Pabydd) a P. Parker, *The Gospel before Mark*, Gwasg Prifysgol Chicago, 1953 (Anglicanwr Americanaidd). Ceir crynodeb o'r damcaniaethau hyn yn erthygl C. S. C. Williams 'The Synoptic Problem' yn *PC*, t. 749 (par. 653d). Cymh. Kümmel, *Introd.*, t. 49, ac Isaac Thomas, *Arweiniad*, tt. 118-119.
13 Ceir rhestr o gyhoeddiadau Griesbach yn W. R. Farmer, *The Synoptic Problem*, t. 7 n. 8. Cymh. Kümmel, *Introd.*, t. 47.
14 Gw. n. 8 uchod.
15 'Y pedair dogfen' yn ôl B. H. Streeter.
16 'De ordine narrationum in evangeliis synopticis', *Theologische Studien und Kritiken* VIII, 1835, tt. 570-590. Gw. N. H. Palmer, *NTS* XIII (1967), 368-378 am gyficithiad Saesneg.
17 *Die Synoptischen Evangelien. Ihr Ursprung und ihr geschichtlicher Charakter*, Leipzig, 1863.
18 Mae'n bosibl am mai dyma'r llythyren gyntaf yn y gair Almaeneg *Quelle* = ffynhonnell (ond 'aetiological myth' yw'r ddamcaniaeth yma yn ôl A. R. C. Leaney, *Pelican Guide* III, t. 239), er i Armitage Robinson honni mai ef oedd y cyntaf i ddefnyddio'r symbol Q i wahaniaethu rhwng y ffynhonnell hon a Marc = P am fod Marc ym marn Robinson yn dibynnu ar yr apostol Pedr. Gweler C. F. D. Moule, *The Birth of the New Testament*, t. 84 n.l.
19 *The Four Gospels*. Diddorol yw cymharu'r ddwy erthygl gan R. Hughes yn *GB*, a ysgrifennwyd y naill cyn cyhoeddi llyfr Streeter a'r llall wedi hynny.
20 'On dispensing with Q', traethawd yn *Studies in the Gospels*, tt. 55-88.
21 Cymh., e.e., Mathew viii. 28-34 (7 adnod, 136 o eiriau) â Marc v. 1-20 (20 adnod, 325 o eiriau) neu Mathew xv. 29-31 (3 adnod, 63 o eiriau) â Marc vii. 31-37 (7 adnod, 114 o eiriau). Gw. ymhellach W. C. Allen, *The Gospel According to St. Matthew*, ICC, Clark, Caeredin, 1907, tt. xvii-xix.
22 Cynigiwyd yr un ddadl cyn hynny gan F. P. Badham. Gw. H. B. Swete, *The Gospel according to Saint Mark*, Macmillan, Llundain, 1909, Rhagymadrodd, t. lxxv n. 4. Ceir enghreifftiau o duedd ysgrifenwyr diweddarach i ychwanegu manylion yn E. P. Sanders, *The Tendencies of the Synoptic Tradition*, Cyfres Monograff *SNTS* IX, Caergrawnt, 1969, yn enwedig pen. III, tt. 88-189.
23 E.e., Marc ii. 26, vii. 2, 3, 4, xiv. 12, xv. 42.
24 E.e., Mathew xxvi. 52-54, xxvii. 3-10, 19, 24-25, 51-53, 62-66.
25 Gw. y rhestr hir o wahaniaethau rhwng iaith Mathew a Marc yn W. C. Allen, *St. Matthew*, tt. xix-xxx. Cymh. E. A. Abbott, *The Corrections of Mark Adopted by Matthew and Luke*, *Diatessarica II*, Black, Llundain, 1901; J. Schmid, *Matthäus und Lukas, Biblische Studien* XXIII, 2-4, Freiburg, 1930.
26 Cadarnheir yr honiad yma gan fodolaeth casgliadau cynnar o dddywediadau Iesu, megis yr efengylau apocryffaidd—er enghraifft, efengyl Tomas (Ceir cyfieithiadau Lladin, Almaeneg a Saesneg yn K. Aland, *Synopsis*, tt. 517-530) — sydd yn ôl pob tebyg yn annibynnol ar yr efengylau canonaidd. Ceir crynhoad o farn amryw o ysgolheigion ar y berthynas rhwng efengyl Tomas a'r traddodiad canonaidd yn N. Perrin, *Rediscovering the Teaching of Jesus*, SCM, Llundain, 1967, tt. 253-254. Cymharer Bleddyn J. Roberts, *Y Traethodydd* XXVIII (1960), 36-47; Isaac Thomas, *Diwinyddiaeth* XI (1960),

49-50. Mae'n ddiddorol sylwi sut y defnyddiwyd y deunydd yma gan J. Jeremias, *The Parables of Jesus* (Cyf. Saes. gan S. H. Hooke), SCM, Llundain, arg. diwyg., 1963 (Almaeneg gwreiddiol, 1947). Gw. ymhellach Kümmel, *Introd.*, tt. 74-76. Trafodir arwyddocâd y traddodiad llafar yn yr ail ganrif gan Isaac Thomas, *Arweiniad*, t. 42.

27 Gw., er enghraifft, hanes y geni, y Gwynfydau, Gweddi'r Arglwydd, hanes y dioddefaint a hanes yr atgyfodiad.

28 Mathew iii. 7-10, 12 = Luc iii. 7-9, 17.

29 Mathew iv. 1-11 = Luc iv. 1-13.

30 Mathew viii. 5-13 = Luc vii. 1-10.

31 Gw., er enghraifft, C. K. Barrett, *Exp.T.* LIV (1943), 320-323. Dywed Kümmel, *Introd*, t. 69, fod yr ysgolheigion a ganlyn yn cefnogi'r ddamcaniaeth hon: Fuller, Klijn, Meinertz, Bornkamm, Dibelius, Léon-Dufour a Fascher.

32 Ceir disgrifiad o ddamcaniaeth o'r math yma yn T. W. Manson, *The Sayings of Jesus*, tt. 20-21, lle y trafodir syniadau W. Bussmann (gweler n. 5 uchod). Gw. ymhellach M. Black, *An Aramaic Approach to the Gospels and Acts*, 3ydd arg., Rhydychen, 1967, tt. 186-188; C. S. C. Williams, *art. cit.*, t. 749 (par. 654c); Isaac Thomas, *Arweiniad*, t. 121.

33 Mathew v. 3 = Luc vi. 20.

34 Mathew vi. 9-13 = Luc xi. 2-4.

35 Wrth reswm, byddai'r ddamcaniaeth fod y naill wedi darllen y llall yn esbonio'r cytundebau yma hefyd.

36 Gw. ymhellach ben. III yn ogystal â n. 26 uchod. Cymh. H. Riesenfeld, *The Gospel Tradition and its Beginnings*, Mowbray, Llundain, 1957; B. Gerhardsson, *Memory and Manuscript*, Gleerup, Lund, 1961. Cymh. hefyd J. Morgan Jones, *Y Testament Newydd*, tt. 69-72.

37 Gw. M. Black, *An Aramaic Approach*, tt. 186-196, lle y trafodir damcaniaethau Bussmann (gweler n. 5 uchod) a awgrymodd fod camgyfieithu yn gyfrifol am ryw 122 o'r gwahaniaethau rhwng Mathew a Luc. Dyma farn Black ar hyn: 'less than a third of the 'variants' need be so explained'. Gw. hefyd T. W. Manson, *The Sayings of Jesus*, tt. 15-21; J. Jeremias, *New Testament Theology* I, t. 7 n. 2.

38 E.e., hanes y temtiad (Mathew iv. 1-11 = Luc iv. 1-13).

39 Daw'r efengyl i'w therfyn gyda'r geiriau 'oherwydd yr oedd ofn arnynt' (xvi. 8) yn ôl rhai o'r llawysgrifau hynaf. Atodir adnodau 9-20 mewn llawysgrifau eraill yn ogystal â rhai o'r cyfieithiadau cynnar, tra bod eraill yn ychwanegu atodiad byr naill ai ynghyd ag adnodau 9-20 neu yn eu lle. Gw. y *Beibl Cymraeg Newydd*, tt. 107-108. Cymh. Gwili, tt. 451-454; Isaac Thomas, *Arweiniad*, tt. 133-134.

40 Fel enghraifft o'r fath gymysgedd yn y traddodiad testunol sylwer ar ddarlleniadau'r gwahanol lawysgrifau wrth sôn am yr un bobl (mae'r hanes i'w chael ym mhob un o'r tair efengyl): Mathew viii. 28 Gadareniaid/Geraseniaid/Gergeseniaid/Gazareniaid; Marc v. 1 Geraseniaid/Gergeseniaid/Gadareniaid/Gergusteniaid; Luc viii. 26 Geraseniaid/Gergeseniaid/Gadareniaid. Mae'n anodd iawn penderfynu beth yn union oedd y darlleniad gwreiddiol yn y gwahanol efengylau.

41 Cywirasant, e.e., y presennol hanesyddol yn aml iawn. Gw. ymhellach n. 25 uchod.

42 Gw. y disgrifiad o'r gwahanol ddamcaniaethau uchod. Cymh. adolygiad Farmer o ymchwil i'r broblem synoptig yn y cyfnod modern yn y rhan gyntaf o'i lyfr. Mae'n arwyddocaol fod y gynharaf o'r ddwy erthygl ar y broblem synoptig yn *GB* (I, 484-498) yn derbyn y ddamcaniaeth ynghylch y ddwy ffynhonnell er bod yr erthygl wedi ei hysgrifennu cyn cyhoeddi llyfr Streeter.

43 H.y., pawb y tu allan i'r eglwys Babyddol gan fod rhaid i Babyddion dderbyn datganiad Comisiwn Beiblaidd y Pab o 26 Mehefin, 1912, mai efengyl Mathew (neu fersiwn ohoni) oedd yr efengyl gyntaf o ran dyddiad.

Serch hynny, ceir ysgolheigion o Babyddion ymhlith y rhai sy'n cefnogi blaenoriaeth Marc yn ôl Kümmel, *Introd*, t. 48.
44 Gw. n. 19 uchod.
45 Gw. y rhestr o ddeunydd M ac L yn C. S. C. Williams, *art. cit.*, tt. 752-753 (par. 656c, 657a).
46 Gw. pen. III isod.
47 Gwasg Clarendon, Rhydychen, 1926.
48 Gw. *The Four Gospels*, tt. 209-210.
49 *Eine quellenkritischen Untersuchung des lukanischen Abendmahls-berichtes*, I-III Teil, Aschendorffsche Verlagsbuchhandlung, Münster Westf., 1953-57.
50 *Die lukanische Sonderquelle*, JCB Mohr (Paul Siebeck), Tübingen, 1959.
51 Gw. astudiaeth V. Taylor a gyhoeddwyd wedi marw'r awdur, *The Passion Narrative of St. Luke* (gol. Owen E. Evans), Cyfres Monograff *SNTS* XIX, Caergrawnt, 1972. Ymddengys fod J. Jeremias yn fodlon cefnogi rhyw fath ar ddamcaniaeth Gyn-Luc. Gw. *New Testament Theology* I, tt. 39-41.
52 Ceir beirniadaeth ar Gyn-Luc yn J. M. Creed, *The Gospel according to St. Luke*, Macmillan, Llundain, 1930, Rhagymadrodd, t. lviii n. 1. Cymh. *Exp.T.* XLVI (1934), 101-107; C. S. Petrie, *Exp.T.* LIV (1943), 172-177. Gw. hefyd y drafodaeth ar ysgolheigion sy'n gwrthod y ddamcaniaeth yn Kümmel, *Introd*, tt. 131-135, a V. Taylor, *The Passion Narrative of St. Luke*, tt. 12-17.
53 Gw. pen. III isod.
54 *JTS*, c.n. XII (1961), 59-60.

HANES Y TRADDODIAD

FE SEILIWYD ymdrech Protestaniaid Rhyddfrydol diwedd y ganrif ddiwethaf i ddod o hyd i'r gwir Iesu hanesyddol ar y farn mai efengyl Marc oedd y ffynhonnell gynharaf, 1 ac felly'r ffynhonnell orau, o wybodaeth am fywyd Iesu, ond bod Q yn taflu goleuni diogel ar ei athrawiaeth. Mewn geiriau eraill, hanes pur oedd Marc yn ôl y farn gyffredinol o'i chymharu â'r bedwaredd efengyl, er enghraifft, a oedd yn waith esboniadol a diwinyddol.

Ond newidiodd y sefyllfa'n llwyr yn fuan ar ôl dechrau'r ganrif hon o ganlyniad i ddau lyfr a gyhoeddwyd yn yr Almaen, er na theimlwyd eu heffaith yn llawn ar y dechrau oherwydd y Rhyfel Byd Cyntaf. Daeth y cyntaf ym 1901 o law Wilhelm Wrede o dan y teitl *Das Messiasgeheimnis in den Evangelien* (= Y Gyfrinach Feseianaidd yn yr Efengylau). 2 Un o nodweddion amlycaf efengyl Marc yw'r ffaith fod Iesu'n rhybuddio pobl, ei ddisgyblion yn ogystal â phobl eraill, rhag sôn wrth neb amdano. 3 'Nawr, os hanes pur yw Marc, yr efengyl gyntaf o ran dyddiad — a dyna oedd barn y Protestaniaid Rhyddfrydol — adlewyrchu gwir ymddygiad Iesu y mae'r efengyl. Celu'r ffaith mai ef oedd y Meseia a wnaeth Iesu. Ond nid oedd Wrede yn derbyn mai dyna'i fwriad; ym marn Wrede, twyll ar ran yr efengylydd oedd 'y gyfrinach Feseianaidd'. Mewn gwirionedd, meddai Wrede, ni honnodd Iesu erioed mai ef oedd y Meseia. Dyfeisio hyn i gyd a wnaeth yr efengylydd er mwyn esbonio pam na hawliodd yr Iesu hanesyddol yr hyn a hawliwyd ar ei ran gan yr eglwys adeg ysgrifennu'r efengyl. Ceir cyfle i drafod hyn yn nes ymlaen a mynd dros y dadleuon o blaid Wrede ac yn ei erbyn; 4 y peth pwysig i sylwi arno yma yw fod Wrede wedi ymosod yn ddifrifol ar y gred nad oedd Marc yn cynnwys ond gwybodaeth hanesyddol, er na sylweddolodd ysgolheigion mo hynny ar y pryd. 5 Roedd Wrede yn awr wedi herio arfer gyffredin hyd at ei amser ef, sef dibynnu ar yr efengyl gynharaf o ran dyddiad yn hytrach nag ar y lleill am wybodaeth sicr am yr Iesu hanesyddol. Eto i gyd, dal i ystyried Marc yn hanes pur a wnaeth ysgolheigion Saesneg eu hiaith am flynyddoedd ar ôl Wrede.[6]

Bu effaith yr ail lyfr yn fwy sydyn. Cyhoeddwyd *Vom Reimarus zu Wrede* (= O Reimarus hyd at Wrede) ym 1906, ac fel yr awgryma'r teitl adolygiad oedd y llyfr o'r ymchwil am yr Iesu hanesyddol dros y ganrif a hanner gynt. Am y rheswm yma *The Quest of the Historical Jesus* yw teitl y cyfieithiad Saesneg a gyhoeddwyd ym 1910.[7] Daeth yr awdur, Albert Schweitzer, yn fwy adnabyddus am ei waith mewn meysydd eraill yn nes ymlaen, ond cyn iddo ymadael â byd y diwinyddion gwnaeth enw mawr iddo'i hun gyda'r llyfr hwn gan godi cynnwrf, nid oherwydd ei adolygiad o waith eraill, ond o achos ei gyfraniad ef ei hun i'r ymchwil. Yn nhyb Schweitzer, bu Iesu farw wedi'i ddadrithio'n llwyr, am iddo ddisgwyl i'r byd ddod i ben yn ystod ei fywyd. Ni chyflawnwyd ei obeithion ac felly gwaeddodd allan ar y Groes, 'Fy Nuw, fy Nuw, pam yr wyt wedi fy ngadael?',[8] yr unig eiriau ar wefusau Iesu ar y Groes ym Marc, yr efengyl gynharaf. Unwaith eto, nid oes angen dadlau yma o blaid Schweitzer nac yn ei erbyn. Y peth arwyddocaol yw fod Schweitzer, er iddo seilio ei ddamcaniaeth ar yr un dystiolaeth â'i gyfoeswyr, wedi cyflwyno syniadau nad oeddynt yn gyson â'u damcaniaethau hwy ac wedi dangos nad yr un bob amser oedd y portread o'r Iesu hanesyddol os oedd y beirniad am ddibynnu'n unig ar efengyl Marc a'i chynnwys am wybodaeth hanesyddol sicr. Ni ellir amau nad oedd Schweitzer o ddifrif wrth lunio ei ddamcaniaeth; ni cheisiodd ffurfio damcaniaeth bryfoclyd o fwriad. Ac felly roedd y gwahaniaeth sylfaenol rhwng syniadau beirniaid eraill a syniadau Schweitzer a Wrede yn dangos fod angen rhyw ddull newydd ar ysgolheigion wrth drafod hanesion yr efengylau er mwyn profi eu dilysrwydd.[9] Ymhellach, ni ellid honni fod cynnwys y ffynonellau ysgrifenedig cynharaf o'r efengylau yn hanesyddol gywir yn unig am eu bod wedi eu hysgrifennu'n gynharach na ffynonellau eraill. Roedd yn rhaid sylweddoli fod bwlch rhwng y digwyddiad a chofnodion hyd yn oed y ffynonellau cynharaf ohono.

Mae'n bwysig felly sylweddoli beth a arweiniodd at drin yr efengylau yn ôl y dull a elwir yn feirniadaeth ffurf. Cododd beirniadaeth ffurf wedi i'r gred fod Marc yn ddogfen seml nad oedd yn cynnwys ond gwir ffeithiau hanesyddol gael ei herio. Ar yr un pryd sylweddolodd ysgolheigion mai ar lafar y traddodwyd y cofnodion o fywyd Iesu am flynyddoedd cyn iddynt gyrraedd ffurf weddol sefydlog, sef y traddodiad ysgrifenedig a geir mewn ffynonellau megis Marc a Q.

Y Dull Newydd

O ganlyniad i'r cynnwrf a ddaeth yn sgîl syniadau Schweitzer a Wrede roedd yn rhaid wrth ddull newydd o drin deunydd yr efengylau, ond ni ddaethpwyd o hyd iddo tan ar ôl y Rhyfel Byd Cyntaf. Mewn un ystyr roedd y dull yn newydd, ond mewn ystyr arall roedd yn hen. Roedd yn newydd yn yr ystyr nad oedd yr efengylau wedi eu trin fel hyn o'r blaen, ond yn hen yn yr ystyr fod arbenigwyr eisoes wedi defnyddio'r dull yma o feirniadaeth ar yr Hen Destament.[10] Enw'r dull oedd *Formgeschichte*. Mae'n bwysig cyfeirio at y gair Almaeneg am y dylid sylwi ar ei ystyr wreiddiol. Gelwir y dull yn *form criticism* yn Saesneg, fel arfer, ac felly 'beirniadaeth ffurf' yw'r enw yn Gymraeg. Ond nid *criticism* neu feirniadaeth yw ystyr y gair Almaeneg *Geschichte*. Hanes yw ei ystyr wreiddiol, ac felly yn hytrach na dweud beirniadaeth ffurf byddai'n well sôn am *hanes* ffurf (Saesneg: *form history*), term a fyddai ar yr un pryd yn osgoi'r awgrym negyddol sydd i'r gair 'beirniadaeth'. Ond gan fod y mwyafrif o ysgolheigion Saesneg yn dal i sôn am *form criticism* hwyrach fod rhaid defnyddio'r term beirniadaeth ffurf yn Gymraeg, er ei bod yn bwysig cofio mai 'hanes ffurf' yw ystyr yr ymadrodd gwreiddiol yn yr Almaeneg.

Dywedir fod *Formgeschichte* (hanes ffurf) neu *Gattungsgeschichte* (hanes dosbarth) wedi ei ddefnyddio'n gyntaf gan ysgolheigion yn y maes secwlar yn trin hanesion gwerinol.[11] Traddodir y fath hanesion, fel arfer, ar lafar am flynyddoedd, weithiau am ganrifoedd, cyn iddynt gael eu hysgrifennu. Ac felly un o brif ddiddordebau'r beirniaid yma yw nodi'r dylanwadau sy'n effeithio ar ffurf y deunydd wrth iddo gael ei draddodi ar lafar, gan sylwi, er enghraifft, ar y nodweddion a ddatblygodd wrth roi'r traddodiad mewn ffurf y gall y storïwr llafar ei chofio; fel arfer, traddodir deunydd o fath arbennig ar yr un patrwm.

A defnyddio enghraifft sy'n digwydd yn y Beibl yn ogystal ag mewn llên secwlar, adroddir hanes gwyrth ar batrwm o'r math yma: (a) disgrifiad o'r clefyd, (b) disgrifiad o'r weithred o iacháu, (c) tystiolaeth fod yr iachâd yn effeithiol, 12 (ch) ymateb y gynulleidfa. Sylweddolir, wrth gwrs, mai dyma drefn naturiol pob iachâd, ond y pwynt yw mai anaml iawn y ceir unrhyw ddeunydd arall wedi ei osod i mewn am y byddai'n cymysgu cof y storïwr ac felly yn ei gwneud hi'n anos iddo ei draddodi ar lafar. Ac felly ar y cychwyn prif swyddogaeth *Formgeschichte* yw dosbarthu'r gwahanol ffurfiau y traddodwyd y deunydd ynddynt.

Fel dull o feirniadaeth gellid ei ddefnyddio ar ddeunydd o unrhyw fath, yn enwedig deunydd a draddodir ar lafar. Yn y byd heddiw, er enghraifft, gellid ei ddefnyddio i ddarlunio ffurf pethau megis llythyr masnach, hysbyslen gan y lluoedd arfog ac yn y blaen. Pwysig felly yw sylweddoli nad ar y Testament Newydd y defnyddiwyd y math yma ar feirniadaeth yn gyntaf ac nad yw'n gyfyngedig i faes astudiaethau'r Testament Newydd chwaith. Hermann Gunkel oedd y cyntaf i ddefnyddio'r dull ar ddeunydd Beiblaidd wrth iddo ddosbarthu deunydd y Pumllyfr a'r Salmau i wahanol gategorïau o ffurfiau, 13 ond ni chafodd effaith ar y Testament Newydd nes i dri arloeswr o Almaenwyr fynd ati i drin yr efengylau ar yr un llinellau, a'r tri oedd Karl Ludwig Schmidt, Martin Dibelius a Rudolf Bultmann. 14

Formgeschichte a'r Efengylau

Dull, felly, yw *Formgeschichte* a fenthyciwyd o feysydd eraill a'i addasu at astudio'r efengylau. Nid yw'n gyfyngedig i faes y Testament Newydd, ond yn nwylo ysgolheigion yn y maes hwn mae'r dull wedi datblygu mewn modd sy'n arbennig i feirniadaeth ffurf y Testament Newydd.

Un o'r pethau a gymerwyd yn ganiataol gan y mwyafrif o'r beirniaid ffurf cynnar wrth drin yr efengylau oedd gwaith y beirniaid ffynhonnell. Derbyniwyd mai Marc oedd yr efengyl gynharaf, ac yn ogystal derbyniwyd mai o ffynhonnell gynnar arall yn cynnwys dywediadau Iesu y daeth y deunydd a ddynodwyd â'r llythyren Q. Derbyniwyd hefyd fod y ffynonellau arbennig y tu ôl i Fathew a Luc yn cynnwys deunydd cynnar. Yn ail, cymerwyd yn ganiataol fod cyfnod o draddodiad llafar wedi rhagflaenu'r efengylau ysgrifenedig. Mewn unedau bychain, fel arfer, y traddodir y math yma ar ddeunydd a drosglwyddir ar lafar, a phob uned yn dilyn patrwm arbennig ac yn cydymffurfio â rheolau ei dosbarth. Dod o hyd i'r unedau a'u dosbarthu yn ôl y prif gategorïau ffurf, felly, yw swyddogaeth gyntaf y beirniaid ffurf.

Bu cryn dipyn o amrywiaeth ar y dechrau yn yr enwau a roddodd y gwahanol feirniaid i'r dosbarthiadau — er enghraifft, ceir un enw ar ddosbarth arbennig yng ngwaith Bultmann sy'n ymddangos o dan enw arall yng ngwaith Dibelius. [15] Ond mae'r datblygiad yn y maes hwn yn ystod yr hanner can mlynedd diwethaf wedi peri i ysgolheigion cyfoes gytuno ar bedwar dosbarth o ffurfiau ar wahân i hanes y dioddefaint, a gydnabyddir yn ddosbarth ar ei ben ei hun. Dyma'r pedwar dosbarth:

(1) *Storïau Datgan.* Unedau bychain yw'r rhain lle yr adeiledir yr hanes o gwmpas dywediad arbennig o eiddo Iesu sy'n egluro pwrpas y stori; e.e., mae'r drafodaeth ynghylch y deyrnged [16] yn arwain at ddywediad Iesu, 'Talwch bethau Cesar i Gesar, a phethau Duw i Dduw'. Torri dadl yw pwrpas llawer o'r storïau hyn. [17]

(2) *Hanesion Gwyrth.* Yn ogystal â hanesion gwyrth pur sy'n canolbwyntio ar y wyrth a wneir gan Iesu — e.e., iacháu mam-yng-nghyfraith Pedr [18] — ceir ambell i stori ddatgan sydd yn hanes gwyrth ar yr un pryd — e.e., y dyn â'i law wedi gwywo. [19]

(3) *Dywediadau.* Mae hwn yn ddosbarth mor eang fel bod rhaid ei isrannu. Er bod nifer helaeth o ddywediadau gwahanol yn ôl Bultmann, [20] mae'n bosibl eu crynhoi yn yr adrannau a ganlyn:

(a) Dywediadau byrion — er enghraifft, diarhebion (dywediadau doethineb), megis, 'Ni fydd neb yn tywallt gwin newydd i hen grwyn', [21] neu ddywediadau proffwydol, megis, 'Y mae rhai o'r sawl sy'n sefyll yma, na phrofant flas marwolaeth nes iddynt weld teyrnas Dduw wedi dyfod mewn nerth', [22] neu ddywediadau cyfraith, fel llawer o'r dywediadau yn y Bregeth ar y Mynydd. [23]

(b) Dywediadau-'Myfi'. Gwelir llawer o'r rhain yn y bedwaredd efengyl [24] yn ogystal â rhai yn y Bregeth ar y Mynydd [25] a hefyd mewn mannau eraill yn yr efengylau cyfolwg;[26] dywediadau yw'r rhain sy'n dechrau â'r fformiwla 'Yn wir, rwy'n dweud wrthych'.

(c) Damhegion. Categori pwysig iawn yw hwn ac fe'i hystyrir yn fwy manwl yn nes ymlaen.[27]

(4) *Hanesion am Iesu.*[28] Mae'r categori hwn yn cynnwys y rhan fwyaf o'r hanesion sydd fel petaent yn rhoi gwybodaeth hanesyddol am fywyd Iesu — e.e., y Bedydd, y Gweddnewidiad, yr Atgyfodiad, y Dyrchafael ac yn y blaen.

Cyfeiriwyd uchod at hanes y dioddefaint a gydnabyddir gan y beirniaid ffurf fel un tra gwahanol i'r ffurfiau eraill. Er bod rhai o'r ffurfiau traddodiadol i'w gweld yn yr hanes,[29] mae'r dystiolaeth yn awgrymu fod y cyfanwaith wedi dod at ei gilydd ar lafar yn gynnar iawn. Yn ôl llawer o ysgolheigion[30] traddodwyd yr hanes fel rhan o addoliad y gymdeithas Gristnogol yn yr un modd ag y traddodwyd hanes y Pasg Iddewig fel rhan o ddefod y Pasg. Dyma felly enghraifft o uned hir yn cael ei thraddodi ar lafar am gyfnod gweddol faith.

Amcanion Formgeschichte

Gellir dosbarthu gwaith y beirniaid ffurf yn bedair adran:

(*a*) Eu hamcan cyntaf yw dosbarthu'r gwahanol unedau (*pericopae,* unigol *pericope,* yw'r term technegol) wrth gymryd efengyl fel Marc a rhoi enw ar y gwahanol unedau ynddi. Ond er bod hyn yn rhan hanfodol o'u gwaith, nid yw ond sylfaen i'r ymchwiliadau diddorol ac arwyddocaol a ddaw yn ei sgîl.

(*b*) Yr ail amcan yw dangos sut yr effeithiwyd ar ffurf y deunydd a'i gynnwys gan y *Sitz im Leben* (Sefyllfa mewn bywyd) y traddodwyd ef ynddi. Dyma rywbeth neilltuol o bwysig. Os yw dyn yn ceisio mynegi rhywbeth a chyfathrebu â dynion eraill, mae ffurf y trosglwyddo yn dibynnu yn gyntaf ar y sawl sy'n mynegi ac, yn ail, ar y gynulleidfa sy'n derbyn y neges. Er enghraifft, mae'r traethawd hwn yn ceisio cyflwyno gwybodaeth. Gan fod y Gymraeg yn iaith gyffredin i'r awdur a'r darllenydd, yn y Gymraeg y cyflwynir y wybodaeth, ond pe na bai neb o'r darllenwyr yn medru'r Gymraeg ni fyddai'r ymdrech yn werth dim. Hefyd mae'r wybodaeth ar gael mewn print am nad yw'r darllenydd a'r awdur yn bresennol yn y fan a'r lle i ymddiddan â'i gilydd. Ac felly dyma ddwy elfen sylfaenol sy'n effeithio ar y dull o drosglwyddo gwybodaeth, sef iaith a chyfrwng, ac os yw'r naill neu'r llall yn newid, yna newidir ffurf y deunydd hefyd. Pe cyfieithid y geiriau hyn i iaith arall, er enghraifft, byddai'r broses o gyfieithu yn sicr o newid eu gwedd, a hyd yn oed pe bai'r cyfieithiad yn gywir, ni fyddai'r iaith newydd yn awgrymu'r un ystyr yn union ag oedd gan eiriau'r iaith wreiddiol. 31 Dyna un enghraifft. Gellid cyfeirio at enghreifftiau eraill, megis y gwahaniaeth rhwng cyhoeddi rhywbeth ar lafar a'i gyhoeddi mewn print. Mae'r cyhoeddiad ysgrifenedig yn llai amleiriog, fel arfer, yn fwy cryno, ac ynddo well cystrawen a gramadeg ac yn y blaen. Sylwer hefyd ar y gwahaniaeth rhwng llyfr a ffilm wedi ei seilio ar y llyfr, neu rhwng darllen drama a gweld perfformiad ohoni. Dylanwadau syml ac amlwg ar ffurf y deunydd yw'r rhain; ceir hefyd ddylanwadau eraill na ellir eu hadnabod mor hawdd. Felly un amcan gan y beirniaid ffurf yw darganfod pa bethau sydd wedi dylanwadu ar y traddodiad cyn i'r efengylau gael eu hysgrifennu.

Beth felly oedd y dylanwadau yma? Yn gyntaf, ceir dylanwad iaith. Mae'n debyg mai'r Aramaeg oedd mamiaith Iesu a'i ddilynwyr cyntaf. Tafodiaith Semitig yw'r Aramaeg sydd yn tarddu o'r un gwreiddiau â'r Hebraeg ffurfiol y sgrifennwyd yr Hen Destament ynddi. Ar y llaw arall, Groeg yw iaith yr efengylau yn eu ffurf bresennol. Ac felly ni ellir honni eu bod yn cofnodi dywediadau Iesu yn eu ffurf wreiddiol am na thraddodwyd ei athrawiaeth yn yr iaith Roeg. Wrth gwrs, nid oes rheswm yn y byd pam na allai'r cyfieithiad fod yn gywir, ond, fel y gwyddys, mae'n bosibl trosi gair o'r naill iaith i'r llall mewn ffordd nad yw'n cyfleu ystyr gyflawn yr ymadrodd gwreiddiol. Ac felly nid oes gan gyfieithiad cywir hyd yn oed lawn ystyr yr iaith wreiddiol. Ceir tystiolaeth hefyd sy'n awgrymu nad yw'r cyfieithiad o eiriau Iesu a geir yn yr efengylau yn gyfieithiad cywir bob tro, 32 yn bennaf am nad oedd yr awduron at ei gilydd yn ddynion dysgedig. Byddai'n ddiddorol ystyried rhai o'r camgyfieithiadau, ond yr unig beth sy'n bwysig ei nodi yma yw fod gan y deunydd ddwy sefyllfa mewn bywyd (*Sitz im Leben*) o safbwynt iaith, y naill yn Aramaeg a'r llall yn Roeg.

Rhywbeth arall a ddylanwadodd ar ffurf yr efengylau a'u cynnwys oedd fod eu hawduron yn ceisio cyflawni pwrpas

arbennig, sef troi pawb a wrandawai arnynt at gred yn Iesu fel
Crist ac Arglwydd. 33 Ac felly, i raddau helaeth, mae'n wir dweud
na chyhoeddodd Iesu yr un neges yn union â'i ddilynwyr am mai
cynnwys eu neges hwy oedd Iesu. Ac mae'n debyg fod ffurf llawer
hanes yn newid i raddau helaeth oherwydd fod pregethwyr wedi
eu haddasu yn nes ymlaen i gyflawni pwrpas amgen nag oedd i'r
hanes yn y lle cyntaf. Er enghraifft, mae'n debyg fod dyfynnu
adnodau o'r Hen Destament fel testunau prawf yn tarddu o
ymdrechion y cenhadon cynnar i droi addolwyr y synagog at
Gristnogaeth. 34 Yn yr un modd casglwyd deunydd arall er mwyn
hwyluso'r gwaith o ddysgu dychweledigion. Mae'n bosibl fod y
Bregeth ar y Mynydd a'r areithiau eraill ym Mathew yn adlew-
yrchu hyn. 35 Hefyd cododd dadleuon yn y gymdeithas Gristnogol
chafodd rhai o'r unedau (*pericopae*), yn enwedig y storïau datgan,
eu llunio er mwyn torri'r dadleuon yma. 36 Dylanwad arall a
effeithiodd ar ffurf y deunydd oedd addoliad, fel y digwyddodd
gyda hanes y dioddefaint. Ac felly, effeithiodd y dylanwadau hyn
i gyd yn gyntaf ar gynnwys y traddodiad, oherwydd na chofnod-
wyd ond ychydig iawn o'r hyn a lefarodd Iesu a'u cyflawni, ac yn
ail ar ffurf y traddodiad.

Felly, at ei gilydd mae'r beirniaid ffurf yn gwahaniaethu rhwng
tair sefyllfa mewn bywyd (*Sitz im Leben*). Y gyntaf yw'r sefyllfa
ym mywyd Iesu (*Sitz im Leben Jesu*), sef y sefyllfa wreiddiol, 37
a'r ail yw'r sefyllfa ym mywyd yr eglwys fore (*Sitz im Leben der
Alten Kirche*), yn cynnwys yr eglwys yng ngwlad Palesteina a'r
eglwys a ddatblygodd yn ddiweddarach yn y byd Helenistig. Ar
lafar y bu'r traddodiad am y rhan fwyaf o'r cyfnod hwn. Dyma
hefyd adeg y cyfieithu. Y drydedd yw'r sefyllfa ym mywyd yr
efengylydd (*Sitz im Leben des Evangelium*), sef y person neu'r
personau a fu'n gyfrifol am yr efengyl gyfan yn ei ffurf derfynol 38
gan gydnabod dylanwad y gynulleidfa yr ysgrifennai'r awdur ar
ei chyfer.

Ail amcan y beirniaid ffurf, felly, yw dangos sut yr effeithiwyd
ar ffurf y traddodiad a'i gynnwys gan wahanol sefyllfaoedd mewn
bywyd.

(*c*) Y cam nesaf yw gwahaniaethu rhwng y gwreiddiol a'r
ail-law, er na ddatblygodd yr agwedd yma ar waith y beirniaid
ffurf tan y pum degau. Trafodir hyn yn fwy manwl yn nes ymlaen

wrth sôn am y gwahanol feini prawf a ddefnyddir yn y broses o geisio dysgeidiaeth yr Iesu hanesyddol.[39] Er mai rhan bwysig o waith y beirniad ffurf yw hon, mae'n achosi cryn dipyn o ddadlau ac ymryson ac ystyrir yn nes ymlaen i ba raddau y mae'r agwedd yma ar feirniadaeth ffurf wedi llwyddo.

(ch) Yn olaf, dylid cyfeirio at ddatblygiad diweddar ymhlith y beirniaid ffurf a elwir yn *Redaktionsgeschichte*,[40] sef cais i esbonio pam y dewisodd yr awdur yr unedau sy'n cynnwys yr efengyl gyfan ac awgrymu pa newidiadau a pha gyfraniadau y gellir eu priodoli i'r awdur ei hun. Hyd yma, gweithio gyda'r unedau fel unedau a wnaeth y beirniaid ffurf, ond mae'n llawn mor bwysig edrych ar yr efengyl gyfan ar ôl ystyried ei gwahanol adrannau.

Wrth grynhoi amcanion y beirniaid ffurf cyfoes gellir dweud eu bod yn anelu at ddau nod gwahanol wrth geisio ar y naill law fynd yn ôl at y gwir Iesu hanesyddol, ac ar y llaw arall ystyried yr efengylwyr, y dynion a fu'n gyfrifol am y gwaith terfynol, a chydnabod eu cyfraniad hwythau. Ceisiant hefyd — a dyma oedd prif bwyslais y beirniaid ffurf ar y dechrau — ddatguddio pa agweddau ar y traddodiad sy'n adlewyrchu bywyd, ymddygiad, disgyblaeth, addoliad a ffydd yr eglwys fore.

Darganfod y gwir Iesu hanesyddol

Bu amheuon y beirniaid ffurf cynnar, yn enwedig Bultmann, ynghylch gwybodaeth o unrhyw fath am yr Iesu hanesyddol yn enwog. Yr oedd Bultmann ar y dechrau fel petai'n awgrymu nad oedd yn bosibl gwybod dim am yr Iesu hanesyddol. Ond dyddiau cynnar oedd y rhain. Ceir llawer mwy o ddiddordeb yn yr Iesu hanesyddol ymhlith ysgolheigion y Testament Newydd heddiw a llawer mwy o hyder ynghylch y posibilrwydd o ddarganfod rhywfaint o wybodaeth amdano yn yr efengylau. Mae'r ymchwil newydd am yr Iesu hanesyddol wedi datblygu yn ystod yr ugain mlynedd diwethaf o dan arweiniad dynion fel G. Bornkamm, E. Käsemann, E. Fuchs, J. Jeremias[41] ac eraill. Ac er bod cryn dipyn o ymryson o hyd ynghylch rhai materion, ceir cytundeb helaeth ynglŷn â'r dulliau y dylid eu defnyddio er mwyn gwahaniaethu rhwng yr ail-law a'r gwreiddiol.[42] Mae'r traddodiad felly yn cael ei brofi yn ôl y tri maen prawf a ganlyn:

(i) Torrir ymaith beth bynnag sy'n adlewyrchu bywyd yr eglwys fore yn hytrach na bywyd Iesu ei hun. Portreadir ffydd yr eglwys fore a'i disgyblaeth yn llythyrau Paul a ysgrifennwyd yn gynharach nag unrhyw un o'r efengylau. Gwelir yma, er enghraifft, sut yr effeithiodd cred yr eglwys am Iesu ar y teitlau a ddewiswyd i'w ddisgrifio. Iesu oedd ei enw dynol; teitlau ynghlwm wrth ei enw yw ymadroddion fel yr Arglwydd Iesu neu Iesu Grist neu'r Arglwydd Iesu Grist sy'n cyflwyno cred arbennig am ddyn o'r enw Iesu. Felly pan geir y math yma ar deitl yn yr efengylau nid yw'n adlewyrchu amgylchfyd Iesu ei hun yn gymaint â chred yr eglwys fore yn Iesu fel Crist ac Arglwydd ac ati. Yn yr un modd gellir ystyried yn ail-law unrhyw ddeunydd nad oes iddo synnwyr ond mewn amgylchfyd Helenistig.[43] Dyna felly y maen prawf cyntaf, sef annhebygrwydd (dissimilarity). Yn ôl yr egwyddor hon mae'r hyn sy'n annhebyg i gred yr eglwys fore a'i hymddygiad yn debyg o adlewyrchu'r gwir Iesu hanesyddol.[44]

(ii) Yr ail faen prawf yw'r prawf ieithyddol, sy'n arbennig o ddefnyddiol i'r rhai sy'n trin y deunydd athrawiaethol yn yr efengylau. Yn ôl yr egwyddor hon, os gellir cyfieithu dywediad yn ôl i'r Aramaeg mae'n debycach o fod yn wreiddiol na'r hyn na ellir ei gyfieithu'n uniongyrchol. Ond mae'n rhaid bod yn ofalus wrth ddefnyddio'r prawf yma ar Fathew am fod Mathew, mae'n debyg, wedi ceisio rhoi agwedd Iddewig ar y deunydd[45] — e.e., ceir ymadroddion ym Mathew mewn ffurf Iddewig yn hytrach na ffurf Roegaidd, ymadroddion fel 'teyrnas nefoedd' yn lle 'teyrnas Dduw'.

(iii) Mae'r ddau brawf cyntaf yn ynysu rhywfaint o ddeunydd sydd yn ôl pob tebyg yn wreiddiol ac ar sail y deunydd yma mae'n bosibl defnyddio'r trydydd maen prawf, sef y prawf o gysondeb (coherence) — hynny yw, archwilio'r efengylau am ddeunydd sy'n gyson â'r deunydd y darganfuwyd eisoes ei fod yn ddilys, oherwydd byddai'n debyg fod y deunydd ychwanegol hwnnw hefyd yn ddilys. Mae'r egwyddor hon wedi cael ei defnyddio'n llwyddiannus dros ben yng ngwaith C. H. Dodd ac yn arbennig yng ngwaith J. Jeremias[46] ar y damhegion. Yn wir, mae'n ddiddorol sylwi ar y rhestr o brofion a gynigir gan Jeremias i ddarganfod pa elfennau gwreiddiol sydd i'w cael yn y damhegion yn eu ffurf bresennol.

Nid dyma'r lle i sôn am y pethau a ddarganfuwyd gan ysgol-
heigion wrth iddynt ddefnyddio'r profion hyn ar yr efengylau,
ond mae'n rhaid pwysleisio'r agwedd gadarnhaol yma ar waith
y beirniaid ffurf. Ysgrifennodd hyd yn oed Bultmann lyfr cyfan[47]
ar yr Iesu hanesyddol sy'n gadarnhaol ei agwedd, yn ogystal â
deugain o ddalennau sy'n ymdrin â'r Iesu hanesyddol yn ei lyfr
ar ddiwinyddiaeth y Testament Newydd.[48]

Sgeptigaeth y Beirniaid Ffurf

Cyfeirir yn aml iawn at sgeptigaeth y beirniaid ffurf, yn
enwedig ymhlith ffwndamentalwyr a Christnogion ceidwadol eu
hagwedd.[49] Beth felly amdani? Dylid nodi'n gyntaf eiriau Paul:
'Nid yr un cnawd yw pob cnawd',[50] ac felly 'nid yr un beirniad
ffurf yw pob beirniad ffurf'. Ceir sgeptigaeth lwyr yng ngwaith
cynnar Bultmann, ond gwrthgyferbynner casgliadau mwy
ceidwadol rhywun fel Jeremias. Byddai'n wir dweud fod pob
ysgolhaig sy'n ymwneud â'r efengylau yn feirniad ffurf i ryw
raddau y dyddiau hyn — e.e., roedd un o'r prif feirniaid ffynhon-
nell yn y cyfnod modern, Vincent Taylor,[51] yn cefnogi'r dull ac
yn ei ddefnyddio. Ac felly, pa deimladau bynnag a pha ofidiau
bynnag sydd gan eglwyswyr ceidwadol, ni ellir rhoi'r gorau i
feirniadaeth ffurf fel offeryn yng ngwaith ymchwil y Testament
Newydd.

Wrth edrych yn ôl mae'n amlwg fod y beirniaid ffurf cynnar
yn rhy besimistaidd. Gorfoleddu bron a wnaeth Bultmann am
nad oedd yn bosibl dweud dim yn bendant am yr Iesu
hanesyddol,[52] ond roedd hyd yn oed Bultmann yn medru dweud
rhywbeth amdano, ac mae'n arwyddocaol fod yr ymchwil newydd
am yr Iesu hanesyddol wedi cychwyn ymhlith disgyblion
Bultmann ei hun. Ni ellir honni, wrth gwrs, eu bod yn derbyn
dilysrwydd llawer o'r hanesion yn yr efengylau; yn wir, ychydig
iawn o'r deunydd a dderbynnir ganddynt, fel rheol, yn gofnod
y gall yr hanesydd ddibynnu arno'n llwyr. Serch hynny, nid yw
dilysrwydd yr hanesion a'r dywediadau a dderbynnir wedi ei
seilio ar y ffaith fod y ffynonellau ysgrifenedig cynharaf yn eu
cynnwys, ond yn hytrach ar fod ysgolheigion wedi archwilio'r
dystiolaeth yn ôl egwyddorion a phrofion manwl a threiddgar.
Yn wir, gellid honni na chynhaliwyd archwiliad mor fanwl a

threiddgar ar unrhyw destunau cyffelyb o'r byd hynafol ag a wnaed gan y beirniaid ffurf ar yr efengylau.

Ac felly, offeryn defnyddiol a phwysig at astudio'r efengylau yw beirniadaeth ffurf. Er ei bod at ei gilydd yn feirniadaeth negyddol, mae gan ei chasgliadau cadarnhaol arwyddocâd sylweddol. Ar yr un pryd, mae'r casgliadau negyddol yn gadarnhaol yn yr ystyr fod ysgolheigion yn ei chael hi'n haws dod o hyd i ffeithiau gwreiddiol wedi i'r coed marw y claddwyd hwy ynddynt gael eu torri i ffwrdd, er bod datblygiad arall yng ngwaith Bultmann, sef dadfythu, [53] yn ogystal â thwf y feirniadaeth a elwir yn *Redaktionsgeschichte*, yn awgrymu nad yw'r coed mor farw ag y maent yn ymddangos.

Cydnabod Cyfraniad yr Efengylydd (*Redaktionsgeschichte*)

Cyfeiriwyd uchod at ddatblygiad diweddar ar feirniadaeth ffurf, sef *Redaktionsgeschichte*. [54] Roedd y beirniaid ffurf yn cydnabod o'r dechrau fod y traddodiad sydd wrth wraidd yr efengylau wedi ei drosglwyddo ar lafar mewn unedau bychain yn gyntaf, ac er iddynt gydnabod fod rhai o'r unedau yma (*pericopae*)—e.e., hanes y dioddefaint, wedi dod at ei gilydd yn weddol gynnar, hyd yn oed yng nghyfnod y traddodiad llafar, roedd ganddynt lai o ddiddordeb yn y broses a ddaeth â'r unedau at ei gilydd nag yn yr unedau fel y cyfryw a'r sefyllfa ym mywyd y gymdeithas gyntefig (*Sitz im Leben*) a fu'n gyfrifol am ddiogelu'r traddodiad a'i addasu ar gyfer anghenion cyfoes y gymdeithas ar y pryd. O ganlyniad, nid oedd gan y beirniaid ffurf cynnar fawr o ddiddordeb yng nghyfnod olaf hanes y traddodiad, sef dulliau cyfansoddi awduron terfynol yr efengylau yn eu ffurf bresennol a sut y dylanwadwyd ar yr awduron gan anghenion y cymdeithasau yr ysgrifennent ar eu cyfer. [55]

Y cyfnod olaf hwn, cyfnod cyfansoddi'r efengyl derfynol, sy'n ennyn diddordeb y beirniad redacteg. Mae'n awyddus i ddarganfod pam yn union y dewisodd yr awdur y deunydd arbennig sydd ganddo (mae'r mwyafrif o ysgolheigion yn cytuno fod mwy o ddeunydd ar gael i'r awdur nag a ddefnyddiwyd ganddo) a pham y casglodd y deunydd a'i gyfansoddi yn y dull arbennig sydd i'w weld yn yr efengyl derfynol. Amcan y beirniad hefyd yw nodi mannau lle y mae'n ymddangos fod yr awdur wedi newid y traddodiad yn ogystal â'r darnau lle y ceir deunydd hollol newydd a gyfansoddwyd gan yr awdur ei hun. Dylid ychwanegu nad yw'r deunydd newydd o eiddo'r awdur yn cynnwys ond cyfran fechan o'r efengylau, am fod cyfansoddiadau gwreiddiol yr awduron yn gyfyngedig, at ei gilydd, i adrannau cyswllt a mannau tebyg. Yn yr un modd â'u rhagflaenwyr, mae'r beirniaid redacteg yn derbyn fod Mathew a Luc wedi defnyddio Marc, ac ar sail hynny'n rhoi sylw arbennig i'r deunydd Marcaidd ym Mathew a Luc wrth geisio darganfod ym mha ffyrdd y newidiwyd Marc gan y ddau efengylydd a ddaeth ar ei ôl a'u cymhellion wrth newid y traddodiad. Yn sgîl hyn oll, fe welir diddordeb cynyddol ymysg y beirniaid yn neges ddiwinyddol yr efengylwyr am fod y beirniaid redacteg yn honni mai tuedd (*Tendenz* yw'r gair Almaeneg) ddiwinyddol yr awdur oedd y prif ddylanwad arno wrth ddethol deunydd o'r traddodiad yr oedd wedi ei etifeddu a'i drefnu a bod hynny'n wir am bob un o'r efengylwyr synoptaidd. Mewn geiriau eraill, nid trosglwyddo'r traddodiad yn unig oedd cyfraniad yr efengylwyr, ond dehongli'r traddodiad hefyd.

'Nawr, ni fyddai'n deg honni mai'r beirniaid redacteg yw'r unig ysgolheigion i gydnabod fod yr efengylwyr wedi cyfansoddi yn ôl tueddiadau diwinyddol arbennig. Fel y gwelwyd, dyma ddamcaniaeth sylfaenol Wrede yn ei drafodaeth ar y gyfrinach Feseianaidd ym Marc.[56] Yn yr un modd, fe ddangosodd R. H. Lightfoot[57] yn ddiweddarach pa mor amlwg oedd nodweddion dehongliad diwinyddol yr efengylydd Marc. Nid yw'n wir chwaith hawlio mai'r beirniaid redacteg yw'r cyntaf i sôn am bwrpas yr efengylydd a dylanwad yr amgylchiadau arbennig yr ysgrifennai ynddynt. Dyma un o nodweddion cyffredin pob ysgolhaig sydd wedi paratoi esboniad ar un o'r efengylau, ac mae hynny'n wir am y cyfnod cyn datblygiad beirniadaeth redacteg, er na fyddai pob ysgolhaig yn cytuno mai cymhellion diwinyddol yn unig a ddylanwadodd ar bwrpas yr awdur. Unwaith eto, nid y beirniaid redacteg yw'r unig rai i gymryd diddordeb yn y broses o gyfansoddi efengyl, am fod eraill wedi ymddiddori yn yr un peth yn union.[58] Beth sy'n newydd, ar wahân i'r enw, yw bod y beirniaid redacteg yn medru adeiladu ar sylfaen beirniadaeth ffurf ac olrhain datblygiad y traddodiad yn y cyfnodau cynharaf

cyn symud at gyfnod olaf y broses. O ganlyniad, mae'n bosibl
iddynt adfer enw da awduron yr efengylau fel diwinyddion.
Casglwyr deunydd[59] a dim mwy oedd yr efengylwyr ym marn y
beirniaid ffynhonnell — a'r beirniaid ffurf cynnar, o ran hynny —
ond yn ôl y beirniaid redacteg dylid eu hystyried yn awduron yn
ystyr llawn y gair: awduron a wnaeth gyfraniad sylweddol
(diwinyddol) i'r broses o lunio efengyl.

Fel y dywedwyd eisoes, roedd eraill wedi gwneud yr un math o
ymchwil ar yr efengylau cyn datblygu beirniadaeth redacteg, hyd
yn oed os nad oedd eu dulliau ymchwil ar yr un llinellau'n union
ag eiddo'r beirniaid redacteg, na'u casgliadau'n cytuno â'r beirn-
iaid redacteg bob tro. Ond yn ystod y blynyddoedd diwethaf aeth
beirniadaeth redacteg yn ffasiwn, wedi iddi ddatblygu yn yr
Almaen ymhlith disgyblion y beirniaid ffurf gwreiddiol, Bultmann
a Dibelius. Diddorol yw sylwi bod tri ohonynt wedi symud at y
math yma o ymchwil yn annibynnol ar ei gilydd yn yr un cyfnod,
fwy neu lai, ac yn rhyfedd iawn ar efengylau gwahanol.[60] Ceir
triniaeth fwy manwl ar eu gwaith yn nes ymlaen wrth inni drafod
yr efengylau unigol, ond ar hyn o bryd byddai cipolwg ar bob
un o'r tri yn esbonio beth yn union a olygir wrth feirniadaeth
redacteg ac yn dangos sut y mae'r beirniaid redacteg yn mynd
ati i drin deunydd yr efengylau.

Mae'n bosibl rhannu gwaith y beirniad redacteg yn ddwy ran.
Yn gyntaf, mae'n ceisio darganfod sut y newidiodd yr efengylydd
y traddodiad a drosglwyddwyd iddo a'i addasu, a pham — hynny
yw, ystyried gwaith yr efengylydd fel golygydd. Dyma'r math o
ymchwil sy'n gwir haeddu'r enw beirniadaeth *redacteg* a dyma'r
dull a adlewyrchid yn y traethawd cyntaf o waith un o'r beirniaid
redacteg pan gyhoeddodd un o ysgol Bultmann, sef Günther
Bornkamm, ei ymdriniaeth â hanes y storm ar y môr ym Mathew
viii. 23-27.[61] Yr ail fath o feirniadaeth yw canolbwyntio ar
ddetholiad yr efengylydd o'r deunydd traddodiadol a'i ffordd o
drefnu'r deunydd yn yr efengyl derfynol — hynny yw, ystyried
gwaith yr efengylydd fel cyfansoddwr/awdur, ac felly dylid
galw'r math yma o ymchwil yn feirniadaeth gyfansoddi, mewn
gwirionedd. Dyma'r enw a awgrymwyd gan Ernst Haenchen,[62]
un arall o'r beirniaid redacteg sydd wedi gweithio yn bennaf ar
Actau'r Apostolion. Fel gyda Marc, mae'n rhaid i'r beirniad sy'n

ymdrin â'r Actau ddyfalu i raddau helaeth ynghylch ffurf wreiddiol y traddodiad a'i gynnwys, ac felly mae'n haws iddo ganolbwyntio ar y gwaith terfynol a darganfod sut yr adlewyrchir tueddiadau diwinyddol yr awdur yn ei ddull o drefnu'r deunydd. Beth felly am Bornkamm a'i ymdriniaeth â hanes y storm ar y môr ym Mathew viii. 23-27 a gyhoeddwyd gyntaf ym 1948? Wedi iddo gymharu fersiwn Mathew ag eiddo Marc iv. 35-41, ffynhonnell yr awdur, ceisiodd Bornkamm ddangos mai gwir bwrpas y newidiadau yn fersiwn Mathew — e.e., Iesu'n ceryddu'r disgyblion cyn iddo dawelu'r storm yn hytrach nag ar ei ôl, neu'r disgyblion yn cyfarch Iesu fel 'Arglwydd' yn hytrach na 'Meistr'— yw dehongli neges ddiwinyddol yr hanes yn hytrach nag ail-wampio arddull y traddodiad gwreiddiol a geir ym Marc. Mae'n honni yn ogystal mai amcan y dehongliad yw pwysleisio gwir ystyr disgyblaeth a bod yr awdur yn cyfeirio'r neges at yr eglwys gyfoes. Ceir astudiaeth fwy manwl ar thema disgyblaeth — yn ogystal â dull Mathew o ddehongli'r traddodiad er mwyn cyflwyno neges i'r eglwys gyfoes ar bynciau megis eschatoleg, lle'r Gyfraith Iddewig yn y ffydd Gristnogol, cristoleg ac athrawiaeth am yr eglwys — mewn erthygl a gyhoeddwyd gan Bornkamm ym 1954.[63] Mae'r astudiaeth hon yn trafod tystiolaeth yr efengyl gyfan, ac ar sail ei ymchwil barn Bornkamm yw fod tystiolaeth yr efengyl ei hun yn adlewyrchu *Sitz im Leben* — hynny yw, *Sitz im Leben* cyfansoddi'r efengyl derfynol — mewn amgylchfyd Iddewon Helenistig. Amcan yr awdur oedd gwrthwynebu'r math o Iddewiaeth Phariseaidd a ddaeth i rym ar ôl cwymp Jerwsalem,[64] ar y naill law, a math ar Gristnogaeth Helenistig a oedd yn anwybyddu'r Gyfraith yn llwyr trwy ganolbwyntio'n hytrach ar yr Arglwydd nefol, ar y llaw arall. Nid dyma'r lle i drafod y dadleuon yn erbyn y ddamcaniaeth hon, ond mae amlinelliad bras ohoni yn dangos dull y beirniad redacteg o geisio penderfynu sut y defnyddiodd yr awdur y traddodiad ac, ar y sail hwn yn hytrach nag ar dystiolaeth allanol, ail-lunio *Sitz im Leben* yr efengyl derfynol. Datblygir gwaith Bornkamm ar Fathew gan ddau o'i ddisgyblion, G. Barth ac H. J. Held,[65] yn ogystal ag eraill yn yr Almaen.[66] Gellir nodi ymhlith eraill yn yr iaith Saesneg lyfr anferth yr ysgolhaig o Gymro W. D. Davies, sydd bellach yn gweithio yn yr Unol Daleithiau, 67 ac astudiaethau diweddarach yr ysgolhaig Americanaidd, J. D. Kingsbury. 68 Yn yr un modd â'r beirniad ar Fathew, mae'r ysgolhaig sy'n ymdrin ag efengyl Luc yn medru ymgynghori ag un o ffynonellau'r awdur. Ac felly, yn ei ymchwil ar weithgarwch golygyddol Luc, mae Hans Conzelmann 69 yn seilio'i ddamcaniaethau i raddau helaeth ar dystiolaeth y mannau lle y mae Luc wedi newid y deunydd Marcaidd. Ffactor arall sy'n allweddol mewn unrhyw drafodaeth ar bwrpas Luc wrth ysgrifennu, fel y mae Conzelmann ei hun yn cydnabod, yw'r ffaith fod Actau'r Apostolion, ail gyfrol yr awdur, ar gael o hyd. Yn wir, yn gynharach na Conzelmann hyd yn oed roedd Martin Dibelius, un o'r beirniaid ffurf arloesol, wedi cwblhau cyfres o astudiaethau ar yr Actau 70 sy'n debyg iawn o safbwynt methodoleg i waith Conzelmann. Mae a wnelo astudiaeth Conzelmann ar Luc, felly, â'r cyfanwaith, Luc a'r Actau, ac oherwydd hynny mae'r gwaith wedi'i lunio ar raddfa fwy cynhwysfawr o lawer nag astudiaethau Bornkamm a'i ddisgyblion ar Fathew, sy'n dibynnu'n fwy ar drin darnau dethol o'r efengyl. Ceir cyfle i drafod damcaniaethau Conzelmann yn fwy manwl yn nes ymlaen; 71 ei ddull yn unig sy'n berthnasol yma. Prif ddiddordeb Conzelmann ar y dechrau yw fframwaith efengyl Luc o'i chymharu ag eiddo'i ffynhonnell, efengyl Marc. Mae'n dangos fod fframwaith efengyl Luc yn gwbl wahanol i eiddo Marc (mae'r drafodaeth yma'n dibynnu i raddau helaeth ar ddehongli manylion daearyddol sydd ym marn Conzelmann yn adlewyrchu amcanion diwinyddol yr awdur yn hytrach na diddordeb mewn daearyddiaeth) 72 a bod y newidiadau yn tarddu o syniadau arbennig Luc am arwyddocâd diwinyddol gweinidogaeth Iesu, ei farwolaeth a'i atgyfodiad. Teitl gwaith Conzelmann yn yr Almaeneg gwreiddiol oedd *Die Mitte der Zeit* 73 sy'n golygu 'Canol yr Amser' (yn Gymraeg byddai'n well dweud 'Canol yr Amserau' neu 'Ar ganol Amser') sy'n adlewyrchu barn Conzelmann fod amser Iesu'n ddolen gydiol yn cysylltu cyfnod yr hen Israel (hyd at amser Ioan Fedyddiwr ac yn ei gynnwys ef) a chyfnod yr Israel newydd, yr eglwys sy'n disgwyl y *parousia*, er nad oedd yr awdur yn disgwyl *parousia* yn ôl Conzelmann am gyfnod hir iawn. Yn wir, barn Conzelmann yw mai dirgelwch gohirio'r *parousia* yw'r rheswm pennaf dros ysgrifennu Luc a'r

Actau. Ac felly, yn ôl Conzelmann, diwinydd oedd Luc yn hytrach na hanesydd. Er iddo anelu'n ymwybodol at fod yn hanesydd, oherwydd ei ddaliadau diwinyddol mae ei hanes yn dangos rhagfarn yr awdur — e.e., wrth lunio rhaglen o dri chyfnod yn hanes iachawdwriaeth. Unwaith eto, nid dyma'r lle i drafod y dadleuon yn erbyn damcaniaeth Conzelmann. Ein hunig amcan yma yw dangos sut y cyflwynwyd Luc, yr hanesydd, yn ôl C. K. Barrett,74 fel diwinydd soffistigedig gan un o'r beirniaid redacteg mwyaf adnabyddus. Symbylwyd eraill gan waith Conzelmann i drin ysgrifau Luc yn ôl egwyddorion beirniadaeth redacteg, a rhai ohonynt yn anghytuno â Conzelmann ac yn amau ei ddamcaniaethau. Gellid cyfeirio at H. Flender a J. Jervell (ar efengyl Luc)75 yn ogystal â Haenchen ac U. Wilckens (ar yr Actau)76 ymhlith cydwladwyr Conzelmann, ac yn yr iaith Saesneg at astudiaethau ysgolheigion fel I. H. Marshall, C. H. Talbert ac S. G. Wilson.77 Dylid nodi hefyd lyfr gwerthfawr H. J. Cadbury a ragflaenodd feirniadaeth redacteg ddiweddar gan achub y blaen ar lawer o'i gweledigaethau mwyaf treiddgar ac osgoi rhai o'i chasgliadau mwy ffansïol a mympwyol.78

Gwelwyd eisoes mai un o ddulliau ymchwil mwyaf effeithiol y beirniad redacteg sy'n ymdrin â Mathew neu Luc yw ystyried sut y newidiwyd y ffynhonnell Farcaidd ganddynt, er i Conzelmann fynd ymhellach ac ystyried yr efengyl gyfan ynghyd ag ail gyfrol Luc yn yr Actau. Gyda Marc nid oes ffynhonnell ar gael i'r beirniad wrth iddo geisio darganfod ôl llaw'r efengylydd a mesur a phwyso ei gyfraniad neilltuol ef. Serch hynny, efengyl Marc oedd sail gwaith Wrede, yr enghraifft gynharaf mewn llawer ystyr o'r math yma o feirniadaeth, gyda'i ddamcaniaeth fod yr awdur wedi addasu'r deunydd yn ôl tuedd ddiwinyddol arbennig. Yn yr un modd, Marc oedd testun ymchwil R. H. Lightfoot, ysgolhaig arall a achubodd y blaen ar lawer sy'n llafurio yn enw beirniadaeth redacteg heddiw. Marc hefyd oedd yr efengyl a fu'n destun ymchwil i'r ysgolhaig a roddodd yr enw 'beirniadaeth redacteg' ar y math yma o ymchwil, sef Willi Marxsen. Prif amcan Marxsen oedd esbonio pam y dewisodd Marc lunio 'efengyl' o'r deunydd a draddodwyd iddo; hynny yw, pam y dewisodd fabwysiadu ffurf lenyddol yr 'efengyl', oherwydd ef oedd yr awdur cyntaf i fabwysiadu'r ffurf arbennig honno.

Efelychu Marc a wnaeth yr efengylwyr a ddaeth ar ei ôl. Nid ar ddamwain yr aeth Marc ati i gyfansoddi 'efengyl', ym marn Marxsen, ac felly mae'n chwilio am *Sitz im Leben* a fyddai'n esbonio ei ddewis o ffurf. Ar sail ymdriniaeth fanwl â phedair thema sy'n wahanol ond eto'n cyd-ddibynnu, sef hanes Ioan Fedyddiwr, y cyfeiriadau daearyddol, [79] y gair *euangelion*, a'r araith apocalyptaidd ym Marc xiii, daeth Marxsen i'r casgliad fod gan Farc neges arbennig (efengyl) i'w chyhoeddi i'r Cristnogion cyfoes ag ef, sef dyfodiad buan y *parousia.* Yn ôl Marxsen dyma neges yr efengylydd i'r grŵp o Gristnogion a oedd wedi dianc i Pella ar ddechrau'r Rhyfel Iddewig yn 66 O.C. Sylwer ar ddull Marxsen, sy'n dra anghyffredin. Er iddo gydnabod fod Mathew a Luc yn dibynnu ar Farc mae'n defnyddio tystiolaeth Mathew a Luc wrth esbonio natur a chymhelliad golygyddol Marc. Barn Marxsen yw mai Marc yw'r unig un o'r pedair efengyl sy'n gwir haeddu'r enw 'efengyl' (= *euangelion*, y gair a geir ym Marc i. 1, teitl y llyfr). Fe gysylltwyd y gair 'efengyl' â'r lleill ar sail eu perthynas â Marc. Fel y gwnaeth Conzelmann â Luc, mae Marxsen yn rhoi sylw arbennig i fframwaith efengyl Marc; serch hynny, ychydig iawn o ysgolheigion sy'n derbyn ei ddadansoddiad o syniadau diwinyddol yr efengylydd a seiliwyd ar dystiolaeth y fframwaith. Bach iawn o gefnogaeth sydd ganddo i'w ddamcaniaeth ynghylch *Sitz im Leben* yr efengyl hefyd. Eto i gyd, cydnabyddir gan ysgolheigion yn gyffredinol fod Marxsen wedi cyfrannu'n helaeth at ein dealltwriaeth o fethodoleg beirniadaeth redacteg, yn enwedig yn ei drafodaeth ragarweiniol ar yr amcanion a'r dulliau ymchwil sy'n nodweddu beirniaid redacteg o'r un duedd ag ef ei hun. Gellir nodi nifer o astudiaethau eraill ar Farc, rhai ohonynt yn werthfawr iawn, wedi'u hysgrifennu y tro hwn gan ysgolheigion Saesneg eu hiaith — e.e., J. M. Robinson, [80] T. A. Burkill, Ernest Best ac R. P. Martin. [81]

Cyn dod â'r drafodaeth ar feirniadaeth redacteg i ben dylid cyfeirio at lwyddiant yr ysgolheigion sydd wedi defnyddio'r dull yma o ymchwil wrth drin themâu arbennig—cristoleg, er enghraifft — yn yr efengylau cyfolwg yn gyffredinol yn ogystal â mewn efengylau unigol. [82] Ar wahân i hynny mae'r gwaith golygyddol a fu'n gyfrifol am ffurfio'r traddodiad cyn iddo gyrraedd yr efengylwyr wedi denu diddordeb rhai ysgolheigion hefyd. Un o'r astudiaethau cyntaf a mwyaf llwyddiannus o'r fath oedd gwaith pwysig a dylanwadol H. E. Tödt, un arall o ddisgyblion Bornkamm, ar y teitl Mab y dyn yn yr efengylau cyfolwg, ac fe seiliodd ef ei ymchwil ar egwyddorion beirniadaeth redacteg.[83] Is-gynnyrch yr ymchwil, fel petai, oedd yr ymgais ddiddorol i drin y ffynhonnell Q yn ôl egwyddorion beirniadaeth redacteg.[84] Fe seiliwyd ymchwil un arall eto o ddisgyblion Bornkamm, sef Ferdinand Hahn, ar brif deitlau cristolegol yr efengylau ar yr un egwyddorion: ymchwil a gyhoeddwyd mewn cyfrol drwchus iawn ym 1963.[85] Dilynwyd yr un trywydd gan eraill nid yn unig yn yr Almaen, ond yn y byd Saesneg ei iaith hefyd, yn enwedig R. H. Fuller a Norman Perrin.[86] Wrth bwyso cyfraniad y beirniaid redacteg dylid cymeradwyo un o'u prif amcanion, sef ceisio dehongli neges ddiwinyddol yr efengylwyr unigol a'r ffynonellau a ddefnyddiwyd ganddynt, rhywbeth sy'n peri inni fod yn fwy ymwybodol o arfer y Cristnogion cynnar o ddehongli'r traddodiad a ddaeth i lawr atynt er mwyn ateb anghenion cyfoes. O ganlyniad, mae'r math yma ar feirniadaeth yn fwy derbyniol ac yn fwy defnyddiol o lawer nag oedd beirniadaeth ffurf ar y dechrau (neu felly yr ymddengys) i Gristnogion heddiw sy'n ymgodymu â phroblem dehongli neges yr efengyl mewn ffordd sy'n ateb anghenion y byd modern. Rhaid cofio, er hynny, fod beirniadaeth redacteg wedi tyfu'n naturiol o feirniadaeth ffurf. Byddai gwaith y beirniaid redacteg yn anos o lawer pe na bai'r beirniaid ffurf wedi esbonio'n barod hanes trosglwyddo'r traddodiad; hynny yw, wedi esbonio amgylchiadau'r traddodiad llafar ac yna ail-lunio camau'r traddodi hyd at adeg ysgrifennu'r efengylau terfynol. O ganlyniad, mae gan y sawl sy'n astudio'r efengylau heddiw ddarlun cyflawn o'r gwahanol sefyllfaoedd (*Sitze im Leben*) a fu'n gyfrifol am ddiogelu'r traddodiad am Iesu o Nasareth, sef y sefyllfa ym mywyd Iesu ei hun, y sefyllfa ym mywyd yr eglwys fore ac yn olaf y sefyllfa ym mywyd yr efengylydd. Dyma fesur llwyddiant hanner can mlynedd o waith ar ddatblygu gweledig-aethau beirniadaeth ffurf, dull a addaswyd at ymchwil yr efengylau gan Schmidt, Dibelius a Bultmann am y tro cyntaf yn y blynyddoedd yn dilyn y Rhyfel Mawr (1914-1918).

LLYFRAU

Cymraeg

G. W. Brewer, 'Traddodiad Llafar', *Y Traethodydd* XXXV (1967), 60-67.
R. Hughes, 'Ffurfio'r Efengylau', *Y Traethodydd* III (1934), 109-119.
J. Morgan Jones, *Y Testament Newydd*, pen. V. tt. 61-80.
T. Ellis Jones, 'Iesu Hanes', *Diwinyddiaeth* XV (1964), 4-19.
B. J. Roberts, *Patrymau Llenyddol y Beibl*, Gwasg y Brython, Lerpwl, 1950.
Isaac Thomas, *Arweiniad*, pen. III, tt. 28-40.
Isaac Thomas, 'Yr Ymchwil Newydd am Iesu Hanes', *Y Traethodydd* XXXIV (1966), 71-87.
J. Tudno Williams, 'Yr Ymchwil am Iesu Hanes', *Y Traethodydd* XXIX (1961), 13-16.

Saesneg

R. Bultmann, *The History of the Synoptic Tradition* (Cyf. Saes. gan John Marsh), Blackwell, Rhydychen, 1963 (Almaeneg gwreiddiol, 1921).
M. Dibelius, *From Tradition to Gospel* (Cyf. Saes. gan B. L. Woolf), Lutterworth, Llundain, 1934, ail-arg. gan James Clarke, Caergrawnt, 1971 (Almaeneg gwreiddiol, 1919).
C. H. Dodd, *The Parables of the Kingdom*, Nisbet. Llundain, 1935, fersiwn glawr papur, Fontana, 1961.
J. Jeremias, *The Parables of Jesus* (Cyf. Saes. gan S. H. Hooke), SCM, Llundain, arg. diwyg. 1963 (Almaeneg gwreiddiol, 1962).
R. H. Lightfoot, *History and Interpretation in the Gospels*, Rhydychen, 1934.
C. F. D. Moule, *The Birth of the New Testament*.
N. Perrin, *Rediscovering the Teaching of Jesus*, SCM, Llundain, 1967.
N. Perrin, *What is Redaction Criticism?*, SPCK, Llundain, 1970.
J. Rohde, *Rediscovering the Teaching of the Evangelists* (Cyf. Saes. gan D. M. Barton), SCM, Llundain, 1968 (Almaeneg gwreiddiol, 1966).

Nodiadau

1 Gw. pen. II uchod.
2 Athro Astudiaethau'r Testament Newydd yn Breslau oedd Wrede (1859-1906). Cyhoeddwyd ei lyfr yn Göttingen ym 1901, ond nis cyfieithwyd i'r Saesneg tan 1972 pan gyhoeddwyd cyfieithiad J. C. G. Greig gan James Clarke, Caergrawnt, o dan y teitl *The Messianic Secret*. Adleisiwyd barn Wrede fod efengyl Marc yn waith diwinyddol gan yr ysgolhaig Beiblaidd enwog, Julius Wellhausen (1844-1918), mewn esboniad ar Farc a gyhoeddwyd ym 1903. Aeth Wellhausen ati i ymdrin â'r efengylau cyfolwg eraill yn yr un ffordd mewn esboniadau ar Fathew a Luc a gyhoeddwyd yn Berlin ym 1904. Ceir syniadau tebyg yng ngwaith Martin Kähler a gafodd gymaint o ddylanwad ar Bultmann ac ysgol Bultmann. Gw. *The So-called Historical Jesus and the Biblical Christ* (Cyf. Saes. gan Carl Braaten o'r Almaeneg a gyhoeddwyd ym 1892), Gwasg Fortress, Philadelphia, 1964.
3 Marc iv. 10-12, viii. 30, ix. 9, 32 ac yn y blaen. Cymh. yr un math o orchymyn i'r rhai a gafodd iachâd ac i gythreuliaid. Gw. Marc i. 25, 34, 44, iii. 11-12, v. 43, vii. 36, viii. 26.
4 Gw. pen. IV isod.
5 Hynny yw, ag eithrio un neu ddau fel Wellhausen y cyfeiriwyd ato yn n. 2 uchod.
6 R. H. Lightfoot oedd y prif eithriad.
7 Cyhoeddwyd yr Almaeneg gwreiddiol yn Tübingen ym 1906 a chyfieithiad Saesneg W. Montgomery gan A. & C. Black, Llundain, ym 1910.
8 Marc xv. 34 (= Mathew xxvii. 46).

9 Roedd W. Bousset ymhlith y cyntaf i deimlo'r angen. Gw. J. Rohde, *Rediscovering the Teaching of the Evangelists*, tt. 2-3.

10 Y beirniad cyntaf i ddefnyddio'r dull yma ar ddeunydd o'r Hen Destament oedd Hermann Gunkel yn ei esboniad ar lyfr Genesis a gyhoeddwyd ym 1901. Aeth yn ei flaen i drin y Salmau yn yr un modd. Gweler Gwilym H. Jones, *Arweiniad i'r Hen Destament*, Gwasg Prifysgol Cymru, Caerdydd, 1966, t. 44. Gellid honni fod gwaith Johannes Weiss ar ddosbarthu deunydd Marcaidd wedi achub y blaen ar waith y beirniaid ffurf ar yr efengylau i ryw raddau. Cyhoeddodd Weiss gyfres o astudiaethau rhwng 1903 a 1917. Gw. Vincent Taylor, *The Gospel according to St. Mark*, Macmillan, Llundain, 1952, tt. 15-16; Gwili, t. 434 n. 2.

11 Gw. E. T. Ryder, 'Form Criticism of the Old Testament', *PC*, tt. 91-95 (par. 73a-75d). Cymh. R. P. Martin, *Foundations* I, t. 132. Trafodir dylanwad traddodiad llafar a'i batrymau ar lenyddiaeth secwlar yn H.M. a N. K. Chadwick, *The Growth of Literature*, Cyf. 1 The Ancient Literatures of Europe, Caergrawnt, 1932. Ceir trafodaeth ar ddylanwad y traddodiad llafar ar lenyddiaeth Gymraeg yn y cyfnod cynnar yn K. Jackson, *The International Popular Tale and Early Welsh Literature*, Gwasg Prifysgol Cymru, Caerdydd, 1961, yn enwedig pen. II, tt. 37-64. Gw. hefyd G. W. Brewer, 'Traddodiad Llafar', *Y Traethodydd* XXXV (1967), 60-67.

12 E.e., y cloff yn cerdded neu'r dall yn gweld.

13 Gw. n. 10 uchod.

14 Gw. K. L. Schmidt, *Der Rahmen der Geschichte Jesu*, Berlin, 1919, ail arg. Wissenschaftliche Buchgesellschaft, Darmstadt, 1969; M. Dibelius, *Die Formgeschichte des Evangeliums*, Tübingen, 1919 (Cyf. Saes. gan B. L. Woolf, *From Tradition to Gospel*); R. Bultmann, *Die Geschichte der synoptischen Tradition*, Vandenhoeck a Ruprecht, Göttingen, 1921 (Cyf. Saes. gan John Marsh, *The History of the Synoptic Tradition*). Mae'n ddiddorol nodi fod y tri wedi gweithio'n annibynnol ar ei gilydd.

15 E.e., Dibelius *'Paradigmen'* = Bultmann *'Apophthegmata'* = Taylor *'Pronouncement Stories'* (gw. V.Taylor,*The Formation of the Gospel Tradition*, Macmillan, Llundain, 1933, ail arg. 1935, t. 30). Dibelius *'Novellen'* = Bultmann *'Wundergeschichten'* = Taylor *'Miracle Stories'* (= Bultmann). Gw. ymhellach Isaac Thomas, *Arweiniad*, tt. 31-2.

16 Mathew xii. 15-22 = Marc xii. 13-17 = Luc xx. 20-26.

17 Cymh. Marc ii. 18-20 (ymprydio), ii. 23-28 (tynnu'r tywys ar y Sabath), iii. 23-30 (y ddadl ynghylch Beelsebwl) ac yn y blaen.

18 Marc i. 29-31. Sylwer yma ar y disgrifiad o'r clefyd, y weithred o iacháu a'r dystiolaeth fod yr iachâd yn effeithiol.

19 Marc iii. 1-5.

20 Dyma gategorïau Bultmann (*History of the Synoptic Tradition*, tt. 69-205): dywediadau proffwydol ac apocalyptaidd, dywediadau cyfreithiol a rheolau'r eglwys, dywediadau — 'myfi', damhegion a ffurfiau tebyg. Gw. Isaac Thomas, *Arweiniad*, tt. 31-32.

21 Marc ii. 22.

22 Marc ix. 1.

23 E.e., Mathew v. 23-24, 27-28, 31-32, 33-37, 38-41, 43-48, vi. 2-4, 5-6, 7-13, 16-18 ac yn y blaen.

24 E.e., Ioan i. 52, iii, 3, 5, 11, v. 19, 24, 25, vi. 26, 32, 47, 53 ac yn y blaen.

25 E.e., Mathew v. 10-12, 17, 18, 26, vi. 2, 5, 16.

26 E.e., Mathew viii. 10, x. 15, 23, 42, xi. 11, xiii. 17, xvi. 18, 28, xvii. 20 ac yn y blaen, Marc iii. 28, viii. 12, ix. 1, 41, x. 15, 29 ac yn y blaen, Luc iv. 24, xii. 37, xviii. 17, 29, xxi. 32, xxiv. 49.

27 Gw. y cyfeiriad at feini prawf Jeremias, n. 46 isod.

28 Defnyddir dau enw i ddisgrifio'r rhain gan Bultmann a Dibelius, sef *Legende* (rhywbeth i'w ddarllen mewn gwasanaeth o addoliad) a *Mythen* (mythau). Mae'r term 'myth' wedi creu cryn anhawster am fod y gair yn

awgrymu hanes ffug. Dyma ddiffiniad Bultmann o'r term (Gw. 'New Test-
ament and Mythology' yn H. W. Bartsch (gol.) *Kerygma and Myth* I (Cyf.
Saes. gan R. H. Fuller), SPCK, Llundain, 1964, t. 10 n. 2): '*Mythology is the
use of imagery to express the other wordly in terms of this world and the divine
in terms of human life*' (Mytholeg yw defnyddio delweddau i fynegi'r arall-
fydol yn nhermau'r byd hwn, a'r dwyfol yn nhermau bywyd dynol). Ac felly
'mythau' yw'r hanesion sy'n cynnwys elfen oruwchnaturiol.
    29 E.e., stori ddatgan ym Marc xiv. 3-9, ynghyd â dywediadau yma a
thraw.
    30 E.e., E. Dinkler, 'Form Criticism of the New Testament', *PC*, t. 685
(par. 597b). Ceir trafodaeth lawn gan J. Jeremias yn *The Eucharistic Words
of Jesus* (Cyf. Saes. gan N. Perrin), SCM. Llundain, 1966, yn enwedig pen.
II-III, tt. 89-137. Yn ôl V. Taylor, *St. Mark*, t. 525, G. Bertram (*Die Leidens-
geschichte Jesus und der Christuskult*, Göttingen, 1922) yw prif gynrychiolydd
y ddamcaniaeth hon.
    31 Dyma'r broblem sylfaenol yn y ddadl gyfoes ynghylch defnyddio'r
Gymraeg mewn llys barn. Ymddengys nad yw'r 'awdurdodau' yn sylweddoli
fod amddiffynnydd o Gymro Cymraeg o dan anfantais pan gynhelir y prawf
trwy gyfrwng y Saesneg, er i'r llys ganiatáu iddo ddefnyddio'r Gymraeg wrth
ateb y cyhuddiad a chynnig ei dystiolaeth. Gweler hefyd Trefor O. Davies,
'Cyfieithu', *Y Traethodydd* XXX (1961), 29-34, lle y trafodir yr un broblem
mewn cysylltiad â chyfieithu'r Beibl i'r Gymraeg.
    32 Gw. yr enghreifftiau o gamgyfieithu a gynigiwyd gan C. C. Torrey, *Our
Translated Gospels*, Hodder & Stoughton, Llundain, 1937 (dyfaliadol dros
ben, gw. R. J. Pritchard, *Y Traethodydd* IV (1935), 129-137.); C. F. Burney,
The Aramaic Origin of the Fourth Gospel, Rhydychen, 1922; *The Poetry of Our
Lord*, Rhydychen, 1925 (dyfaliadol hefyd); Matthew Black, *An Aramaic
Approach to the Gospels and Acts*, 3ydd arg., Rhydychen, 1967, yn enwedig
pen. VIIIB, tt. 197-243 (mwy pwyllog o lawer).
    33 Dywed y pedwerydd efengylydd mai dyma oedd ei bwrpas. Gw. Ioan
xx. 31.
    34 Ceir enghreifftiau o hyn yn y modd y defnyddir yr Hen Destament yn
yr areithiau yn yr Actau—e.e., araith Paul yn Antiochia yn Pisidia, Actau xiii.
16-41. Gw. Isaac Thomas, *Arweiniad*, t. 30; Barnabas Lindars, *New Test-
ament Apologetic*, SCM, Llundain, 1961.
    35 Dyma farn T. W. Manson, *The Sayings of Jesus*, SCM, Llundain, 1949
(cyhoeddwyd yn gyntaf ym 1937), tt. 21-26. Cymh. Isaac Thomas, *Arweiniad*,
tt. 34-36.
    36 E.e., cadw'r Sabath (Marc ii. 23-26, iii. 1-6), defodau puredigaeth yr
Iddewon (Marc vii. 1-8), talu teyrnged i Gesar (Marc xii. 13-17), atgyfodiad y
meirw (Marc xii. 18-27), y Meseia a mab Dafydd (Marc xii. 35-37) ac yn y
blaen. Gw. hefyd n. 17 uchod.
    37 J. Jeremias yn anad neb sy'n gyfrifol am ddangos ei bod yn bosibl
cymryd sefyllfa'r deunydd ym mywyd Iesu ei hun o ddifrif. Gw. n. 41 a n.
46 isod.
    38 Mae'n rhaid cydnabod nad oedd y beirniaid ffurf gwreiddiol yn rhoi
sylw mawr i'r *Sitz im Leben* olaf yma, nac i'r gyntaf o ran hynny, a bu'n
rhaid disgwyl nes datblygu *Redaktionsgeschichte* (gw. n. 54 isod) cyn i'r sefyllfa
ym mywyd yr awdur gael y sylw a haeddai.
    39 Gw. y drafodaeth ar ddarganfod y gwir Iesu hanesyddol isod.
    40 Gw. n. 54 isod.
    41 Gw. G. Bornkamm, *Jesus of Nazareth*, Hodder & Stoughton, Llundain,
1960 (Almaeneg gwreiddiol, 1956); E. Käsemann, *Essays on New Testament
Themes*, SCM, Llundain, 1964 (cyfansoddwyd rhai ohonynt mor gynnar â
1953-4); E. Fuchs, *Studies of the Historical Jesus* (Cyf. Saes, gan A. Scobie),
SCM, Llundain, 1964 (Almaeneg gwreiddiol, 1960). Nid yw Jeremias yn aelod
o ysgol Bultmann ond yn cynrychioli tuedd fwy ceidwadol ymhlith beirniaid

yr efengylau sy'n seiliedig ar ymchwil ieithyddol manwl ar y testunau ynghyd ag astudiaeth drylwyr o'r cefndir Iddewig. Yr Iesu hanesyddol yw prif thema ei lyfr diweddaraf yn Saesneg, sef *New Testament Theology*, Cyf. I, The Proclamation of Jesus (Cyf. Saes. gan John Bowden), SCM, Llundain, 1971 (Almaeneg gwreiddiol, 1971). Ynddo ceir crynodeb o gasgliadau aeddfed Jeremias ar ôl blynyddoedd o ymchwil yn y maes.

42 Ceir amlinelliad o'r cytundeb yma yn N. Perrin, *Rediscovering the Teaching of Jesus*. Dylid hefyd ystyried beirniadaeth M. D. Hooker, 'Christology and Methodology', *NTS* XVII (1970-71), 480-487, a D.G.A. Calvert, 'An Examination of the Criteria for Distinguishing the Authentic Words of Jesus', *NTS* XVIII (1971-72), 209-219.

43 Gw. Jeremias, *Parables*, a Bultmann, *The History of the Synoptic Tradition*, *passim*.

44 Yn ôl Bultmann ac eraill dylid ychwanegu maen prawf arall o'r un math, sef anwybyddu pob dywediad o eiddo Iesu yn yr efengylau sydd i'w cael mewn ffynhonnell Iddewig. Nid ydwyf wedi cynnwys y maen prawf hwn am na allaf gredu fod Iesu a oedd yn Iddew o ran cenedl wedi osgoi defnyddio syniadau a delweddau Iddewig wrth gyhoeddi ei neges i'w gydwladwyr.

45 Gw. ymhellach ben. V isod.

46 Gw. Dodd, *The Parables of the Kingdom;* Jeremias, *Parables* (ceir y rhestr o feini prawf at brofi dilysrwydd y damhegion ar d. 113-4).

47 R. Bultmann, *Jesus and the Word* (Cyf. Saes. gan L. P. Smith ac E. Huntress), Charles Scribners, Llundain ac Efrog Newydd, 1934 (Almaeneg gwreiddiol, 1926).

48 *Theology of the New Testament*, Cyf. I (Cyf. Saes. gan K. Grobel), SCM, Llundain, 1951 (Almaeneg gwreiddiol, 1948).

49 Gw., e.e., Bobi Jones, *Sioc o'r Gofod*, Gwasg Gee, Dinbych, 1971.

50 I Cor. xv. 39.

51 Gw. V. Taylor, *The Formation of the Gospel Tradition*, yn ogystal â *St. Mark*.

52 Gw. R. Bultmann, *Jesus and the Word*, t. 9. Cymh. R. H. Fuller, *The New Testament in Current Study*, SCM, Llundain, 1963, t. 35. Mae'n rhaid cofio fod Bultmann yn y cyfnod cynnar yma yn coleddu'r un syniadau i raddau helaeth â Karl Barth, yn enwedig y syniad nad oedd yn iawn o safbwynt diwinyddol ceisio cadarnhau hawliau'r ffydd Gristnogol trwy apelio at dystiolaeth ymchwil hanesyddol Ac felly gorfoleddu a wnaeth Bultmann am iddo sylweddoli wedi'r cwbl fod yn rhaid wrth ymateb o ffydd yn Iesu fel Crist ac Arglwydd yn hytrach nag ymlawenhau oherwydd iddo ddarganfod nad oedd ymchwil hanesyddol yn caniatáu unrhyw wybodaeth am Iesu o Nasareth.

53 Gw. traethawd Bultmann y cyfeiriwyd ato yn n. 28 uchod. Ysgrifennwyd y traethawd yn wreiddiol ym 1941. Ceir crynodeb teg o'r ddadl gynnar yn R. H. Fuller, *The New Testament in Current Study*, pen. I-II. Gw. hefyd Alwyn D. Rees, *Llafar* III, Rhif 1 (Haf 1953), 61-67; T. Ellis Jones, *Y Traethodydd* XXII (1954), 167-179.

54 Ystyr lythrennol y gair yw 'hanes golygu' (= '*history of redaction*' yn Saesneg). Gweler ein trafodaeth ar ystyr *Geschichte* uchod. Ac felly ar batrwm *Formgeschichte* = *form criticism*, *redaction criticism* yw'r enw a roddir arno yn Saesneg. Gw. trafodaeth J. Rohde, *Rediscovering the Teaching of the Evangelists*, tt. 10-11 a chymh. N. Perrin, *What is Redaction Criticism?*, t. 1. W. Marxsen, athro ym Münster, oedd y cyntaf i ddefnyddio'r term. Gw. n. 62 isod. Gwell gan A. R. C. Leaney, *Pelican Guide* III, t. 330, derm E. Haenchen, sef '*composition criticism*', ac felly yn Gymraeg, dyma f'awgrymiad: naill ai 'beirniadaeth olygu' neu 'feirniadaeth gyfansoddi', er bod y term 'beirniadaeth redacteg' wedi ennill ei blwyf erbyn hyn, ond mewn gwirionedd *hanes* y cyfansoddi/golygu yw prif ddiddordeb y beirniad yn y maes hwn.

55 Gw. ein trafodaeth ar y drydedd sefyllfa mewn bywyd uchod.

56 Gw. n. 2 uchod.
57 Gw. yn enwedig ddarlithiau Bampton R. H. Lightfoot, sef *History and Interpretation in the Gospels*, a'i lyfr, *The Gospel Message of St. Mark*, Rhydychen, 1951. Cymh. trafodaeth Norman Perrin ar waith Lightfoot yn ei lyfr *What is Redaction Criticism?*, tt. 21-24.
58 Yn enwedig efengyl Mathew yn y cyfnod modern. Gw. G. D. Kilpatrick, *The Origins of the Gospel according to St. Matthew*, Rhydychen, 1946; K. Stendahl, *The School of St. Matthew, Acta Seminarii Neotestamentici Upsaliensis* XX, Uppsala, 1954, ail arg. Gleerup, Lund, 1968.
59 Yn ôl M. Dibelius nid oedd efengyl Marc ond casgliad (= *Sammlung*) o ddeunydd traddodiadol. Roedd Bultmann yn fwy cadarnhaol; yn wir, gellid dadlau fod rhan olaf gwaith Bultmann, *The History of the Synoptic Tradition*, yn achub y blaen ar waith y beirniaid redacteg. Gw. N. Perrin, *What is Redaction Criticism?*, t. 19. Mae'r un peth yn wir am astudiaethau Dibelius ei hun ar yr Actau, sef *Studies in the Acts of the Apostles* (Cyf. Saes. gan M. Ling a P. Schubert), SCM, Llundain, 1956 (cyhoeddwyd yr erthyglau yn yr Almaeneg gwreiddiol rhwng 1923 a 1949).
60 Hwyrach fod gwaith G. von Rad ar yr Hen Destament wedi dylanwadu ar ysgolheigion y Testament Newydd yn yr Almaen yn y cyfnod ar ôl yr ail Ryfel Byd. Yn wir, mae'n arwyddocaol fod pob datblygiad newydd ym maes ysgolheictod yr efengylau yn dilyn datblygiad tebyg ymhlith ysgolheigion yr Hen Destament. Gw., e.e., y drafodaeth ar dwf beirniadaeth ffurf uchod.
61 Cyhoeddwyd y traethawd yn gyntaf mewn cylchgrawn Almaeneg (*Wort und Dienst*, NF I, 49-54) ym 1948. Ceir cyfieithiad Saesneg (o fersiwn ddiwygiedig) yn *Tradition and Interpretation in Matthew* (Cyf. Saes. gan Percy Scott), SCM, Llundain, 1963, tt. 52-57.
62 Ceir manylion ar d. 11 o waith J. Rohde, *Rediscovering the Teaching of the Evangelists*. Cymh. y cyfeiriad at farn A. R. C. Leaney yn n. 54 uchod.
63 Cyhoeddwyd fersiwn Almaeneg yn *The Background of the New Testament and its Eschatology* (gol. W. D. Davies a D. Daube), Caergrawnt, 1956, tt. 222-269, ond fe geir cyfieithiad Saesneg o fersiwn ddiwygiedig yn *Tradition and Interpretation in Matthew*, tt. 15-51. Traddodwyd y ddarlith wreiddiol ym 1954 a chyhoeddwyd braslun ohoni yn *Theologische Literaturzeitung* yn yr un flwyddyn.
64 Dyma farn W. D. Davies hefyd yn ei lyfr *The Setting of the Sermon on the Mount*, Caergrawnt, 1964. Gw. ymhellach ben. V.
65 Gw. y gyfrol *Tradition and Interpretation in Matthew*.
66 E.e., Wolfgang Trilling, *Das Wahre Israel* (= Y Wir Israel), Leipzig, 1959, 3ydd arg. Munich, 1964, a Georg Strecker, *Der Weg der Gerechtigeit* (= Ffordd Cyfiawnder), Göttingen, 1962, ail arg. 1966.
67 *The Setting of the Sermon on the Mount*. Sylwer ar y dyfyniadau Cymraeg o waith Elfed a Gwenallt ar d. 440.
68 Gw. *The Parables of Jesus in Matthew* 13, SPCK, Llundain, 1969; *Matthew: Structure, Christology, Kingdom*, Gwasg Fortress, Philadelphia, 1975.
69 *The Theology of St. Luke* (Cyf. Saes. gan G. Buswell), Faber, Llundain, 1960 (Almaeneg gwreiddiol, 1954).
70 Gw. n. 59 uchod.
71 Gw. pen. VI isod.
72 Mae'n amlwg fod Ernst Lohmeyer wedi dylanwadu ar syniadau Conzelmann ynghylch manylion daearyddol. Gweler *Galiläa und Jerusalem*, Göttingen, 1936.
73 Fe gyhoeddodd ei ddamcaniaeth mewn erthygl fer ym 1952 am y tro cyntaf. Gw. *ZThK* XLIX (1952), 16-33. Ceir y manylion yn J. Rohde, *Rediscovering the Teaching of the Evangelists*, t. 154.
74 Gw. teitl llyfr Barrett, *Luke the Historian in Recent Study*, Epworth, Llundain, 1961.

75 H. Flender, *St. Luke: Theologian of Redemptive History* (Cyf. Saes. gan R. H. ac Ilsa Fuller), SPCK, Llundain, 1967; J. Jervell, *Luke and the People of God*, Argraffty Augsburg, Minneapolis, 1972.

76 E. Haenchen, *The Acts of the Apostles* (Cyf. Saes. gan R. McL. Wilson ac eraill), Blackwell, Rhydychen, 1971; U. Wilckens, *Die Missionsreden der Apostelgeschichte* (= Yr Areithiau Cenhadu yn yr Actau),⟨Neukirchen, 1963.

77 I. H. Marshall, *Luke: Historian and Theologian*, Gwasg Paternoster, Exeter, 1970; C. H. Talbert, *Luke and the Gnostics*, Gwasg Abingdon, Efrog Newydd, 1966; S. G. Wilson, *The Gentiles and the Gentile Mission in Luke-Acts*, Caergrawnt, 1973.

78 H. J. Cadbury, *The Making of Luke-Acts*, SPCK, Llundain, arg. diwyg. 1958 (cyhoeddwyd yn wreiddiol gan Macmillan, Efrog Newydd, 1927). Am driniaeth wahanol ar yr Actau gan ysgolhaig Saesneg ei iaith gweler J. C. O'Neill, *The Theology of Acts in Its Historical Setting*, SPCK, Llundain, 1961, arg. diwyg. 1970.

79 Mae'n amlwg fod syniadau Lohmeyer ynghylch manylion daearyddol wedi dylanwadu ar Marxsen yn ogystal â Conzelmann. Gw. n. 72 uchod.

80 J. M. Robinson, *The Problem of History in Mark*, SCM, Llundain, 1957. Mae'n ddiddorol sylwi fod gwaith Robinson wedi ei gyhoeddi yn yr iaith Almaeneg ym 1956 cyn i'r fersiwn Saesneg ymddangos.

81 T. A. Burkill, *Mysterious Revelation*, Gwasg Prifysgol Cornell, 1963; *New Light on the Earliest Gospel*, Gwasg Prifysgol Cornell, 1972; Ernest Best, *The Temptation and the Passion: The Markan Soteriology*, Caergrawnt, 1965; R. P. Martin, *Mark: Evangelist and Theologian*, Gwasg Paternoster, Exeter, 1972. Dylid ychwanegu enw E. Schweizer. Gweler y cyfieithiad Saesneg o'i waith ar Farc, sef *The Good News According to Mark* (Cyf. Saes, gan D. H. Madvig), SPCK, Llundain, 1971.

82 Trafodwyd eisoes y math yma o ymchwil ar themâu arbennig yn yr efengylau unigol.

83 H. E. Tödt, *The Son of Man in the Synoptic Tradition*, (Cyf. Saes. gan D. M. Barton), SCM, Llundain, 1965. Ymddangosodd yr Almaeneg gwreiddiol ym 1963.

84 Ceir datblygiad pellach ar feirniadaeth redacteg Q yn llyfr R. A. Edwards, *A Theology of Q*, Gwasg Fortress, Philadelphia, 1976. Cymh. cyfraniad G. N. Stanton i'r gyfrol *Christ and Spirit in the New Testament* (gol. B. Lindars ac S. S. Smalley), Caergrawnt, 1973, tt. 27-42, yn ogystal ag E. P. Sanders, *The Tendencies of the Synoptic Tradition*, Caergrawnt, 1969.

85 *The Titles of Jesus in Christology* (Cyf. Saes. gan H. Knight a G. Ogg), Lutterworth, Llundain, 1969 (Almaeneg gwreiddiol, 1963).

86 E.e., R. H. Fuller, *The Foundations of New Testament Christology*, Lutterworth, Llundain, 1965, fersiwn glawr papur, Fontana, 1969; N. Perrin, *Rediscovering the Teaching of Jesus; What is Redaction Criticism?; Jesus and the Language of the Kingdom*, SCM, Llundain, 1976.

MARC

HONIAD traddodiadol yr eglwys yn gyffredinol dros gyfnod o ddeunaw canrif oedd mai efengyl Mathew a gyfansoddwyd yn gyntaf.[1] Derbynnid yn llwyr farn Awstin Sant fod Marc wedi cwtogi ar waith Mathew,[2] ac o ganlyniad i'r gred hon anwybyddid yr ail efengyl am gyfnod hir iawn. Anaml iawn y dyfynnid ohoni gan y Tadau eglwysig cynnar ac ychydig iawn o sylw a gymerwyd o'r efengyl hon gan y Tadau wrth esbonio'r Ysgrythurau. Mewn gwirionedd, mae'n rhyfedd fod yr ail efengyl wedi goroesi o gwbl, gan fod efengyl Mathew wedi'i disodli'n llwyr. Ond yn ystod y ganrif ddiwethaf newidiodd agwedd Cristnogion yn gyffredinol, ac ysgolheigion yn neilltuol, at efengyl Marc yn syfrdanol wedi iddynt dderbyn y gosodiad mai hon oedd yr efengyl gynharaf o ran dyddiad. Yn lle anwybyddu'r efengyl fel cwtogiad ar waith Mathew daeth ysgolheigion i barchu'r efengyl am mai hi yn eu tyb hwy oedd prif ffynhonnell ein gwybodaeth am Iesu.

Chwithig, ond bywiog er hynny, yw'r arddull. Ymddengys llawer o'r manylion yn hollol ddibwys. O ganlyniad roedd llawer o ysgolheigion[3] yn argyhoeddedig fod portread Marc o weinidogaeth Iesu a'i ddioddefaint yn dibynnu'n uniongyrchol ar dystiolaeth llygad-dyst. Credid mai adroddiad cywir ac eglur y gallai'r hanesydd ddibynnu arno'n llwyr oedd yr efengyl hon, heb fod yn fyfyrdod diwinyddol yn null y bedwaredd efengyl, er enghraifft. Ond dinistriwyd y fath syniadau gan y beirniaid ffurf a redacteg o ddyddiau Wrede ymlaen. Ni chredir mwyach mai hanesydd pur oedd Marc a'i fryd yn unig ar gofnodi ffeithiau. Ymddengys yn hytrach ei fod yn ei ffordd ei hun yn ddiwinydd pwysig ac arwyddocaol. Eto i gyd, mae hyd yn oed y beirniaid hyn yn dal i dderbyn mai Marc oedd yr efengyl a ysgrifennwyd yn gyntaf. Os felly, dyma waith o bwysigrwydd mawr am mai'r awdur hwn oedd y cyntaf yn hanes dynolryw i ddefnyddio 'efengyl' fel cyfrwng cyfathrebu. Arloesodd y ffordd lle y dilynodd

ei gyfoeswyr mwy cywrain a medrus, Mathew, Luc ac Ioan.
Chwithig neu beidio, annysgedig neu beidio, gwaith anghyffredin
yw'r efengyl yn ôl Marc. Pwy ynteu oedd yr awdur? Pryd y cafodd
yr efengyl ei hysgrifennu ac ymh'le? Ac ar gyfer pa gynulleidfa
yr oedd yr awdur yn ysgrifennu? Dyma'r problemau a drafodir
yn yr adrannau nesaf.

Yr Awdur

Rhywbeth anghyffredin yn ein dyddiau ni yw llyfr dienw,⁴
ond peth digon cyffredin oedd gwaith dienw yn yr hen fyd. Un
rheswm, wrth gwrs, oedd y ffaith nad oedd llyfrau yn cael eu
cyhoeddi yn ystyr gyfoes y gair. Weithiau fe gyflwynai'r awdur
gopi o'i waith i noddwr cyfoethog, ond pe bai'n awyddus i
gyrraedd cynulleidfa ehangach yr unig beth y gallai ei wneud
oedd darllen ei waith yn gyhoeddus. Mewn geiriau eraill, ni
ddarllenid llyfrau â'r llygad; gwrando arnynt â'r glust a wnâi
pobl, fel arfer. Pan ddarllenid gwaith ar goedd gan yr awdur ei
hun neu gan gynrychiolydd ar ei ran, nid oedd angen iddo
lofnodi'r llawysgrif am fod ei wrandawyr yn ei adnabod yn y
cnawd. A chan na chyhoeddid ond ychydig iawn o gopïau o'r
gwaith am fod copïo yn golygu llafur blinderus a chostus, ychydig
iawn o bobl oedd â chopïau o weithiau fel yr efengylau yn eu
meddiant am mai gweithiau oeddent a gyfansoddwyd yn ôl pob
tebyg gan dlodion ar gyfer tlodion. Gwrando ar eu cynnwys a
wnâi'r mwyafrif yn hytrach na'u darllen. Ar y cychwyn, felly,
mae'n debyg fod yr awduron yn adnabyddus fel aelodau o
gymdeithasau arbennig, sef y cymdeithasau yr ysgrifennwyd yr
efengylau ar eu cyfer. Ond wrth i'r ysgrifau gyrraedd cynulleidfa
ehangach ac ennill awdurdod, dechreuodd Cristnogion eu
hystyried yn gopïau o'r Efengyl yn hytrach na'r efengyl yn ôl
hwn a hwn. Gellir cadarnhau'r ffaith hon wrth edrych ar y teitl
a roddwyd ar yr efengyl yn ôl Marc yn yr adnod gyntaf: 'Dechrau
efengyl Iesu Grist, Fab Duw'. Sylwer ar y geiriau 'efengyl Iesu
Grist . . .' yn hytrach nag 'efengyl Marc'; nid oes unrhyw sôn am
enw'r awdur. Y pwynt cyntaf i'w gofio, felly, yw nad oedd enw'r
awdur i'w gael o reidrwydd ar gopi o'i waith yn yr hen fyd.
    Ffaith arwyddocaol arall ynghylch gweithiau llenyddol y
cyfnod hwnnw oedd yr arfer o ysgrifennu o dro i dro o dan

ffug-enw fel yr ymddangosai'r gwaith fel pe bai wedi ei gyfansoddi gan rywun enwog yn hytrach na'r gwir awdur.⁵ Tuedd yr awdur a ysgrifennai o dan ffug-enw oedd cynnwys hanesion hunangofiannol er mwyn rhoi'r argraff mai'r ffug-awdur oedd yn gyfrifol amdanynt.

Un pwynt ychwanegol. Pan ddaeth yr eglwys i sefydlu canon yr Ysgrythurau yn ystod y drydedd ganrif a'r bedwaredd — hynny yw, i benderfynu pa lyfrau y dylid eu derbyn yn rhan o'r Beibl — un o'r meini prawf at farnu dilysrwydd oedd awdurdod apostolaidd, sef profi fod llyfr wedi cael ei ysgrifennu gan apostol neu ar ran apostol.⁶ O ganlyniad, priodolwyd rhai llyfrau i apostolion nad oeddent yn gyfrifol amdanynt; dywedwyd, er enghraifft, mai Paul oedd awdur yr epistol at yr Hebreaid.

Beth felly am awdur yr ail efengyl? Mae'n debyg na lofnodwyd y gwaith gwreiddiol gan yr awdur er iddo fod yn adnabyddus, bid sicr, ymhlith y bobl yr oedd yn ysgrifennu ar eu cyfer. Ond 1900 o flynyddoedd yn ddiweddarach nid yw'r awdur mor adnabyddus, ac felly mae'n rhaid chwilio am wybodaeth amdano ymhlith ysgrifeniadau'r Tadau eglwysig ac eraill o'r un cyfnod (tystiolaeth allanol) yn ogystal ag edrych ar y gwaith ei hun er mwyn darganfod ôl llaw'r awdur (tystiolaeth fewnol).

(i) *Y Dystiolaeth Allanol.* Seilir hyn oll ar eiriau esgob o Phrygia o'r enw Papias (tua 140 O.C.) sydd i'w cael yng ngwaith Eusebius.⁷ Gellir olrhain bron bopeth arall i'r geiriau hyn. Ceir dyfyniadau uniongyrchol ohonynt a hefyd hanesion yn dibynnu ar y traddodiad ac yn ei ddatblygu yn aml iawn yn ôl dychymyg yr 'hanesydd'.⁸ Sut bynnag, honiad Papias ei hun oedd mai dyn o'r enw Marc a ysgrifennodd yr ail efengyl er mwyn esbonio'r hyn roedd Pedr yn ei bregethu. Enw cyffredin iawn yn y byd Rhufeinig oedd Marc,⁹ ac am nad oes unrhyw enw arall yn gysylltiedig â'r awdur yn y traddodiad, mae'n rhesymol derbyn mai Marc oedd ei enw mewn gwirionedd, yn enwedig am nad yw'n debyg o gwbl y byddai Cristnogion wedi priodoli'r efengyl yn ddiweddarach i rywun mor ddinod os nad ef oedd yn gyfrifol am ei chyfansoddi. Nid oedd Marc yn apostol ac felly nid oedd ganddo awdurdod apostolaidd. Mae'r ffaith hon yn ddadl gref o'i blaid, ond awgryma'r berthynas draddodiadol rhwng Marc a Phedr, a oedd yn apostol, y dylem fod yn ofalus cyn derbyn y ddadl yn ddigwestiwn.

Pwy yn union oedd y Marc hwn? Dau bosibilrwydd sydd, sef naill ai Marc anhysbys neu'r Marc y mae'r Actau a'r epistolau yn sôn amdano, os caniateir fod yr ysgrifeniadau hyn i gyd yn cyfeirio at yr un Marc. Os yr ail, mae'n bosibl ei fod yn gysylltiedig â Phedr. Yn ôl hanes yr Actau dyn ifanc oedd Marc, yn aelod o'r gymdeithas Gristnogol yn Jerwsalem ac yn nai i Barnabas. 10 Mair oedd enw ei fam, gwraig a digon o gyfoeth ganddi i fod yn berchen tŷ mawr. 11 Aeth Marc gyda Phaul a Barnabas ar eu taith genhadol gyntaf, ond er mawr ddicter Paul ymadawodd â'r cwmni. 12 Os dyma'r Marc y mae Paul ei hun yn sôn amdano yn ei lythyrau, 13 tawelodd dicter Paul tuag ato yn ddiweddarach oherwydd y mae'n cydnabod fod Marc yn aelod gwasanaethgar o'i dîm. Serch hynny, nid oes sicrwydd mai'r un oedd y Marc a enwir yn llythyrau Paul â'r dyn ifanc sy'n ymddangos yn yr Actau. 14 Peth arall sy'n cadarnhau'r berthynas rhwng Marc a Phedr yn ôl rhai beirniaid yw'r cyfeiriad yn I Pedr v. 13, ond nid oes sicrwydd mai Pedr oedd awdur yr epistol sy'n dwyn ei enw, ac felly ni ddylid dibynnu gormod ar y cyfeiriad yma. Serch hynny, gellid honni fod yr awdur anhysbys a ysgrifennodd yr epistol o dan y ffug-enw 'Pedr' wedi cyfeirio at berthynas adnabyddus er mwyn darbwyllo pobl mai Pedr oedd yr awdur. Os felly, cadarnhad i'r traddodiad fyddai'r cyfeiriad at Farc yn I Pedr.

(ii) *Y Dystiolaeth Fewnol.* A ydyw'r efengyl ei hun yn datguddio rhywfaint ar yr awdur? Os cywir yw'r ddamcaniaeth mai Ioan Marc yr Actau oedd yr awdur, byddai'n rhesymol disgwyl gwybodaeth fanwl am bethau Iddewig a dyna a geir, fel arfer. O ran arddull, gwael yw iaith yr efengyl ac ymddengys y Groeg weithiau fel petai'n gyfieithiad o waith gŵr nad oedd Groeg yn iaith gyntaf iddo; o'r herwydd mae rhai ysgolheigion wedi ceisio dangos mai yn yr iaith Aramaeg y cyfansoddwyd yr efengyl wreiddiol, 15 ac un ysgolhaig hyd yn oed mai Lladin oedd yr iaith wreiddiol, 16 ar sail y geiriau Lladin sydd i'w cael yn y llyfr. Annhebygol iawn yw'r naill ddamcaniaeth a'r llall, er bod arwyddion digonol o ddylanwad Aramaeg ar Roeg yr efengyl, sy'n awgrymu mai Aramaeg oedd mamiaith yr efengylydd, hyd yn oed os nad yw'r efengyl yn gyfieithiad uniongyrchol. 17 Ar y llaw arall, ceir rhai nodweddion yn yr efengyl sy'n awgrymu nad oedd gan yr awdur wybodaeth fanwl o wlad Palesteina. 18 Un pwynt ychwanegol ynghylch y dystiolaeth fewnol yw'r cyfeiriad ym xiv. 51-52 at ddyn ifanc a redodd i ffwrdd heb y lliain main a oedd amdano. Nodyn o hunangofiant sydd i'w gael yma, yn ôl rhai ysgolheigion. 19 Byddai hynny'n gyson â'r ddamcaniaeth mai Ioan Marc oedd yr awdur, ond unwaith eto nid oes prawf terfynol mai dyma'r esboniad cywir.

A oes arwyddion yn yr efengyl fod yr awdur yn dibynnu ar Bedr, fel y dywed rhai ysgolheigion? 20 Seilir y ddamcaniaeth ar (a) y ffaith fod Pedr yn flaenllaw mewn llawer o'r hanesion, gan gynnwys digwyddiadau nad oedd ond Pedr ac un neu ddau arall yn llygad-dystion iddynt 21 a (b) y ffaith fod yr awdur yn bychanu Pedr gymaint fel na allai neb ond Pedr ei hun fod wedi dweud y fath bethau amdano. Awgrymodd C. H. Turner yn ogystal fod y lluosog amhersonol a geir ym Marc yn tarddu o'r rhagenw 'ni' ar wefusau Pedr yn yr hanesion gwreiddiol. 22 Ond nid yw'r ddadl mor gryf ag yr ymddengys. Rhoddir lle blaenllaw i Bedr yn yr efengyl yn ôl Mathew hefyd; yn wir, gellir dadlau fod gan Bedr swyddogaeth bwysicach ym Mathew. 23 A sôn am fychanu cymeriadau, mae Marc yn darlunio Iesu, hyd yn oed, fel rhywun ac ynddo nodweddion cwbl ddynol, ac felly, efallai y dylid priodoli gwendidau dynol yr apostol Pedr i'r efengylydd a'i ddull bywiog o adrodd ei hanes; os amgen, mae'r awdur yn ceisio calonogi ei wrandawyr wrth ddangos gwendidau dynol arweinwyr fel Pedr a phwysleisio fod hyd yn oed ddilynwyr cyntaf Iesu'n dwp ac yn ddall. Wedi'r cwbl, byddai'n anodd esbonio pam yr anwybyddwyd yr ail efengyl mor fuan yn hanes yr eglwys os oedd yr awdur mewn gwirionedd yn dibynnu ar Bedr.

Ac felly, yn ôl y dystiolaeth allanol, sef Papias, Marc oedd enw'r awdur. Mae'n bosibl mai'r Ioan Marc y sonnir amdano yn yr Actau a'r epistolau oedd y Marc hwn. Nid oes unrhyw dystiolaeth bendant yn yr efengyl ei hun yn ein rhwystro rhag derbyn y gosodiad, ond ni cheir cadarnhad iddo chwaith. Ar y llaw arall, ni ellir dibynnu cymaint ar eiriau Papias ynghylch y berthynas rhwng yr awdur a'r apostol Pedr. Unwaith eto, nid yw'r dystiolaeth fewnol yn gwrth-ddweud y gosodiad nac yn ei gadarnhau. Am resymau eraill tuedda rhai ysgolheigion i amau'r cysylltiad â Phedr,[24] ond ni chafwyd unrhyw ateb pendant i'r broblem hyd yn hyn.

Dyddiad

Mae'n weddol hawdd datrys y broblem o ddyddio'r efengyl. Os cymerir yn ganiataol fod yr awdur yn dibynnu ar Bedr, tua 64 O.C. yw'r dyddiad cynharaf — hynny yw, wedi i Bedr farw. Hyd yn oed os na dderbynnir y cysylltiad â Phedr dyma, mae'n debyg, y dyddiad cynharaf y gellid ei roi ar yr efengyl.[25]

Os yw'n wir fod Mathew a Luc wedi defnyddio gwaith Marc wrth gyfansoddi eu hefengylau,[26] a hynny yn ôl pob golwg cyn diwedd y ganrif gyntaf, yna mae'n rhaid fod efengyl Marc wedi ennill bri ac awdurdod beth amser cyn diwedd y ganrif, ac felly mae'n rhaid ei bod wedi ei hysgrifennu yn weddol fuan ar ôl marw Pedr, ac o leiaf cyn tua 75 O.C. Felly 65-75 O.C. yw'r cyfnod yr ysgrifennwyd yr ail efengyl ynddo. Byddai'n bosibl dod at yr union ddyddiad bron pe gellid dweud yn bendant fod pennod xiii wedi ei chyfansoddi cyn cwymp Jerwsalem yn 70 O.C. Tuedd yr ysgolheigion[27] sy'n cefnogi'r gosodiad yma yw dyddio'r efengyl tua 68 O.C. — hynny yw, yn fuan cyn cwymp Jerwsalem ac yn fuan ar ôl yr erledigaeth o dan Nero yn Rhufain, digwyddiad a fu efallai yn hwb i'r efengylydd fynd ati i lunio efengyl ysgrifenedig. Serch hynny, mae'n rhaid cydnabod grym dadleuon S. G. F. Brandon o blaid dyddio'r efengyl yn union ar ôl 70 O.C.[28]

Lleoliad

Gellir trafod gyda'i gilydd y ddau gwestiwn, ymh'le yr ysgrifennwyd yr efengyl ac ar gyfer pa gynulleidfa, am nad oes fawr o amheuaeth mai ar gyfer y gymdeithas yr oedd yn byw ynddi yr ysgrifennodd yr awdur hi. Yn ôl traddodiad, y gymdeithas Gristnogol yn Rhufain oedd y gynulleidfa hon, er bod rhai wedi awgrymu Antiochia, yr Aifft, a hyd yn oed Galilea.[29] Honnir fod y defnydd o eiriau Lladin o blaid Rhufain, geiriau fel kodrantês, kenturiôn ac yn y blaen, ond nid yw hyn yn brawf terfynol, am fod geiriau o'r fath yn cael eu defnyddio yn ôl pob tebyg ym mhob cwr o'r ymerodraeth. 'Does dim dwywaith

nad yw'r cyfeiriadau aml at ddioddefaint ac erledigaeth yn gyson
â lleoliad yr efengyl yn Rhufain, hefyd y ffaith ei bod wedi ei
hanelu at gynulleidfa o Genedl-ddynion. [30] Dadl arall o blaid
Rhufain yw fod yr efengyl wedi ennill parch fel gwaith ag
awdurdod ganddo yn weddol fuan ar ôl iddi ymddangos gerbron
y cyhoedd am y tro cyntaf. At ei gilydd, felly, gellir derbyn y
traddodiad fod yr efengyl wedi ei chyfansoddi ymhlith y
Cristnogion yn Rhufain ac ar eu cyfer hwy.

Pwrpas yr Efengyl

Yr awgrym sylfaenol yng ngwaith y beirniaid redacteg yw
mai neges ddiwinyddol yr efengylau yw'r peth pwysicaf ynddynt.
Wedi'r cwbl, ni wna gymaint â hynny o wahaniaeth i'n dealltwr-
iaeth ni o'r efengyl i wybod mai Marc oedd enw'r awdur, nac i
wybod mai yn 68 neu 72 O.C. yr ysgrifennwyd hi. Yn yr ugeinfed
ganrif mae'r pethau hyn o ddiddordeb i'r hanesydd, ond nid oes
iddynt werth parhaol. Yr hyn sy'n cyfrif heddiw yw'r gwaith
terfynol yn ei grynswth, sef yr efengyl ei hun. Beth, felly, oedd
pwrpas Marc wrth gyfansoddi ei efengyl? Pa ddiddordebau
arbennig o eiddo'r awdur a welir ynddi?

Un o'r problemau mwyaf a wynebwyd gan y Cristnogion
cynnar, yn enwedig y rhai o dras Iddewig, oedd yr anghysondeb
rhwng yr Iachawdwr — h.y., y Meseia a ddisgwylid ganddynt:
y ddelwedd, fel petai — a Iesu o Nasareth a gyhoeddwyd yn
Iachawdwr: y realiti, fel petai. Mae awdur yr ail efengyl yn
cymryd yn ganiataol mai Iesu yw'r Iachawdwr, ond ar yr un
pryd ymddengys ei fod yn awyddus i ddangos nad oes unrhyw
anghysondeb yn y gosodiad fod Iesu wedi dioddef. Dyma oedd
asgwrn y gynnen, sef y ddadl nad oedd yn bosibl i unrhyw
Iachawdwr ddioddef. Roedd hynny'n allweddol yn y byd
Helenistig gyda'i lu o iachawdwyr (*theioi andres*) yn ogystal ag
ymhlith yr Iddewon. Ymateb Marc oedd dangos, yn gyntaf, fod
dioddefaint Iesu'n cyflawni proffwydoliaethau'r Hen Destament [31]
ac felly'n unol ag ewyllys Duw; yn ail, fod Iesu o'i wirfodd wedi
dewis dioddef; ac, yn drydydd, fod yn rhaid iddo ddioddef er
mwyn iddo fwynhau'r gogoniant a oedd ar fin torri dros y byd. [32]
Barn rhai ysgolheigion [33] yw fod yr awdur yn pwysleisio'r agwedd
ddynol ar fywyd Iesu a'i ddioddefaint er mwyn gwrth-brofi

Gnosticiaeth o ryw fath a oedd yn codi ei phen yn y gymdeithas yr oedd yn perthyn iddi — hynny yw, y gred nad oedd Iesu'n ddyn go-iawn ac nad oedd wedi dioddef a marw mewn gwirionedd, cred oedd hon oedd yn tarddu o'r farn nad oedd y corff cig a gwaed yn werth dim. Ateb yr awdur yw dangos mai dioddefaint yw'r ffordd a ddewiswyd gan Dduw i ennill iachawdwriaeth.[34] Problem arall oedd y gwahaniaeth sylweddol rhwng dysgeidiaeth Iesu a phregeth yr eglwys, yn enwedig ei datganiadau ynghylch Iesu ei hun. Wilhelm Wrede yn bennaf oedd yn gyfrifol am godi'r broblem hon yn ei lyfr 'Y Gyfrinach Feseianaidd yn yr Efengylau'.[35] Un o nodweddion amlwg yr efengyl, hyd yn oed i'r darllenydd arwynebol, yw fod Iesu'n gorchymyn i gythreuliaid yn aml iawn gadw'n ddistaw ynghylch ei wir natur[36] a bod y disgyblion hefyd yn ail hanner yr efengyl yn cael gwybod dysgeidiaeth Iesu amdano'i hun fel petai'n gyfrinach fawr ac eto'n methu deall ei llawn arwyddocâd.[37] Yn yr esboniad ar ddameg yr heuwr[38] dywedir hyd yn oed fod Iesu wedi cuddio gwir ystyr ei ddysgeidiaeth o fwriad. Dehonglir hyn oll, fel arfer, drwy ddweud mai adlewyrchiad o'r hyn a ddigwyddodd mewn gwirionedd ydyw. Er iddo fynegi i'w ddisgyblion pa fath ar Feseia ydoedd, fel arfer roedd Iesu'n amharod iawn i hawlio statws Feseianaidd ar gyhoedd am fod teitl o'r fath yn debyg o gamarwain ei gyfoeswyr.[39]

Ond nid oedd y dehongliad yma wrth fodd Wrede. Yn ôl Wrede ni hawliodd yr Iesu hanesyddol statws Feseianaidd; i'r gwrthwyneb, y Cristnogion cynnar oedd y cyntaf i hawlio mai Iesu oedd y Meseia. A dyma wraidd y broblem: fod y Cristnogion cynnar yn hawlio statws i Iesu na wnaeth yr Iesu hanesyddol erioed ei hawlio ar ei ran ei hun. Dadl Wrede, felly, oedd fod yr efengylydd, neu ffynhonnell a ddefnyddiwyd ganddo, wedi dyfeisio'r syniad o ddysgeidiaeth gyfrinachol, ac mai dyna pam nad oedd unrhyw gofnod ar gael fod Iesu wedi honni mai ef oedd y Meseia.

Os oes gwirionedd yn nadl Wrede, mae'n dilyn na ellir dibynnu ar yr efengyl yn ôl Marc am dystiolaeth hanesyddol. Ac, at ei gilydd, derbyn dadleuon sylfaenol Wrede y mae'r beirniaid ffurf a redacteg, er nad oes cymaint o gefnogaeth i'w ddamcaniaeth ymhlith ysgolheigion Saesneg eu hiaith.[40]

Eto i gyd, pa wirionedd bynnag sydd yn namcaniaeth Wrede
fel esboniad ar y ffeithiau hanesyddol, nid oes amheuaeth nad yw
gwir natur Iesu (mae'n well defnyddio ymadrodd pen-agored
fel yna yn hytrach na sôn am statws *Feseianaidd* Iesu'n unig)[41]
yn gyfrinach fawr yn efengyl Marc ac nad oedd neb yn ei deall o
gwbl, gan gynnwys hyd yn oed ei ddilynwyr agos. Ymddengys
nad oes neb yn medru derbyn y dirgelwch[42] sy'n cael ei
ddatguddio'n raddol, sef mai ffordd dioddefaint yw'r ffordd sy'n
arwain i ogoniant. Mae'n *rhaid* i Fab y dyn (hoff deitl yr
efengylydd fel disgrifiad Iesu ohono'i hun) ddioddef cyn iddo
gyrraedd ei ogoniant. Dyma'r patrwm a ddatguddir yn raddol
trwy gydol yr efengyl. Fe ddatguddir fod Mab y dyn yn Fab i
Dduw (ei wir natur) ar hyd ffordd dioddefaint. Datgelir natur
Iesu fel Mab Duw i'r darllenydd yn yr adnod gyntaf oll, ond nid
oes yr un dyn byw yn ei adnabod fel y cyfryw yn ystod ei fywyd
daearol. Fe'i cydnabyddir yn Fab Duw gan fodau goruwch-
naturiol — e.e., y llais o'r nef[43] neu'r cythreuliaid,[44] ond nid
oes yr un dyn byw yn sylweddoli hyn cyn inni gyrraedd uchaf-
bwynt yr efengyl gyda chyffes y canwriad, yn union ar ôl rhwygo
llen y Deml, y ffin rhwng nef a daear, rhwng Iddew a Chenedl-
ddyn. Ni chyffesir Iesu'n Fab Duw ac nid oes neb yn deall gwir
arwyddocâd ei berson hyd yn union ar ôl iddo farw, a hynny
gan Genedl-ddyn, swyddog yn y fyddin Rufeinig; mae'n rhaid
bod hynny'n arwyddocaol os yn Rhufain y cyfansoddwyd yr
efengyl hon. Fe ddaw'r goleuni, megis, wedi i ddyn cyffredin
sylweddoli o'r diwedd rywbeth nad oedd neb yn medru ei
amgyffred, sef bod dioddefaint Iesu'n datguddio ei wir natur
(ei ogoniant).

Mae'n amlwg fod y gymdeithas y cyfansoddwyd yr efengyl ar
ei chyfer naill ai wedi dioddef neu yn dioddef o achos erledigaeth.
Awgrymwyd uchod mai Rhufain yn y cyfnod wedi'r erledigaeth
Neronaidd ac, o bosibl, ar ôl cwymp Jerwsalem hefyd, oedd
trigle'r gymdeithas honno. Fel y dywedwyd, ceir pwyslais yn yr
efengyl ar ddioddefaint Iesu, ac ymddengys fod yr awdur yn
ceisio dangos i Gristnogion sut yr oedd rhaid iddynt hwythau
ddioddef fel y dioddefodd eu Meistr. Dengys ar yr un pryd fod
Iesu wedi rhybuddio y byddai'n rhaid i'r sawl a oedd am ei ddilyn
ddioddef;[45] serch hynny, byddai'r dioddef yn arwain at

oruchafiaeth yn y pen draw yn yr un modd ag yr oedd dioddefaint Iesu ei hun wedi rhagflaenu ei fuddugoliaeth.

Gwerth Hanesyddol yr Efengyl

Tuedd y beirniaid ffynhonnell oedd ystyried yr ail efengyl yn brif ffynhonnell ein gwybodaeth am yr Iesu hanesyddol, ond pa werth hanesyddol sydd i'r efengyl yn nhyb ysgolheigion heddiw? Y peth cyntaf y dylid ei sylweddoli ynghylch yr efengyl yw nad cofiant Iesu mohoni. Prif amcan yr awdur oedd cyhoeddi'r *kerygma* (yn ôl yr ail efengyl cynnwys y *kerygma* yw'r newyddion da am Fab y dyn a ddioddefodd, ond eto a gafodd ei ddyrchafu'n Fab i Dduw) a phrif bwrpas y *kerygma* oedd troi dynion at ffydd yn Iesu.

O'r herwydd mae pwrpas yr awdur wedi dylanwadu'n fawr iawn ar ei ddetholiad o'r deunydd a hefyd ar ei ffordd o gyflwyno'r deunydd. Gwelwyd eisoes fod lle i gredu fod yr awdur wedi cyflwyno Iesu fel Mab y dyn/Mab Duw er mwyn cyflawni ei bwrpas arbennig yn dehongli ei arwyddocâd diwinyddol. Ni cheir ond ychydig o fanylion amseryddol, daearyddol a bywgraffiadol. Sylwodd un beirniad na fyddai'r holl ddigwydd-iadau y ceir sôn amdanynt ym Marc yn llenwi ond pedair wythnos.[46] Serch hynny, fel y dywedwyd uchod, nid cofnodi ffeithiau hanesyddol fel y cyfryw oedd prif bwrpas yr awdur. Wedi'r cwbl, nid oes fawr o amheuaeth nad oedd y gynulleidfa a oedd ganddo mewn golwg wrth ysgrifennu eisoes yn gyfarwydd â'r ffeithiau hanesyddol bron i gyd.

Mae C. H. Dodd wedi ceisio dangos fod ym Marc fraslun amseryddol o ddigwyddiadau gweinidogaeth Iesu y gellir dibynnu arno i raddau helaeth,[47] ond wrth edrych yn fanylach ar y braslun hwnnw mae'n rhaid dweud fod damcaniaeth Dodd yn wan iawn.[48] Ar wahân i hanes y dioddefaint nid oes fawr o arwydd yn yr efengyl hon fod unrhyw ddigwyddiad yn perthyn i gyfnod arbennig o'r weinidogaeth; e.e., gellid priodoli'r hanesion dadl yn yr ail bennod a'r drydedd i unrhyw gyfnod ynddi. Mae'n eithaf posibl fod sail hanesyddol i'r hanesion hyn, ond mae bron yn amhosibl ail-lunio manylion yr hyn a ddigwyddodd. Dylid derbyn mai efengyl yw gwaith Marc yn hytrach na llyfr hanesyddol, er ei bod yn sicr fod yr efengyl yn cynnwys ffeithiau hanesyddol. Mae'n rhaid sylweddoli nad oedd yr awdur am i bobl ddefnyddio'i waith er mwyn ymchwil hanesyddol. Cwbl arall oedd ei bwrpas. Ac mae'n debyg y bydd y sawl sy'n cydymdeimlo â'i bwrpas yn gwerthfawrogi'r efengyl yn fwy o lawer am nad yw'r cynnwys yn gyfyngedig i ffeithiau yn unic.

LLYFRAU

Cymraeg

Gwili, tt. 435-454.
Richard Hughes, 'Efengyl Marc', *GB* II, 936-940.
J. J. Jones (Bryn Seion), 'Ioan Marc', *GB* II, 936.
T. Ellis Jones, 'Cynllun Hanesyddol Efengyl Marc', *Seren Gomer* XXXVIII (1946), 97-100.
E. Owen, 'Ioan Marc', *Y Traethodydd* V (1936), 164-170.
Isaac Thomas, *Arweiniad*, pen. XVI, tt. 127-136.
W. J. Thomas, 'Paul a'r Efengyl yn ôl Marc', *Y Traethodydd* X (1941), 177-186.

Saesneg

T. A. Burkill, *Mysterious Revelation*, Gwasg Prifysgol Cornell, 1963.
T. A. Burkill, *New Light on the Earliest Gospel*, Gwasg Prifysgol Cornell, 1972.
R. H. Lightfoot, *The Gospel Message of St. Mark*, Rhydychen, 1950.
R. P. Martin, *Mark: Evangelist and Theologian*, Gwasg Paternoster, Exeter, 1972.
W. Marxsen, *Mark the Evangelist* (Cyf. Saes. gan James Boyce ac eraill), Abingdon, Efrog Newydd, 1969 (Almaeneg gwreiddiol, 1956).
D. E. Nineham, *Saint Mark*, Penguin, Harmondsworth, 1963.
J. M. Robinson, *The Problem of History in Mark*, SCM, Llundain, 1957.
E. Schweizer, *The Good News according to Mark* (Cyf. Saes. gan D. H. Madvig), SPCK, Llundain, 1971 (Almaeneg gwreiddiol, 1967).
V. Taylor, *The Gospel according to St. Mark*, Macmillan, Llundain, 1952.

Nodiadau

1 Gw. pen. II uchod.
2 Gw. union eiriau Awstin ym mhen. II, n. 10.
3 Gw. H. B. Swete, *The Gospel according to St. Mark*, Macmillan, Llundain, 3ydd arg., 1909, Rhagymadrodd, tt. lxxv, lxxxix; F. C. Burkitt, *The Gospel History and its Transmission*, Clark, Caeredin, 1906, pen. III, tt. 65-104; C. H. Turner yn *A New Commentary on Holy Scripture* (gol. C. Gore, H. L. Goudge ac A. Guillaume), SPCK, Llundain, 1928, Rhan III, t. 45.
4 Dylid cydnabod, serch hynny, ein bod ni'r Cymry yn hen gyfarwydd â ffug-enwau ymhlith ein llenorion a'n newyddiadurwyr!
5 Ceir enghraifft o'r arfer yn yr Hen Destament, sef llyfr Daniel a gyfansoddwyd yn ôl pob tebyg ganrifoedd wedi i'r gwir Ddaniel farw. Gw. Gwilym H. Jones, *Arweiniad i'r Hen Destament*, Gwasg Prifysgol Cymru, Caerdydd, 1966, pen. XXXVIII, tt. 324-331. Ceir trafodaeth ar y defnydd helaeth o ffug-enwau yn y llenyddiaeth apocalyptaidd yn *GB* I, 369-374, yn enwedig t. 371 (G. A. Edwards: 'Dadleniaeth'). Cymh. Gwilym H. Jones, *op. cit.*,

t. 322. Defnyddiwyd ffug-enwau mewn modd tebyg yn yr efengylau apocryffaidd. Gw. *GB* I, 481-484 (W. H. Harris: 'Efengylau, Apocryffa').
6 Gw. *GB* I, 219-227 (J. Young Evans: 'Beibl VI: Canon a Llenyddiaeth y Testament Newydd'). Cymh. Isaac Thomas, *Arweiniad*, pen. IV, tt. 41-52.
7 *Hanes yr Eglwys* III, xxxix. Ceir cyfieithiad yn Isaac Thomas, *Arweiniad*, t. 127. Cymh. Gwili, t. 438.
8 Gw. Nineham, *St. Mark*, t. 39n. Cymh. Kümmel, *Introd.*, t. 96. Ceir rhestr o ddyfyniadau o gyfnod cynnar yr eglwys yn Taylor, *St. Mark*, tt. 1-8. Gw. hefyd Gwili, tt. 438-439.
9 E.e., Marc Antonius ac yn y blaen. Cymh. y rhestr o arysgrifau cyfoes yn cynnwys yr enw yn H. B. Swete, *St. Mark*, Rhagymadrodd, tt. xiii-xiv.
10 Col. iv. 10.
11 Actau xii. 12.
12 Actau xii. 25, xiii. 5, 13.
13 Col. iv. 10, 11, Philemon adn. 24, II Tim. iv. 11.
14 Adlewyrchir y farn amheugar hon yn Nineham, *St. Mark*, t. 39.
15 E.e., C. C. Torrey, *The Four Gospels: A New Translation*, Harpers, Llundain ac Efrog Newydd, 1933: *Our Translated Gospels*, Harpers, Llundain ac Efrog Newydd, 1936. Yn gynharach, F. Blass, *Philology of the Gospels*, Macmillan, Llundain, 1898, tt. 190-218. Gw. J. Moffatt, *An Introduction to the Literature of the New Testament*, ail arg., Clark, Caeredin, 1912, t. 230n. am restr o ysgolheigion sy'n cefnogi'r farn hon. Cymh. Gwili, tt. 443-444.
16 Roedd chwedl ar led mewn rhai eglwysi yn yr oesoedd gynt, yn enwedig yn Syria ac Armenia, fod Marc wedi cyfansoddi ei efengyl yn yr iaith Ladin. Gw. T. Zahn, *Introduction to the New Testament*, Cyf. II, Clark, Caeredin, 1909, t. 450 n. 11. Adleisiwyd y ddamcaniaeth hon yn yr ugeinfed ganrif gan P-L. Couchoud. Gw. y gyfres o erthyglau o'i eiddo, a'r atebion gan H. Pernot, yn *Revue de l'histoire des religions*, 1926-7, y cyfeirir atynt gan M-J. Lagrange, *Evangile selon Saint Marc*, Gabalda, Paris, 1929, t. CVII n. 2. Cymh. Taylor, *St. Mark*, t. 54.
17 Gw. Gwili, tt. 443-444; Taylor, *St. Mark*, tt. 55-65.
18 E.e., v. 1. vi. 45, vii. 2-4, 31, xi. 1. Gw. yr esboniadau ar yr adnodau hyn, e.e., Taylor, *St. Mark*; Nineham, *St. Mark*. Cymh. Kümmel, *Introd.*, t. 97.
19 Yn ôl Taylor, *St. Mark*, t. 562, mae'r ysgolheigion a ganlyn ymhlith y rhai sy'n cefnogi'r ddamcaniaeth hon: Zahn, Holtzmann, Burkitt, Plummer, Rawlinson, Allen, Turner, Bartlet a Crum. Cymh. Kümmel, *Introd.*, t. 95.
20 E.e., C. H. Turner, *Gore's Commentary*, Rhan III, tt. 42-50. Cymh. *GB* II, 938; Isaac Thomas, *Arweiniad*, t. 133. Cymh. ymhellach Kümmel, *Introd.*, tt. 52-54, 94-95.
21 E.e., hanes y Gweddnewidiad, Marc ix. 2-8.
22 *Gore's Commentary*, Rhan III, tt. 48-49. Yn ôl Isaac Thomas, *Arweiniad*, t. 133, Zahn oedd yr ysgolhaig cyntaf i fynegi'r farn hon. Gweler Zahn, *Introduction* II, t. 496.
23 Gw., e.e., fersiwn Mathew o gyffes Pedr yng Nghesarea Philipi (xvi. 13-20) o'i chymharu â fersiwn Marc (viii. 27-30).
24 Gw., e.e., D. E. Nineham, *JTS* c.n. IX (1958), 13-25, 243-252, yn enwedig tt. 20-21, a *St. Mark*, tt. 26-27; Kümmel, *Introd.*, tt. 52-54. Ceir dadleuon o blaid y berthynas yn H. E. W. Turner, *ExpT* LXXI (1959-60), 260-263.
25 Dyma farn ysgolheigion cyfoes yn ddieithriad bron, ond hwyrach y dylid cyfeirio at J. A. T. Robinson sydd wedi cyhoeddi llyfr yn ddiweddar (gw. pen. VII isod) yn dadlau o blaid dyddio'r efengylau i gyd yn gynt o lawer, damcaniaeth a ffafriwyd yn gynharach gan A. von Harnack, *The Date of Acts and of the Synoptic Gospels* (Cyf. Saes. gan J. R. Wilkinson), Williams a Norgate, Llundain, 1911, tt. 126-133, a oedd o'r farn fod dyddiad Marc yn gynt na 60 O.C. Cymh. W. C. Allen, *The Gospel according to St. Mark*, Rivingtons, Llundain, 1915, a awgrymodd ddyddiad i Farc cyn 50 O.C.

Ond gellid dadlau yn erbyn Robinson nad oedd angen efengyl ysgrifenedig ar Gristnogion y genhedlaeth gyntaf, nid yn unig oherwydd fod llygaddystion ar gael o hyd, ond hefyd am eu bod yn disgwyl i'r byd ddod i ben yn fuan ac yn sydyn.

26 Gw. pen. II uchod.
27 Ceir rhestr o amryw o ysgolheigion sy'n derbyn dyddiad cyn 70 O.C. yn Taylor, *St. Mark*, t. 31. Cymh. Kümmel, *Introd.*, t. 98.
28 Dylid cofio, wrth gwrs, fod ysgolheigion eraill yn cynnig dyddiad ar ôl 70 O.C. — hynny yw, yn y degad 70-80 O.C. Ymhlith y rhain ceir Wellhausen, Bacon a Branscomb yn ôl Taylor, tra bod Kümmel, *Introd.*, t. 98, yn ychwanegu enwau Johnson, Beach ac eraill yn ogystal â Brandon. Dadl Brandon dros ddyddio'r efengyl yn gynnar yn y degad 70-80 O.C. oedd bod rhai o fanylion yr efengyl — e.e., rhwygo llen y Deml — yn gyfarwydd i gynulleidfa'r awdur yn Rhufain ar ôl gorymdaith fuddugoliaethus Vespasianus a Titus yn 71 O.C. yn sgîl dinistr Jerwsalem a darostwng gwrthryfel yr Iddewon. Mae'n dadlau hefyd fod yr efengylydd yn sgîl gwrthryfel yr Iddewon yn ceisio datgysylltu Cristnogaeth oddi wrth y genedl Iddewig er mwyn denu Rhufeiniaid i'r eglwys. Gw. *NTS* VII (1960-61), 126-141; *The Trial of Jesus of Nazareth*, Batsford, Llundain, 1968, tt. 68-71.
29 Gw. Isaac Thomas, *Arweiniad*, t. 129. Cymh. Taylor, *St. Mark*, t. 32; Kümmel, *Introd.*, tt. 97-98. Yn ôl tystiolaeth Chrysostom o gyfnod y Tadau fe gyfansoddwyd yr efengyl yn yr Aifft. Cyfeiriwyd ym mhen. III uchod at ddamcaniaeth W. Marxsen mai yng Ngalilea y cyfansoddwyd hi.
30 Gw., e.e., vii. 3-4, xi. 13, xii. 42. Mae'r ffaith fod yr awdur yn anelu ei waith at Genedl-ddynion yn ddadl gref iawn yn erbyn damcaniaeth Marxsen.
31 Gw., e.e., xiv. 21.
32 Gw. yn enwedig ben. iv a'r araith apocalyptaidd ym mhen. xiii.
33 Gw. R. P. Martin, *Mark: Evangelist and Theologian*.
34 Marc viii. 33-37.
35 Gw. pen. III, n. 2 uchod.
36 Gw. Marc i. 25, 34, 44, iii. 11-12, v. 43, vii. 36, viii. 26.
37 Gw. Marc viii. 30, ix. 9, 32 ac yn y blaen.
38 Marc iv. 11-12.
39 Er bod ei waith yn ddiweddarach na Wrede gellid cyfeirio at Vincent Taylor fel ysgolhaig sy'n nodweddiadol o'r duedd hon. Gw. *St. Mark*, tt. 122-124. Cymh. cyfraniad T. W. Manson i'r gyfrol *Studies in the Gospels* (gol. D. E. Nineham), Blackwell, Rhydychen, 1955, tt. 209-222.
40 Am grynodeb o ddadleuon Wrede gan ysgolhaig sy'n ei gefnogi gw. N. Perrin, *What is Redaction Criticism?*, SPCK, Llundain, 1970, tt. 7-13. Gwrthwynebu safbwynt Wrede yw ymateb Isaac Thomas, *Arweiniad*, t. 136, heb drafod ei resymau. Cymh. gweithiau T. W. Manson a Vincent Taylor y cyfeiriwyd atynt yn n. 39 uchod.
41 Ni ddylid defnyddio'r geiriau 'Meseia' a 'Meseianaidd' ond mewn trafodaeth ar hawl Iesu i fod yn Feseia yn yr ystyr Iddewig. Nid oedd Iesu'n Feseia o'r math yma yn ôl tystiolaeth efengyl Marc.
42 Datblygir y thema₁hon gan T. A. Burkill yn ei lyfr *Mysterious Revelation*. Cymh. barn Martin Dibelius fod efengyl Marc yn llyfr o epiffanïau dirgel ('book of secret epiphanies'), *From Tradition to Gospel* (Cyf. Saes. gan B. L. Woolf), Clark, Caergrawnt, 1971, t. 230.
43 Gw. Marc i. 11. ix. 7.
44 Gw. Marc iii. 11, v. 7. Cymh. Marc i. 24, 34.
45 Marc viii. 34-38, x. 28-30.
46 Gw. Nineham, *St. Mark*, t. 35.
47 C. H. Dodd, *ExpT* XLIII (1931-32), 396-400 (= *New Testament Studies*, Gwasg Prifysgol Manceinion, 1953, pen. I, tt. 1-11).
48 Gw., e.e., ddadleuon D. E. Nineham yn erbyn y ddamcaniaeth yn

Studies in the Gospels (gol. Nineham), tt. 223-240. Cymh. J. M. Robinson, *A New Quest of the Historical Jesus*, SCM, Llundain, 1959, tt. 48-58. Prif nodwedd ymchwil un o'r beirniaid ffurf arloesol, K. L. Schmidt, oedd y ddadl nad oedd cynllun amseryddol o unrhyw fath yn efengyl Marc. Nid yw'r efengyl yn cynnwys ond hanesion unigol (*pericopae*) ym marn Schmidt, ac felly Marc sy'n gyfrifol am roi'r unedau mewn fframwaith.

MATHEW

'AC WRTH fynd heibio, gwelodd Lefi fab Alffeus yn eistedd wrth y dollfa, a dywedodd wrtho, "Canlyn fi". Cododd yntau a chanlynodd ef' (Marc ii. 14). Ailadroddir y geiriau hyn gan Luc (v. 27-28), ar wahân i newidiadau cymharol ddibwys megis gadael allan y disgrifiad 'mab Alffeus'. Ond wrth droi at y deunydd cyfochrog ym Mathew (ix. 9) gwelwn un gwahaniaeth sylweddol. Dyma'r union eiriau: 'Wrth fynd heibio oddi yno gwelodd Iesu ddyn a elwid *Mathew* yn eistedd wrth y dollfa, a dywedodd wrtho, "Canlyn fi". Cododd yntau, a chanlynodd ef'. Ac felly, yn ôl yr efengyl gyntaf, Mathew oedd enw'r casglwr-trethi, nid Lefi. Ceir yr un enw 'Mathew' ymhlith yr apostolion ym mhob rhestr o'u henwau,[1] ond nid yw Lefi yn yr un ohonynt. Ymddengys *Iago* fab Alffeus ym mhob un o'r pedair rhestr, gan gynnwys rhestr Marc, sydd hefyd yn sôn am Lefi fab Alffeus ym ii. 14. Ychwanegir y disgrifiad 'y casglwr-trethi' at enw Mathew yn y rhestr ym Mathew,[2] ond ni cheir disgrifiad o'r fath yn yr efengylau eraill na'r Actau. Ac felly roedd gan awdur yr efengyl gyntaf ddiddordeb mewn casglwr-trethi o'r enw Mathew, ac os oedd yr awdur yn gyfarwydd â gwaith Marc,[3] mae'n rhaid ei fod wedi newid yr enw 'Lefi' i 'Mathew' yn fwriadol, naill ai i gywiro Marc neu er mwyn tynnu sylw at yr apostol Mathew a oedd yn gasglwr-trethi. Honna'r traddodiad fod yr awdur wedi gwneud hyn am mai ef ei hun oedd y casglwr-trethi o'r enw Mathew (neu Lefi, yn ôl Marc a Luc). Beth felly yw sail y traddodiad ac i ba raddau y gellir dibynnu arno?

Prif ffynhonnell y traddodiad, mae'n debyg, yw datganiad a briodolwyd i Papias gan yr hanesydd Eusebius,[4] 'Casglodd[5] Mathew y *logia*', meddai Papias, 'yn yr iaith[6] Hebraeg, ac esboniodd[7] pob un (y *logia*) yn ôl ei allu'. Nid yw'r datganiad yn hollol glir. Nid yw'r *logia* yn cyfeirio o reidrwydd at efengyl Mathew y Testament Newydd. Ymddengys nad yn yr iaith

Hebraeg y cyfansoddwyd efengyl Mathew, nac yn yr Aramaeg chwaith (os dyna yw ystyr geiriau Papias), ond yn yr iaith Roeg. Ac felly hyd yn oed os yw geiriau Papias yn cyfeirio at efengyl, nid at efengyl Mathew y cyfeiriant yn ôl pob golwg. Daw problem arall, yn sgîl y ddamcaniaeth ynghylch blaenoriaeth Marc[8] sy'n honni fod awdur yr efengyl gyntaf wedi defnyddio gwaith a ysgrifennwyd yn yr iaith Roeg (hynny yw, efengyl Marc); mae'n anodd felly cysoni hyn â honiad Papias fod yr awdur wedi cyfansoddi ei efengyl yn yr iaith Hebraeg (neu Aramaeg). Ymddengys felly mai amheus iawn yw'r cysylltiad rhwng *logia* Papias a'r efengyl yn ôl Mathew. Byddai'n rhyfedd petai apostol wedi defnyddio gwaith rhywun nad oedd yn apostol (sef Marc) wrth baratoi ei fersiwn o'r efengyl. Ar ben hynny, mae'n rhaid amau traddodiad sy'n honni mai apostol oedd awdur yr efengyl, am mai tuedd yr eglwys oedd priodoli llyfrau'r Testament Newydd i apostolion er mwyn profi eu hawdurdod ac yn nes ymlaen eu dilysrwydd fel rhan o ganon yr Ysgrythurau.[9]

Ac felly nid oes modd datrys y broblem ynghylch awdur yr efengyl gyntaf drwy apelio at y traddodiad yn unig. Mae'n rhaid gofyn a oes tystiolaeth o rywle arall yn cadarnhau'r traddodiad; ni ddylid derbyn fod traddodiad fel y cyfryw yn gywir heb chwilio ymhellach. A sôn am Fathew yn arbennig dylid ystyried y dystiolaeth fewnol sydd i'w chael yn yr efengyl ei hun er mwyn darganfod olion yr awdur yn ei waith. Beth felly yw prif nodweddion yr efengyl?

Yr Hen Destament yn yr Efengyl Gyntaf

Un o'r nodweddion cyntaf sy'n taro hyd yn oed ddarllenydd arwynebol, yn enwedig wrth gymharu'r efengyl gyntaf â'r lleill, yw'r defnydd helaeth o'r Hen Destament ynddi. Ceir llu o ddyfyniadau o'r Hen Destament, weithiau gyda'r fformiwla a ganlyn yn eu cyflwyno: 'Felly y cyflawnwyd y gair a lefarwyd trwy . . . y proffwyd . . .' (ii. 17). Ymddengys fod pob digwyddiad o bwys yn cael ei gadarnhau gan ddyfyniad o'r Hen Destament. Yn ogystal â hyn mae'n debyg fod manylion hanesion weithiau wedi cael eu haddasu er mwyn bod yn gyson â'r dyfyniad. Gweler, er enghraifft, yr hanes am ddyfodiad Iesu i Jerwsalem ar gefn asyn. 10 Yn yr hanes hwn dyfynnir testun o waith Sechareia gyda'r cyflwyniad, 'Digwyddodd hyn fel y cyflawnid y gair a lefarwyd trwy'r proffwyd', ac yna geiriau Sechareia, 'Dywedwch wrth ferch Seion, "Dyma dy frenin yn dyfod atat, yn addfwyn ac yn marchogaeth ar asen, ac ar ebol, llwdn anifail gwaith".' 11 Credai'r awdur fod y testun yn cyfeirio at ddau anifail, sef 'asen' ac 'ebol, llwdn anifail', ac felly dau anifail sydd yn ei adroddiad ef o'r digwyddiad, ond yn yr hanesion cyfochrog 12 nid oes ond un anifail, fel y disgwylid wrth ystyried nad yw'n bosibl i ddyn farchogaeth ar gefn dau anifail ar yr un pryd! Y ffaith yw nad oes sôn ond am un anifail yn unig yn y testun gwreiddiol o waith Sechareia, am nad yw'r geiriau 'ac ebol, llwdn anifail . . .' yn ddim mwy na disgrifiad pellach o'r asen wreiddiol yn ôl dull ysgrifenwyr Hebraeg. Sut bynnag, dengys hyn oll fod gan yr awdur ddiddordeb mawr yn yr Hen Destament. Ei amcan felly oedd profi fod pob digwyddiad yn cyflawni proffwydoliaethau'r Hen Destament i'r dim.

Mae'n bosibl fod yr un amcan wedi peri i'r awdur wneud rhywbeth cyffelyb yn hanes y geni (pen. i-ii), sef dyfeisio testun er mwyn cadarnhau ffaith hanesyddol. Fel y mae'n digwydd, ceir enghreifftiau gwych yn yr hanes hwn o'i ddull o ddefnyddio'r Hen Destament. Cadarnheir pob cam o'r hanes gan ddyfyniad, morwyndod Mair gan Eseia vii. 14, y geni ym Methlehem gan Micha v. 2, y dianc i'r Aifft gan Hosea xi. 1, hanes lladd y plant gan Jeremeia xxxi. 15 ac, yn olaf, anheddu yn Nasareth gan y geiriau hyn: 'fel y cyflawnid y gair a lefarwyd trwy'r proffwydi: "Gelwir ef yn Nasaread" ' (ii. 23). Ond ni ddaw'r geiriau hyn o'r Hen Destament; mae'n bosibl, felly, fod yr awdur wedi dyfeisio'r testun er mwyn cadarnhau'r ffaith adnabyddus fod Iesu yn dod o Nasareth.

Mae'n amlwg fod gan yr awdur ddiddordeb mawr yn Iesu fel un sy'n cyflawni proffwydoliaethau'r Hen Destament. Peth arall sy'n ddiddorol yn ei ddefnydd o'r Hen Destament yw iddo ddyfynnu'n aml iawn o fersiwn y Deg a Thrigain (LXX), sef cyfieithiad *Groeg* o'r Hen Destament, ac mae'n anodd cysoni hyn â'r honiad fod yr awdur wedi cyfansoddi ei waith 'yn yr iaith Hebraeg'.

Nodweddion Iddewig yr Efengyl Gyntaf

Honnir yn aml mai'r efengyl gyntaf yw'r efengyl fwyaf Iddewig. Yn wir, ailadroddir yr honiad mor aml nes ei fod yn ymddangos yn ffaith yn hytrach nag yn farn, ond a oes tystiolaeth i'w gadarnhau? Nid oes amheuaeth nad yw'r dystiolaeth a drafodwyd uchod, sef diddordeb yr awdur yn yr Hen Destament, yn nodwedd Iddewig ac mae'n wir dweud ei fod yn defnyddio'r Hen Destament yn helaethach na'r efengylwyr eraill.[13] Dywedir fod hyd yn oed fframwaith yr efengyl yn nodwedd Iddewig. Rhwng y rhagymadrodd (hanes y geni, pen. i-ii) a'r diweddglo (hanes y dioddefaint a'r atgyfodiad, pen. xxvi-xxviii) ceir cyfansoddiad o bum adran gyda hanes yn rhagflaenu araith: e.e., yn yr adran gyntaf ceir hanes (pen. iii-iv) o flaen araith hir (pen. v-vii, y Bregeth ar y Mynydd). Daw pob un o'r pum araith i ben gyda'r un math o fformiwla: e.e., vii. 28, 'Pan orffennodd Iesu lefaru'r geiriau hyn . . .'.[14] Ymddengys felly fod y fframwaith o bum adran yn ddull llenyddol a fabwysiadwyd gan yr awdur yn fwriadol am fod fframwaith o bum adran yn nodweddiadol o'r dull Iddewig o drefnu llyfr neu gasgliad o lyfrau.[15] Â rhai ysgolheigion[16] ymhellach gan honni fod yr awdur yn ceisio ailysgrifennu'r *Torah* (y Gyfraith Iddewig, sef y Pumllyfr), gyda'r Bregeth ar y Mynydd yn cymryd lle'r Hen Gyfamod ar Fynydd Sinai. Ymddengys y syniad yma'n deg, mae'n wir, ond nid oes modd ei brofi. Y cwbl y gellir ei ddweud yw fod y fframwaith o bum adran yn wir nodweddiadol o ysgrifeniadau Iddewig.

Nodwedd Iddewig arall yw'r sylw mawr a roddir i'r Phariseaid, hyd yn oed os yw'r sect yn gas gan yr awdur. Yn ôl W. D. Davies[17] dyma adwaith yr awdur i'r Gynhadledd yn Jamnia a'r ffaith fod y Phariseaid wedi cymryd meddiant llwyr ar Iddewiaeth.[18]

O'i chymharu â'r efengylau eraill, ceir mwy o bwyslais ar eschatoleg apocalyptaidd ym Mathew nag yn y lleill. Dyma nodwedd arall sy'n adlewyrchu cefndir Iddewig, e.e., y fformiwla 'wylo ac ysgyrnygu dannedd',[19] dameg yr efrau a'i hesboniad,[20] dameg y gweithwyr yn y winllan[21] ac, yn enwedig, y deunydd ym mhen. xxiv-xxv. Ceir manylion hefyd yn hanes y dioddefaint ym Mathew sy'n adlewyrchu'r un peth.[22]

Gellir cyfeirio yn olaf at bwynt bach neu ddau sy'n arwyddo

diddordeb Iddewig ar ran yr awdur. Yn gyntaf, mae'n cofnodi rhai o ddywediadau Iesu yn erbyn y Cenedl-ddynion, 23 er y dylid dweud nad yw pob un o'r dywediadau hyn yn gyfyngedig i Fathew. Yn ail, defnyddir ymadroddion â blas Iddewig arnynt yn yr efengyl gyntaf — e.e., 'teyrnas nefoedd' (yn lle 'teyrnas Dduw'), yn ogystal â rhai o'r ymadroddion yn y fersiwn o Weddi'r Arglwydd ym Mathew vi. 7-13. 24 Ac yn drydydd, mae'r awdur wedi addasu dysgeidiaeth Iesu ar ysgariad i'w chysoni ag arfer yr Iddewon, yn yr un modd ag yr addaswyd y dywediad gan Farc er mwyn cydymffurfio ag arfer y Rhufeiniaid. 25

At ei gilydd, felly, ceir digon o dystiolaeth ym Mathew i gefnogi'r honiad fod yr awdur yn edrych ar bethau trwy lygaid Iddewig, ond nid dyma'r darlun cyfan, ac felly dylid troi yn awr ac edrych ar yr ochr arall.

Nodweddion Gwrth-Iddewig

Yn gyntaf, ceir ym Mathew yr awgrym fod y brifddinas, Jerwsalem, canolfan y ffydd Iddewig, yn gwrthod Iesu, ac o'r herwydd mae'r awdur fel petai'n dyrchafu Galilea yn uwch na Jerwsalem. Mae'n arwyddocaol, er enghraifft, fod ymddangosiadau'r Iesu atgyfodedig i gyd yng Ngalilea. Ymddengys hyd yn oed y dorf yn Jerwsalem yn elyniaethus tuag at Iesu. Cylch y Cenedl-ddynion oedd Galilea, yn ôl traddodiad, ac felly mae'n bosibl fod yr awdur yn ceisio dyrchafu'r Cenedl-ddynion wrth osod Galilea yn uwch na Jerwsalem. Gwelir arwyddion o duedd gyfanfydol mewn mannau eraill yn yr efengyl hefyd, 26 yn enwedig yn y gorchymyn ar ddiwedd yr efengyl: 27 'Ewch, gan hynny, a gwnewch ddisgyblion o'r holl genhedloedd . . .'

Yn ogystal â dyrchafu'r Cenedl-ddynion ceir yr awdur yn dadlau'n rymus yn erbyn yr Iddewon, ac yn enwedig yn erbyn y Phariseaid. Honnir fod y gwrthgyferbyniadau yn y Bregeth ar y Mynydd yn tarddu o'r duedd hon gyda'u pwyslais ar y geiriau, 'Ond 'rwyf fi'n dweud wrthych'. Mae'r rhan fwyaf o'r deunydd gwrth-Phariseaidd i'w gael ym mhen. xxiii, ond gwelir olion o'r un ddadl mewn mannau eraill hefyd. 28

Ceir arwyddion yma a thraw fod yr eglwys Gristnogol a'r synagog wedi ymrwygo erbyn hyn a mynd yn ddau gorff hollol ar wahân ac yn benben â'i gilydd. Yn xxviii. 15 ceir sôn am 'yr

Iddewon' mewn modd tebyg i'r bedwaredd efengyl sy'n gweld yr Iddewon fel sect ar wahân i'r Cristnogion. Cymharer hefyd y cyfeiriadau at 'eu' synagogau, neu 'eich' synagogau, 29 a'r cyfeiriad at 'eu' hysgrifenyddion. 30 Ar ben hynny, cyfeirir at erledigaeth y Cristnogion a ddioddefai, mae'n debyg, ar law'r Iddewon. 31

Yn olaf, mae'r efengyl yn tystio fod yr Iddewon yn gwrthddweud gwahanol honiadau a wnaed gan Gristnogion, yn enwedig honiadau ynghylch yr enedigaeth wyrthiol a'r atgyfodiad a'u tebyg. Ac felly mae'r efengylydd yn ceisio ateb eu dadleuon. Dyna pam y ceir sôn am bedair mam yn yr achau (rhywbeth hollol anghyffredin mewn achau Iddewig oedd sôn am y fam), sef Tamar, Rahab, Ruth a Bathseba, am fod pob un ohonynt yn 'anghonfensiynol' mewn rhyw ffordd neu'i gilydd; roedd hyn yn cyfiawnhau Mair a oedd hithau'n fam anghyffredin fel y lleill. Mae hefyd yn cynnig ateb i'r cyhuddiadau Iddewig yn erbyn yr atgyfodiad drwy gyfeirio at y milwyr, a chynnwys manylion cefndir eraill ym xxviii. 11-15. Ac felly ceir digon o ddadlau yn erbyn yr Iddewon ym Mathew.

Rhaid dweud, felly, nad yw'r awdur hwn o blaid yr Iddewon o bell ffordd er bod ei agwedd a'i ymadrodd yn Iddewig; hynny yw, nid oes ganddo awydd i arwain y Cristnogion yn ôl i'r gorlan Iddewig. Mewn gwirionedd, mae'r dystiolaeth yn awgrymu ei fod yn wrth-Iddewig, neu o leiaf yn wrth-synagog ac yn wrth-Phariseaidd, ac erbyn hyn y synagog a'r Phariseaid oedd yn rheoli'r ffydd Iddewig wedi i'r Deml gael ei dinistrio yn y flwyddyn 70 O.C. Felly, gwrth-synagog yw Mathew ac o blaid yr eglwys, a'r agwedd hon ar ei waith yw'r testun trafod yn yr adran ganlynol.

Diddordeb Eglwysig yr Efengyl Gyntaf

Er bod fframwaith ffurfiol yr efengyl yn nodwedd Iddewig mae'n bosibl fod yr efengyl wedi ei llunio ar y patrwm yma er mwyn cwrdd ag anghenion cymdeithas fel eglwys â rhyw fath o drefn ar ei gweithgareddau. Mae'n ddiddorol sylwi ar ddull Mathew o ddefnyddio'i ffynonellau. Mewn gwrthgyferbyniad â Luc dull Mathew yw dod â deunydd tebyg o'i ffynonellau at ei gilydd er mwyn cyfansoddi hanes di-dor. Ac felly mae'r awdur yn rhoi'r deunydd hanesiol a'r athrawiaeth ar wahân. Awgrymodd

G. D. Kilpatrick[32] ei fod wedi cyfansoddi efengyl ddi-dor ar gyfer addoliad cymdeithas a oedd cyn hynny yn defnyddio tair 'efengyl' wahanol, sef Marc, Q ac M, ac felly yn ei chael hi'n anodd newid o'r naill i'r llall. Yn ôl Kilpatrick, felly, hwyluso addoliad yr eglwys oedd prif gymhelliad Mathew wrth gyfansoddi. Cadarnheir y ddamcaniaeth gan ffurf leitwrgaidd rhai o'r ymadroddion yn yr efengyl — e.e., Gweddi'r Arglwydd (yn wahanol i Luc), a'r fformiwla bedydd ar ddiwedd yr efengyl. Serch hynny, nid yw pob ysgolhaig yn derbyn damcaniaeth Kilpatrick o bell ffordd.[33] Honnir gan eraill[34] fod diddordeb yr awdur mewn materion cyfreithiol a disgyblaeth, sy'n ymddangos yn eglur yn yr areithiau, yn enwedig yn y Bregeth ar y Mynydd, yn tystio mai ar gyfer addysgu'r eglwys sut i ymddwyn a threfnu ei gweithgareddau y cyfansoddwyd yr efengyl.[35] Trefn yr eglwys, felly, yw prif ddiddordeb adnodau fel y rhain. Diddordeb yn nhrefn yr eglwys hefyd sy'n gyfrifol efallai am y lle blaenllaw a roddir i Bedr, yn enwedig, wrth gwrs, yn yr hanes yn xvi. 13-20 sydd wedi peri cymaint o ymryson ymhlith diwinyddion.

Awgryma'r holl dystiolaeth yma fod gan Fathew fwy o ddiddordeb yn nhrefn y gymdeithas Gristnogol a'i disgyblaeth na'r efengylwyr eraill, ac am hynny mae ei efengyl yn haeddu'r disgrifiad 'efengyl yr eglwys'.

Yr Awdur Eto

A dod yn ôl at yr awdur unwaith eto, beth y mae'r efengyl yn ei ddweud am ei hawdur? Roedd ganddo ddiddordeb mewn Iddewiaeth; roedd yn gyfarwydd â hi, ond yn gwrthwynebu'r math o Iddewiaeth a geid ymhlith ei gyfoeswyr. Gwelodd yn yr eglwys gyflawniad Iddewiaeth. Cyflawni'r Gyfraith Iddewig, felly, oedd athrawiaeth Iesu, fel roedd Iesu ei hun yn cyflawni'r Gyfraith am mai ef oedd mab Dafydd a ragwelwyd gan y proffwydi. O'r efengylwyr i gyd Mathew sy'n dangos y diddordeb mwyaf yn yr Hen Destament a'i ddehongliad, ac ar yr un pryd mae'n hoff o roi trefn ar bethau. Medrai ysgrifennu Groeg cywir o'i gymharu â Marc, ond nid oedd ganddo arddull mor gywrain â Luc.

A yw'n bosibl cysoni'r darlun hwn o'r awdur â'r traddodiad? Ceir amryw o gynigion gan ysgolheigion. Y broblem gyntaf yw esbonio'r gair 'logia' a ddefnyddiwyd gan Papias. Dywedir, er enghraifft, mai Mathew yr apostol oedd yn gyfrifol am y logia yn hytrach na'r efengyl derfynol a ddaeth o law golygydd gwahanol. Os felly, dyma rai o'r cynigion ar esbonio ystyr logia: (a) efengyl, hynny yw, efengyl gynharach na Mathew, wedi ei hysgrifennu yn Aramaeg (neu Hebraeg);36 (b) casgliad o ddywediadau Iesu;37 (c) oraclau, hynny yw, dyfyniadau o'r Hen Destament wedi eu casglu ynghyd mewn llyfr.38 Damcaniaethau yw'r rhain i gyd ac nid oes modd profi'r un ohonynt. Yr ail broblem yw'r gair 'Hebraeg' yn y dyfyniad o waith Papias. Beth yw ystyr 'Hebraeg': ai Aramaeg ai'r Hebraeg ei hun? Yn ôl rhai ysgolheigion Pabyddol39 roedd Papias yn cyfeirio at efengyl gynharach na'r Mathew Groeg. Aramaeg oedd iaith yr efengyl hon a Mathew oedd ei hawdur. Honnir felly fod Marc wedi defnyddio efengyl Aramaeg Mathew wrth gyfansoddi ei efengyl Roeg yntau, a Mathew wedi defnyddio efengyl Roeg Marc wrth gyfansoddi ei fersiwn Roeg o'r efengyl. Nid oes fawr o gefnogaeth i'r ddamcaniaeth hon y tu allan i'r eglwys Babyddol, am fod y broses yn ymddangos yn afresymol yn ogystal ag yn annhebygol i'r sawl nad oes raid iddo gredu mai Mathew oedd yr efengyl gyntaf o ran dyddiad.

Beth felly yw'r ateb i'r cwestiwn: Pwy oedd awdur yr efengyl gyntaf? Gellir honni'n weddol hyderus nad Mathew yr apostol mohono. Mae'n bosibl fod yr awdur neu'r golygydd terfynol wedi defnyddio deunydd a ddaeth o law Mathew. Nid yw'n bosibl profi hyn ac erys felly yn ddamcaniaeth. Mwy credadwy yw'r ddamcaniaeth fod parch mawr at Fathew yn y gymdeithas yr ysgrifennwyd yr efengyl ynddi ac ar ei chyfer, efallai am fod Mathew yn gyn-arweinydd y gymdeithas, ac felly newidiodd y gwir awdur enw'r casglwr-trethi o Lefi i Fathew er mwyn manteisio ar yr awdurdod a oedd i enw Mathew'r apostol. Mae'n bosibl, fel yr awgrymodd K. Stendahl,40 nad gwaith un awdur yw'r efengyl, ond cynnyrch grŵp o ysgolheigion a'u prif ddiddordeb mewn dehongli arwyddocâd Iesu a'i hanes yng ngolau Ysgrythurau'r Hen Destament. Awgrym Stendahl oedd fod eu dull o weithio yn debyg i'r hyn a geid ymhlith aelodau'r gymdeithas yn Qumran. Damcaniaeth atyniadol, ond unwaith eto nid oes modd ei phrofi. Petai'n wir, gallai'r grŵp fod wedi

cynnwys athrawon Iddewig (rabiniaid) a oedd wedi troi at
Gristnogaeth, a byddai hynny'n esbonio eu diddordeb yn y
Gyfraith ac mewn disgyblaeth. Arwyddair yr athrawon hyn efallai
yw'r disgrifiad o'r dyn o berchen tŷ[41], 'sydd yn dwyn allan o'i
drysorfa bethau newydd a hen'.

Lleoliad yr Efengyl

Mae'n debyg, os nad yn sicr, mai ar gyfer y gymdeithas yr
oedd ef ei hun yn aelod ohoni yr ysgrifennodd yr awdur ei efengyl.
Ond ymh'le roedd y gymdeithas honno? Ar sail y wybodaeth o
Iddewiaeth a phethau Iddewig yn yr efengyl, mae llawer ysgolhaig
yn lleoli'r gymdeithas yn agos at wlad Palesteina, os nad ym
Mhalesteina'i hun.[42] Ond gan mai yn yr iaith Roeg yr ysgrifen-
nwyd yr efengyl nid Palesteina ei hun yw'r lleoliad, yn ôl pob
tebyg. Cymdeithas gyfoethog oedd y gymdeithas hon, ac felly
Phoenicia, ardal gyfoethog ar lan y môr, yw dewis rhai
ysgolheigion,[43] ac eraill o blaid Alecsandria.[44] Ar y llaw arall,
daeth yr efengyl yn boblogaidd yn fuan iawn heb ei chyfyngu i'w
hardal ei hun, ac felly mae'n debyg mai mewn canolfan bwysig
y'i cyhoeddwyd. Am y rheswm yma Antiochia yn Syria yw dewis
y mwyafrif o ysgolheigion[45] am fod diwylliant yr Iddewon a
diwylliant y byd Helenistig yn gorgyffwrdd â'i gilydd yno. Honnir
gan rai mai yn Antiochia y casglwyd deunydd Q ynghyd, ac os
dyna oedd cartref Luc hefyd, byddai'n hawdd esbonio pam y
ceir deunydd Q yn y ddwy efengyl hyn yn unig. Ond braidd yn
ddychmygol yw hyn oll. Honnir eto fod Pedr yn arweinydd yn
yr eglwys yn Antiochia ar un adeg a dyna pam y mae'r efengyl
yn rhoi lle blaenllaw i Bedr yn yr hanes, ond dyfalu yw hyn
hefyd.

Cyfeiriwyd uchod at ddadl gref W. D. Davies[46] mai ymateb
Cristnogol i'r Gynhadledd yn Jamnia yw'r efengyl am fod y
Phariseaid wedi ymgymryd â'r gwaith o ad-drefnu Iddewiaeth
a'i chadarnhau ar ôl yr ergyd ddistrywiol a ddioddefodd yng
nghwymp Jerwsalem a'r Deml, canolfan y ffydd Iddewig, yn y
flwyddyn 70 O.C. Os felly, mae'n ddiau y dylid lleoli efengyl
Mathew yn nes at wlad Palesteina nag Antiochia. Nid yw'n
bosibl, felly, rhoi ateb pendant i'r cwestiwn: ymh'le yr
ysgrifennwyd efengyl Mathew? Yr unig ateb y gellir ei gynnig

yw fod y mwyafrif o ysgolheigion yn cytuno ar yr ardal i'r gogledd
o wlad Palesteina, heb fod ymhell oddi wrthi.

Dyddiad

Yn olaf, dylid ystyried ar fyr eiriau y broblem o ddyddio'r
efengyl. Fe'i hysgrifennwyd ar ôl 70 O.C. am y rhesymau a
drafodwyd uchod ac yn gynt na 115 O.C. am fod Ignatiws o
Antiochia yn dyfynnu ohoni. O fewn y cyfnod hwn dylid dewis
dyddiad tua diwedd y ganrif gyntaf, yn ôl pob tebyg am y pedwar
rheswm a ganlyn:

(*a*) Ymadroddion megis 'hyd heddiw' a geir ym xxvii. 8 a
xxviii. 15, sy'n awgrymu fod amser maith wedi mynd heibio er
dyddiau Iesu'i hun.

(*b*) Arwyddion fod Cristnogion yn dechrau sylweddoli fod y
parousia wedi cael ei ohirio. [47]

(*c*) Tystiolaeth fod Cristnogion wedi dioddef erledigaeth. [48]

(*ch*) Arwyddion fod yr eglwys wedi datblygu ffurfiau leitwrgaidd
megis y fformiwla yn sôn am y Drindod (rhywbeth prin iawn yn
y Testament Newydd) ar ddiwedd yr efengyl ym xxviii. 19.
Awgryma hyn oll na chafodd yr efengyl ei hysgrifennu yn gynt
na'r degad 90-100 O.C., ac efallai na chafodd ei hysgrifennu tan
ddegad cyntaf yr ail ganrif, hyd yn oed. Ond ni ellir ond dyfalu ar
gwestiwn fel hwn.

LLYFRAU

Cymraeg

Gwili, tt. 454-472.
J. Elias Hughes, 'Mathew', *GB* II, tt. 946-7.
Richard Hughes, 'Efengyl Mathew', *GB* II, tt. 947-949.
Isaac Thomas, *Arweiniad*, pen. XVII, tt. 137-143.

Saesneg

G. Bornkamm, G. Barth a H. J. Held, *Tradition and Interpretation in Matthew*
   (Cyf. Saes. gan P. Scott), SCM, Llundain, 1963 (Almaeneg gwreiddiol,
   1960).
W. D. Davies, *The Setting of the Sermon on the Mount*, Caergrawnt, 1964.
J. C. Fenton, *Saint Matthew*, Penguin, Harmondsworth, 1963.
D. Hill, *The Gospel of Matthew*, Oliphants, Llundain, 1972.
G. D. Kilpatrick, *The Origins of the Gospel according to St. Matthew*, Rhyd-
   ychen, 1946.
E. Schweizer, *The Good News according to Matthew* (Cyf. Saes. gan D. E.
   Green), SPCK, Llundain, 1976 (Almaeneg gwreiddiol, 1973).

K. Stendahl, *The School of St. Matthew, Acta Seminarii Neotestamentici Upsaliensis* XX, Uppsala, 1954, ail arg. Gleerup, Lund, 1968.

Nodiadau

1 Marc iii. 16-19, Mathew x. 2-4, Luc vi. 14-16, Actau i. 13.
2 x. 3.
3 Gweler pen. II uchod.
4 *Hanes yr Eglwys* III, xxxix. 16.
5 Groeg *synetaxato* = 'casglodd' neu 'gosododd mewn trefn' neu 'cyfansoddodd'. Gw. *GB* II, t. 948 ('cyfansoddi'); Gwili, t. 455 ('cyfansoddodd'); Isaac Thomas, *Arweiniad*, t. 137 ('cyfansoddodd'). Ceir darlleniad gwahanol mewn rhai llawysgrifau, sef *synegrapsato* = 'sgrifennodd i lawr' neu 'cyfansoddodd' neu 'casglodd' neu 'cofnododd'.
6 Groeg *dialectô* = efallai 'tafodiaith', ac felly 'mewn tafodiaeth Hebraeg' (=efallai 'Aramaeg').
7 Neu 'cyfieithodd' efallai. Ceir trafodaeth ar hyn gan C. S. Petrie yn *NTS* XIV (1967-8), 30.
8 Gw. n. 3 uchod.
9 Gw. pen. IV uchod.
10 xxi. 1-11.
11 Mathew xxi. 4-5. Cymh. Sechareia ix. 9.
12 Marc xi. 1-10, Luc xix. 29-38, Ioan xii. 12-18.
13 Gw., e.e., y rhestr hir o ddyfyniadau yn *The Interpreter's Dictionary of the Bible*, Gwasg Abingdon, Efrog Newydd, 1962, Cyf. III (K-Q), tt. 307-310.
14 Cymh. xi. 1, xiii. 53, xix. 1, xxvi. 1.
15 E.e., Pum Llyfr y Gyfraith (Genesis — Deuteronomium), pum llyfr y Salmau (yma eto ceir math o fformiwla leitwrgaidd ar ddiwedd pob adran — gw. Salmau xli. 13, lxxii. 18-19, lxxxix. 52, cvi. 48 a cl), y pum *Megilloth* (sef llyfrau Esther, Ruth, Caniad Solomon, Galarnad Jeremeia a'r Pregethwr) a'r pum adran yn y llyfrau Ecclesiasticus, Diarhebion, ac Enoc. Cymh. hefyd pum adran y *Pirqe Aboth* (neu'r *Mishna*). Gw. ymhellach B. H. Streeter, *The Four Gospels*, Macmillan, Llundain, 1924, t. 262.
16 E.e., B. W. Bacon, *Studies in Matthew*, Constable, Llundain (argraffwyd yn Efrog Newydd), 1930. Daw cefnogaeth i ddamcaniaeth Bacon o gyfeiriad G. D. Kilpatrick, *The Origins of the Gospel according to St. Matthew*, tt. 107-108. Ymhlith eraill o'r un farn ceir Stendahl, Johnson a Dahl yn ôl Kümmel, *Introd.*, t. 106 n. 5. Nid yw Kümmel ei hun yn derbyn y ddamcaniaeth. Gwrthod y ddamcaniaeth y mae Bornkamm hefyd. Gw. *Tradition and Interpretation in Matthew*, t. 35 n. 1.
17 *The Setting of the Sermon on the Mount*, tt. 292-315.
18 Gw. yr adran ar leoliad yr efengyl isod. Cymh. pen. VII isod.
19 viii. 12, xiii. 42, xxii. 13, xxiv. 51, xxv. 30.
20 xiii. 24-30, 36-43.
21 xx. 1-16.
22 xxvii. 51-53, xxviii. 2-4.
23 E.e., vii. 6, x. 5, 23, xv. 26.
24 Cymh. Luc xi. 2-4.
25 Gw. Mathew xix. 3-9, Marc x. 1-12, Luc xvi. 18.
26 E.e., iii. 8-9, viii. 11, xxi. 43, xxii. 8, xxiv. 14.
27 xxviii. 19.
28 E.e., iii. 7, v. 20, vii. 29, xii. 34, xvi. 11-12.
29 iv. 23, ix. 35, x. 17, xii. 9, xiii. 54, xxiii. 34.
30 vii. 29.
31 E.e., v. 11-12, x. 17, 23, xxiii. 34. Gw. ymhellach D. R. A. Hare, *The*

Theme of Jewish Persecution of Christians in the Gospel according to St. Matthew, Cyfres Monograff *SNTS* VI, Caergrawnt, 1967.

32 *The Origins of the Gospel according to St. Matthew*, pen. V, tt. 72-100.

33 Gw. beirniadaeth Stendahl, *The School of St. Matthew*, tt. 20-29, a *PC*, t. 769 (par. 673c.).

34 E.e., Stendahl. Gw. ymhellach gyfraniadau Bornkamm a Barth i'r gyfrol *Tradition and Interpretation in Matthew*. Ysgrifennodd Bornkamm ei draethawd ym 1953; ni fyddai wedi darllen damcaniaeth Stendahl y pryd hwnnw (gw. t. 50 n. 5). Cymh. hefyd E. Schweizer, *NTS* XVI (1969-70), 213-230.

35 Ceir enghreifftiau o hyn yn x. 41, xviii. 18, xix. 10-12, xxiii. 2-3, 8-10.

36 Barn Irenaeus oedd fod y *logia* yn cyfeirio at efengyl ganonaidd Mathew, ond fersiwn Hebraeg ohoni. Yn y cyfnod modern dyma farn J. Donovan, *The Logia in Ancient and Recent Literature*, Heffer, Caergrawnt, 1924. Cymh. C. S. Petrie, *NTS* XIV (1967-8), 31-33. Cefnogir y cyfieithiad 'efengyl' am *logia* gan amryw o ysgolheigion, e.e., Stonehouse, Jülicher, Bacon, Ropes, Kittel, Kilpatrick, Lightfoot a Zahn.

37 Mae Isaac Thomas, *Arweiniad*, tt. 137-8, yn derbyn barn T. W. Manson, *The Sayings of Jesus*, tt. 16-20, mai Q oedd y *logia*. Dywed Richard Hughes (*GB* II, t. 948) hefyd mai casgliad o ddywediadau oedd y *logia*, ond mai'r Bregeth ar y Mynydd oedd y casgliad hwn yn ei dyb ef. Barn Gwili, t. 458, hefyd oedd mai casgliad o ddywediadau oedd y *logia*, ond ni dderbyniodd mai Q oedd y casgliad hwnnw.

38 Ceir y ddamcaniaeth fod gan y Cristnogion cynnar gasgliadau o'r fath yn F. C. Burkitt, *The Gospel History and its Transmission*, Clark, Caeredin, 1906, t. 127; J. Rendel Harris, *Testimonies*, Caergrawnt, 1916; C. H. Dodd, *According to the Scriptures*, Nisbet, Llundain, 1952. Ymhlith eraill o'r un farn ceir J. A. Findlay a T. H. Robinson. Yn ôl D. Hill, *The Gospel of Matthew*, t. 23, F. C. Grant (gw. *The Gospels*, Faber, Llundain, 1959, tt. 65, 114) yw prif gynrychiolydd y farn mai casgliad o'r fath oedd y *logia* tu ôl i efengyl Mathew.

39 E.e., Dom. J. Chapman. *Matthew, Mark and Luke*, Longmans, Llundain, 1937; L. Vaganay, *Le Problème Synoptique*, Paris, 1954; P. Benoit, *L'Evangile selon Saint Matthieu*, Paris, 1961. Gw. pen. II n. 12 uchod.

40 *The School of St. Matthew*, tt. 20-35.

41 xiii. 52.

42 Yn ôl Kümmel, *Introd.*, t. 119 n. 60, mae Gander, Schlatter, Albertz, Michaelis a Guthrie yn cefnogi'r ddamcaniaeth hon, ac yn ôl D. Hill, *The Gospel of Matthew*, t. 50, dyma farn Schniewind, Allen a Bultmann hefyd.

43 E.e., Kilpatrick, *The Origins of the Gospel according to St. Matthew*, tt. 130ym.

44 Dyma farn S. G. F. Brandon, *The Fall of Jerusalem and the Christian Church*, SPCK, Llundain, 1957, tt. 217ym.

45 Gw., e.e., B. H. Streeter, *The Four Gospels*, tt. 500-523. Cymh. Kümmel, *Introd.*, t. 119.

46 Gw. n. 17 uchod.

47 E.e., xxiv. 48, xxv. 5.

48 E.e., v. 11, x. 18, xxv. 36, 39.

LUC AC ACTAU'R APOSTOLION

Yr Awdur

Tystiolaeth Allanol

WEDI cyfeirio at Luc a dweud mai ef oedd y trydydd efengylydd, mae'r Rhagair gwrth-Farcionaidd i'r efengyl yn ôl Luc yn ychwanegu'r geiriau: 'Wedi hynny ysgrifennodd yr un Luc Actau'r Apostolion'. Daw'r Rhagair yma o ail hanner yr ail ganrif O.C.,[1] ac felly beth amser wedi'r dyddiad diweddaraf a awgrymir i'r drydedd efengyl a'r llyfr sy'n dwyn yr enw 'Actau'r Apostolion'. Ond nid oes teitl neu unrhyw gofnod o enw'r awdur ar y llawysgrifau cynharaf o'r llyfrau hyn. Yr unig arwydd yw enw'r derbynnydd, Theoffilus, ac mae'r ffaith mai'r un enw sydd ar dderbynnydd y drydedd efengyl a'r Actau yn awgrymu mai'r un awdur yn ôl pob tebyg oedd yn gyfrifol am y ddau lyfr. Ac yn ôl y Rhagair gwrth-Farcionaidd Luc oedd enw'r awdur hwn. Yr un dystiolaeth sydd mewn gwaith a elwir yn Ganon Muratori o'r un amser bron,[2] sy'n ychwanegu fod Luc yn feddyg ac yn gyfaill i Baul. Ceir yr un traddodiad ymhlith awduron eraill o'r cyfnod hwnnw hefyd — e.e., Irenaeus,[3] ac yn ddiweddarach Clemens o Alecsandria,[4] Origenes[5] a Thertulianus.[6] Ond nid yw'r dystiolaeth hon yn ymestyn yn ôl ymhellach nag oddeutu 180 O.C., ac felly ni ellir rhoi gormod o bwys arni, yn enwedig am nad yw'n dweud llawer na ellid dod o hyd iddo yn y Testament Newydd ei hun. Awgrym yr adrannau 'ni' yn yr Actau,[7] ochr yn ochr â'r person cyntaf unigol yn y rhagair i'r efengyl, yw fod yr awdur yn gyfaill i Baul. O blith cyfeillion Paul y cyfeirir atynt yn ei lythyrau, ond nid yn yr Actau, mae Luc cystal dewis â neb arall, er bod rhai ysgolheigion wedi cynnig enw Epaffroditus,[8] ac eraill wedi esbonio absenoldeb Titus o'r Actau trwy ddweud ei fod yn frawd i Luc.[9]

Mae'n bosibl nad yw'r dystiolaeth allanol am yr awdur, sy'n

tarddu o ddiwedd yr ail ganrif, yn adlewyrchu dim mwy na damcaniaethau ysgolheigion yr oes honno, a ffurfiwyd ar sail tystiolaeth fewnol y Testament Newydd, yn yr un modd ag y seilir damcaniaethau ysgolheigion yr ugeinfed ganrif ynghylch yr awdur ar yr un dystiolaeth. Ni ellir derbyn y dystiolaeth allanol cyn trafod y dystiolaeth fewnol a gweld a yw'r dystiolaeth honno'n gyson â'r traddodiad mai Luc oedd yr awdur.

Tystiolaeth Fewnol

(1) Ar yr olwg gyntaf mae'r ffaith mai enw Luc sy'n gysylltiedig â'r drydedd efengyl a'r Actau yn awgrymu mai ef yn wir oedd yr awdur, am nad oedd yn apostol. 10 Ond dylid cofio fod pobl yn cysylltu Luc â Phaul, a oedd yn apostol, ac yn priodoli awdurdod apostolaidd i Luc o achos Paul, yn yr un modd ag y priodolwyd awdurdod i Farc gan y traddodiad oherwydd ei gysylltiad â Phedr.

(2) Dolen gyswllt y ddau lyfr yw'r cyfarchiad i Theoffilus a geir ar ddechrau'r naill fel y llall, a chadarnheir y berthynas gan eu harddull. Ceisiodd yr ysgolhaig enwog ar y clasuron, A. C. Clark, 11 ddangos ar sail arddull nad oedd y ddau lyfr o law'r un awdur, ond ni fu ei gais yn llwyddiannus. Mae'r dystiolaeth derfynol ar iaith ac arddull a gynigir gan J. C. Hawkins, A. von Harnack a H. J. Cadbury 12 yn dangos y tu hwnt i bob amheuaeth mai'r un awdur oedd yn gyfrifol am fersiwn derfynol y naill a'r llall, er iddo ddefnyddio deunydd o ffynonellau eraill ar gyfer yr efengyl 13 ac, o bosibl, ar gyfer yr Actau hefyd. Er mai cyfrolau gwahanol ydynt, cyfanwaith yw'r ddau lyfr; o ganlyniad, ceir mwy o ddeunydd o law'r awdur hwn nag o law unrhyw awdur arall yn y Testament Newydd, heb eithrio Paul. 14

(3) Yr Adrannau 'Ni'. Ar ddechrau'r ddau lyfr ceir rhagair byr lle mae'r awdur yn cyfeirio ato'i hun gan ddefnyddio'r person cyntaf unigol. 'Ysgrifennais y llyfr cyntaf, Theoffilus . . .' yw'r geiriau cyntaf yn yr Actau, 15 tra mae'r efengyl sy'n cychwyn mewn modd mwy cymhleth yn cynnwys y geiriau 'penderfynais innau'. 16 Dwy enghraifft o'r awdur yn cyfeirio ato'i hun, ond nid y rhain yw'r unig gyfeiriadau o'r fath, neu felly yr ymddengys. Mewn pedair adran yn yr Actau 17 ceir y rhagenw 'ni' yn lle'r rhagenw 'hwy' a ddefnyddir fel arfer. Arwyddocâd hyn ar yr olwg

gyntaf yw fod yr awdur ei hun yn bresennol ar yr achlysuron hyn ac yn nodi hynny drwy ddefnyddio 'ni' yn lle 'hwy'. Serch hynny, ni ddylid anwybyddu ar unwaith y posibilrwydd ei fod yn defnyddio ffynhonnell. Gwyddys o ddarllen yr efengyl fod yr awdur yn defnyddio ffynonellau o bryd i'w gilydd — e.e., efengyl Marc — a dengys ei driniaeth o Farc fod ganddo'r gallu i ail-gyflwyno deunydd ei ffynhonnell yn ei arddull ei hun, fel nad yw'n bosibl gwahaniaethu rhwng y darnau lle y defnyddiwyd ffynhonnell a'r darnau a gyfansoddwyd ganddo ef ei hun. Mae'r ffaith hon yn dirymu honiadau Hawkins a Harnack[18] fod yr adrannau 'ni' yn dangos arddull yr awdur i raddau helaethach na gweddill ei waith. Y cyfan y gellir ei ddweud yw fod yr un awdur wedi ail-ysgrifennu neu gyfansoddi'r cyfanwaith, gan gynnwys yr adrannau 'ni', yn ei arddull ef ei hun. Nid yw'r arddull ynddi ei hunan yn profi fod yr awdur yn llygad-dyst o'r digwyddiadau a ddisgrifir yn yr adrannau 'ni'.

Pa esboniad, felly, sy'n bosibl ar y defnydd o'r rhagenw 'ni' yn yr adrannau hyn? Dweud fod yr awdur yn bresennol fyddai'r esboniad symlaf, wrth gwrs. Awgrymodd M. Dibelius,[19] a oedd yn ysgolhaig amheugar fel arfer, fod yr awdur wedi gosod y rhagenw 'ni' i mewn er mwyn dangos ei fod yn bresennol er mai defnyddio deunydd a gyfansoddwyd yn y lle cyntaf gan rywun arall a wnaeth. Dyma ffurf fwy cymhleth ar yr esboniad syml. Ond nid yw'r esboniad syml mor syml ag yr ymddengys. Os yw'r esboniad yma'n gywir, mae'n dilyn fod yr awdur yn gyfaill i Baul ac fel y gwelir yn nes ymlaen[20] daw problemau yn sgîl yr honiad yma. Yn ail, cyfyngir y rhagenw 'ni' i adrannau sy'n disgrifio teithiau ar y môr, a'r 'ni' yn diflannu pan yw'r cwmni'n cyrraedd tir sych, ac mae'n anodd credu fod yr awdur wedi diflannu'n sydyn bob tro.

Mae'r anawsterau hyn wedi peri i rai ysgolheigion[21] awgrymu nad yw'r adrannau 'ni' ond yn ffynhonnell a ddefnyddiwyd gan yr awdur terfynol, ac nad oedd ef, felly, yn llygad-dyst o'r digwyddiadau a ddisgrifiwyd ynddynt. Os felly, mae'n anodd esbonio pam y cadwyd y rhagenw 'ni' gan awdur sydd, fel arfer, wedi diwygio'r deunydd o'i ffynonellau yn ofalus dros ben. Gwelwyd yn gynharach fod Dibelius, er iddo dderbyn y traddodiad mai Luc oedd yr awdur, yn awgrymu ei fod wedi gosod y 'ni' mewn deunydd o'i ffynhonnell, yn hytrach na'i fod wedi derbyn a'i gadw ynddi. Yn hyn o beth dilynir Dibelius gan eraill, yn enwedig E. Haenchen,[22] sy'n honni fod yr awdur wedi gosod 'ni' i mewn er mwyn dangos ei fod yn dibynnu ar dystiolaeth llygad-dystion. Ar yr un pryd mae eraill[23] yn derbyn mai tarddu o ddyddiadur a gadwyd gan Luc ei hun y mae'r 'ni', ond yn gwrthod derbyn mai Luc oedd awdur y gwaith terfynol. Dywed yr ysgolheigion hyn fod yr awdur terfynol wedi cadw'r rhagenw 'ni' o fwriad er mwyn rhoi'r argraff fod ei waith yn ddilys, yn yr un modd ag y cadwyd y rhagenw 'ni' yng ngwaith y Croniclydd yn yr Hen Destament yn llyfrau Esra a Nehemeia, tra bod eraill[24] yn cyfeirio at awduron secwlar sy'n defnyddio 'ni' wrth sôn am ddigwyddiadau lle mae'n sicr nad oedd yr awdur ei hun yn bresennol.

Ac felly, er mai presenoldeb yr awdur yw'r esboniad symlaf ar y rhagenw 'ni' yn yr adrannau 'ni', ac er y gallai hwn fod yn esboniad cywir yn y pen draw, eto i gyd, nid yw'r adrannau hyn ohonynt eu hunain yn profi dim am awdur y gwaith terfynol.

(4) A oedd yr awdur yn gyfaill i Baul?

Y dystiolaeth orau o blaid cysylltu'r awdur â Phaul yw'r dystiolaeth a drafodwyd uchod, sef yr adrannau 'ni'. Wrth ddarllen yr adrannau hyn ochr yn ochr â rhagair yr efengyl ceir yr argraff fod yr awdur yn llygad-dyst o rai o'r digwyddiadau a ddisgrifiwyd ganddo a chan fod y rhan olaf o'r Actau yn canolbwyntio ar weithgareddau Paul, mae'n debyg ar yr olwg gyntaf fod yr awdur yn gyfaill i Baul. Ond gwelwyd eisoes na ellir seilio'r berthynas ar y dystiolaeth honno'n unig. Petai'n bosibl profi y tu hwnt i bob amheuaeth ar sail rhyw dystiolaeth annibynnol mai 'Luc y meddyg annwyl' oedd yr awdur, byddai hynny'n profi hefyd fod yr awdur yn gyfaill i Baul am fod Paul yn cyfeirio at y gŵr hwnnw yn ei lythyrau,[25] ond yn anffodus nid yw'r fath dystiolaeth ar gael.

Dylid ystyried y berthynas rhwng yr awdur a Phaul trwy ofyn a yw'r ddamcaniaeth yn gyson â thystiolaeth fewnol yr Actau ac epistolau Paul. Gellir trafod yr anhawsterau o dan ddau ben: (i) ffeithiau hanesyddol; (ii) nodweddion diwinyddol.

(i) Ffeithiau hanesyddol. Mae'n ymddangos fod anghysondeb rhwng hanes Paul am ei fywyd cyn ei droedigaeth ynghyd â'i

yrfa gynnar fel Cristion yn y llythyr at y Galatiaid 26 a'r hanes yn
yr Actau. Dyma rai o'r manylion: nid yw'r Actau yn sôn am
Arabia, 27 ni sonia Paul am Ananias o Ddamascus; 28 ac mae'n
anodd cysoni'r hanesion a geir yn yr Actau am ymweliadau
Paul â Jerwsalem 29 gyda fersiwn Paul ei hun. 30 Yn llythyrau
Paul ceir darlun gwahanol nid yn unig o Baul ei hun ond hefyd
o Gristnogion eraill yn yr eglwys fore i'r hwn a geir yn yr Actau —
e.e., yn yr Actau cefnogi'r Cenedl-ddynion y mae Pedr, 31 ond
nid ymddengys mor frwd o'u plaid yn llythyrau Paul. 32 Yn hanes
yr Actau ceir yr argraff fod Paul yn dibynnu ar awdurdod yr
eglwys yn Jerwsalem, 33 ond nid dyna'r berthynas a awgrymir
yng ngwaith Paul ei hun. 34 Mae'n anodd cysoni'r hanesion am
amser Paul yng Nghorinth ac yn Effesus yn yr Actau 35 â'r darlun
a geir yn llythyrau Paul, yn enwedig ei weinidogaeth yng
Nghorinth. Ni cheir unrhyw sôn o gwbl yng ngwaith Paul am
ddatganiad cyngor yr apostolion sydd yn drobwynt yn hanes
yr eglwys fore yn ôl Actau xv. Ar y llaw arall, ar wahân i gyfeiriad
byr, nid yw'r Actau'n sôn am y casgliad ar gyfer y tlodion yn
Jerwsalem y treuliodd Paul gymaint o'i amser a'i egni yn ei
drefnu. 36 Ac felly ymlaen. Dywed y sawl sy'n honni fod yr awdur
yn gyfaill i Baul nad yw'r Actau na llythyrau Paul chwaith yn
ceisio rhoi hanes cynhwysfawr o fywyd yr eglwys fore. 37 Ni
chofnododd awdur yr Actau ond yr hyn a oedd yn berthnasol i'w
bwrpas ac nid oedd yn dibynnu o reidrwydd ar Baul am ei holl
wybodaeth. Yn yr un modd, mewn ymateb i amgylchiadau
arbennig yr ysgrifennwyd llythyrau Paul; nid ydynt felly yn
cymryd arnynt fod yn hunangofiant o eiddo'r apostol. Ar wahân
i hyn ceir damcaniaethau cymhleth sy'n ceisio cysoni tystiolaeth
yr Actau â honno a geir yn y Galatiaid. 38
    Ar y llaw arall, pwysleisio'r anghysondeb y mae'r sawl sy'n
mynnu gwadu fod yr awdur yn gyfaill i Baul a dryllio'n chwilfriw
y damcaniaethau sy'n ceisio esbonio'r anghysondeb. 39 Y gorau
y gellir ei ddweud yw nad yw'r dystiolaeth yn ein gorfodi i
benderfynu'r naill ffordd na'r llall.
    (ii) Nodweddion diwinyddol. Mae'r un problemau'n codi yn
sgîl y gwahaniaeth sylfaenol rhwng agwedd ddiwinyddol yr
Actau ac agwedd Paul ei hun yn ei lythyrau. Ymddengys fod gan
Baul yr Actau bwyslais diwinyddol gwahanol i'r Paul a

ysgrifennodd yr epistolau. Ni cheir sôn yn yr Actau am y pynciau mawrion, fel cyfiawnhad trwy ffydd, ac yn y blaen. Ceir syniadau gwahanol ynghylch yr ysbryd yn y ddau. Ymddengys hefyd fod awdur yr Actau wedi camddeall yn llwyr y *glôssolalia* (siarad â thafodau) yr honnodd Paul ei fod yn arbenigwr arni.[40] Unwaith eto mae'r sawl sy'n amddiffyn y traddodiad fod yr awdur yn gyfaill i Baul yn pwysleisio mai dau berson gwahanol â diddordebau gwahanol oedd Paul ac awdur yr Actau, ac nad yw cyfeillgarwch yn golygu dibyniaeth gaeth. Ar y llaw arall, ymddengys yn rhyfeddol na chafodd syniadau diwinyddol Paul fwy o ddylanwad ar un a oedd, yn ôl rhai, yn gyfaill mor agos iddo. Unwaith eto nid yw'r dystiolaeth yn derfynol. Nid yw'n profi dim y naill ffordd na'r llall. Nid yw'n bosibl dweud yn bendant a oedd yr awdur yn gyfaill i Baul ai peidio. Hyd yn oed os oedd yn adnabod Paul, ymddengys fod ganddo syniadau hollol annibynnol, yn enwedig ar bynciau diwinyddol. Dylid, felly, cloriannu'r awdur hwn fel awdur ar ei ben ei hun ac nid fel gwas bach i Baul.

(5) Nid yw'r dystiolaeth fewnol yn cadarnhau'r traddodiad mai Luc oedd yr awdur, nac yn ei wrthbrofi. Nid oes digon o dystiolaeth i ddweud yn bendant mai Luc oedd yr awdur, nac i wadu'r gosodiad. Yn olaf, felly, pa olion o'r awdur, pwy bynnag ydoedd, sydd yn y gwaith ei hun — hynny yw, y cyfanwaith Luc a'r Actau?

Yn gyntaf, mae'n amlwg fod yr awdur yn medru ysgrifennu Groeg da, ac felly yn ddyn dysgedig, o'i gyferbynnu â rhai o'r apostolion a'r rhan fwyaf o'r Cristnogion cynnar. Mae ei arddull Roeg gyda'r orau yn y Testament Newydd. Serch hynny, mewn mannau, ac yn enwedig yn yr efengyl, mae'r iaith yn adlewyrchu dylanwad Groeg yr LXX (cyfieithiad Groeg o'r Hen Destament) i raddau helaeth, fel petai'r awdur yn meddwl mai dyma'r arddull fwyaf addas ar gyfer ei waith. Ac os cafodd yr LXX ddylanwad arno mae'n rhaid ei fod wedi mynychu synagog Roeg ei hiaith, naill ai fel Iddew o'r *diaspora* a siaradai Roeg, neu fel Cenedl-ddyn a oedd yn aelod o synagog Iddewig — yr ail sy'n fwy tebygol, am fod ei ddiddordeb mawr yn y Cenedl-ddynion yn amlwg, yn enwedig yn yr Actau, a hefyd am nad yw'n gyfarwydd â Hebraeg, a barnu wrth ei gamddealltwriaeth o ystyr yr enw

Barnabas.⁴¹ Ymddengys hefyd fod ganddo adwaith nodwedd-iadol Roegaidd tuag at eiriau ieithoedd dieithr wrth osgoi'r geiriau Aramaeg a ddefnyddiwyd gan Farc, geiriau fel *Amen, Abba, Talitha Cumi* ac yn y blaen;⁴² fel Groegwr, mae'n debyg iddo feddwl fod pob iaith arall dan haul yn gynhenid annealladwy a dyna pam mae'n credu fod *glôssolalia* yn cyfateb i siarad holl ieithoedd y dwyrain ac eithrio Groeg: sylwer nad yw'r rhestr o ieithoedd yn hanes dydd y Pentecost yn cynnwys Groeg.⁴³ A oes unrhyw arwydd yn ei waith fod yr awdur yn feddyg? Er gwaethaf cais W. K. Hobart⁴⁴ ac, yn ddiweddarach, A. von Harnack⁴⁵ i brofi fod yr eirfa yn nodweddiadol o ieithwedd meddyg, barnodd H. J. Cadbury ⁴⁶ nad oedd y ddamcaniaeth yma'n dal dŵr gan ddangos mai meddygon fyddai llawer awdur arall o'r un cyfnod o'i drin yn ôl yr un profion. Yn wir, gellid dangos yr un mor hawdd ei fod yn forwr, am ei fod yn gyfarwydd â thermau technegol morwyr, neu'n gyfreithiwr am fod ganddo wybodaeth ddofn o faterion cyfreithiol. Nid yw'n bosibl profi ar sail ei ysgrifennu fod yr awdur yn feddyg; yr unig beth y gellir ei honni yw ei fod yn ddysgedig.

Roedd gan yr awdur ddiddordeb mawr yn y Rhufeiniaid ac yn enwedig yn adwaith yr awdurdodau Rhufeinig tuag at Gristnogion; roedd yn gyfarwydd, er enghraifft, ag enwau swyddogol gwahanol awdurdodau, yn enwedig y rhai yn Philipi.⁴⁷ Sonnir mwy am hyn yn nes ymlaen.⁴⁸

Yn olaf, a oes tystiolaeth fod yr awdur yn frodor o Antiochia? Mae'n wir fod gan Antiochia le blaenllaw yn yr hanes, a chyda llaw, mewn llawysgrifau cynnar o eglwys y gorllewin⁴⁹ fe geir y 'ni' gyntaf mewn hanes sy'n ymwneud ag Antiochia. Ond efallai mai'r traddodiad sy'n cyfrif am hyn. Y cwbl y gellir ei ddweud yw ei bod hi'n eithaf posibl mai Antiochia oedd cartref yr awdur, am fod ganddo wybodaeth eang o'r eglwys yno; ond ni ellir profi hyn yn derfynol ar hyn o bryd.

Yn y pen draw, felly, nid yw'r drafodaeth yn caniatáu dim ond gwybodaeth negyddol am yr awdur.

Dyddiad yr Actau

Mae'r broblem o ddyddio'r Actau yn dibynnu i ryw raddau ar ragdyb y beirniad ynghylch yr awdur. Y cwestiynau i'w gofyn wrth geisio pennu'r dyddiad yw'r rhain: (1) Ai Luc y meddyg, cyfaill Paul, oedd yr awdur ai peidio? a (2) A gyfansoddodd awdur yr Actau y drydedd efengyl hefyd? Rhagdyb (a): Luc oedd yr awdur.

Os derbynnir mai Luc, cyfaill Paul, oedd yr awdur, yna fe ellir cynnig dau ddyddiad posibl pan ysgrifennwyd yr Actau: (i) dyddiad cynnar o gylch 64-65 O.C., yn fuan wedi'r digwyddiad olaf a gofnodwyd yn y llyfr, neu (ii) dyddiad diweddarach, rhwng 85 a 90 O.C., cyn i'r awdur farw.

(i) Dyddiad cynnar 64-65 O.C.

Dadl o blaid y dyddiad cynnar yw fod y llyfr fel petai'n gorffen yn sydyn gyda Phaul yn cyrraedd Rhufain ac yn pregethu yno. Nid oes unrhyw sôn o gwbl am yr hyn a ddigwyddodd i Baul yn Rhufain yn nes ymlaen, er bod y rhan olaf o'r llyfr wedi canolbwyntio i raddau helaeth iawn ar brawf Paul a'i apêl at Gesar. Am y rheswm hwn barn rhai ysgolheigion[50] yw fod yr awdur wedi ysgrifennu'r Actau yn fuan ar ôl i Baul gyrraedd Rhufain a chyn yr erlid o dan Nero pan gollodd Paul ei fywyd, yn ôl y traddodiad. Dyma farn swyddogol yr eglwys Babyddol yn dilyn penderfyniad Comisiwn Beiblaidd y Pab[51] a dderbyniodd y dyddiad cynnar. Ymhlith yr ysgolheigion Protestannaidd sy'n cefnogi'r dyddiad hwn gellir enwi C. C. Torrey, T. W. Manson, C. S. C. Williams ac R. B. Rackham.[52] Dadl arall o eiddo Rackham[53] yw nad yw'r Actau'n cyfeirio at gwymp Jerwsalem a ddigwyddodd yn 70 O.C. Yn ôl Rackham[54] ysgrifenwyd yr Actau yn ôl pob golwg yn amddiffyniad i Baul, o bosibl ar gyfer ei brawf. Dywed Rackham[55] hefyd fod y ffaith nad yw'r awdur wedi defnyddio epistolau Paul yn cefnogi ei ddamcaniaeth ef, ond gan na chyhoeddwyd y rhain tan naw degau'r ganrif gyntaf, nid yw'r ddadl hon yn arwain o reidrwydd at ddyddiad mor gynnar â 64-65 O.C. Ond mae'n rhaid cydnabod grym y tair dadl arall, sef nad oes sôn yn y llyfr am farwolaeth Paul, nad yw'r llyfr yn cyfeirio at gwymp Jerwsalem ac, yn olaf, yr argraff fod y gwaith yn amddiffyniad a baratowyd gan yr awdur ar gyfer y Rhufeiniaid.

Ond er gwaethaf grym y dadleuon o blaid dyddiad cynnar, mae'r dadleuon yn eu herbyn mor gryf nes ei bod yn anodd iawn honni fod y llyfr wedi ei ysgrifennu yn chwe degau'r ganrif gyntaf.

Yn gyntaf, mae bron yn sicr fod yr un awdur wedi ysgrifennu'r drydedd efengyl. Mae'n debyg iddo ysgrifennu'r efengyl cyn iddo gyfansoddi'r Actau, ac wrth gyfansoddi'r efengyl defnyddiodd efengyl Marc a gyhoeddwyd, yn ôl pob tebyg, rhwng 65 a 75 O.C.[56] Mae'n debygol, felly, nad ysgrifennwyd efengyl Luc cyn ail hanner y saith degau fan gyntaf, ac yn ddiweddarach na hynny yn ôl pob tebyg; o ganlyniad, ni ellir dyddio'r Actau mor gynnar â 64-65 O.C. Osgoi'r anhawster yma a wnaeth C. S. C. Williams[57] wrth awgrymu na chyhoeddwyd yr Actau'n llyfr tan ar ôl yr efengyl, er i'r awdur ysgrifennu'r gwaith cyn yr efengyl: damcaniaeth ddiddorol, ond anhebygol am y rhesymau a ganlyn. Fel y gwelir yn nes ymlaen, o'i farnu wrth ei syniadau diwinyddol a'r pwyslais mawr ar yr eglwys ynghyd â gohiriad y *parousia* (ailddyfodiad Iesu) mae'r llyfr yn nodweddiadol o'r cyfnod ar ôl cwymp Jerwsalem yn 70 O.C., digwyddiad a fu'n drobwynt i'r Cristnogion cynnar o safbwynt eu heschatoleg. A hefyd, fel y gwelwyd,[58] nid yw'r honiad fod yr awdur yn gyfaill i Baul yn sail digon cryf i ddadl y beirniad dros roi dyddiad cynnar i'r Actau.

Fel y mae'n digwydd, nid yw mudandod y llyfr ynghylch marwolaeth Paul yn arwyddo dyddiad cynnar o reidrwydd. Os gwir y traddodiad fod Paul wedi ei ddienyddio yn ystod yr erlid o dan Nero, ac os oedd awdur Luc a'r Actau yn ceisio darbwyllo'r Rhufeiniaid fod Cristnogaeth yn rhywbeth parchus, ni fyddai sôn am farwolaeth Paul yn ateb ei bwrpas wrth ysgrifennu. Awgrymir hyd yn oed, gan rai ysgolheigion,[59] ei fod yn bwriadu ysgrifennu cyfrol arall yn dechrau â marwolaeth Paul, ond nid oes ganddynt dystiolaeth i gefnogi'r ddamcaniaeth honno sydd o'r herwydd yn ymddangos yn wan. Nid yw'r ffaith mai ar gyfer y Rhufeiniaid y cyfansoddwyd y cyfanwaith yn golygu o reidrwydd ei fod yn amddiffyniad i'w ddefnyddio ym mhrawf Paul; byddai'r math hwn ar amddiffyniad wedi bod yn addas ar unrhyw adeg yn ystod y tair canrif gyntaf.

Felly, mae'n rhaid dweud nad yw'n debyg o gwbl fod yr Actau wedi ei ysgrifennu mor gynnar â 64-65 O.C.

(ii) Dyddiad diweddarach — 85-90 O.C.

O blaid dyddiad diweddarach rhaid nodi'r dadleuon y cyfeiriwyd atynt uchod, megis y berthynas rhwng dyddiad yr efengyl a chyfansoddi'r Actau, amhendantrwydd ynghylch yr awdur (mae'r dyddiad diweddarach yn gyson ag awduraeth Luc, ond nid oes raid credu mai ef oedd yr awdur) ac, o bosibl, syniadau diwinyddol y llyfr. Ymddengys na ddefnyddiodd awdur yr Actau epistolau Paul a gyhoeddwyd yn y naw degau, ac felly cwblhaodd ei waith yn ôl pob tebyg cyn 90 O.C. — hynny yw, os nad oedd yn anwybyddu gwaith Paul o fwriad. Atebir y ddadl nad yw'r Actau yn sôn am farwolaeth Paul gan rai ysgolheigion 60 drwy honni fod xx. 25 yn cyfeirio at ei farwolaeth; yno mae Paul yn dweud wrth yr Effesiaid, 'Ac yn awr, 'rwy'n gwybod na chewch weld fy wyneb mwyach'. Ond nid oes cyfeiriad pendant at farwolaeth Paul yn yr adnod hon, ac efallai nad yw'n cyfleu dim mwy na bod yr awdur yn gwybod nad ymwelodd Paul ag Effesus wedyn. Mae'n anodd dweud pa gyfnod yn union a adlewyrchir gan syniadau diwinyddol y llyfr a phethau fel ca mddeall *glôssolalia*. Nid oes amheuaeth nad yw'r syniadau'n adlewyrchu'r cyfnod wedi 70 O.C. a'r ail genhedlaeth o Gristnogion, os nad y drydedd. Ar y llaw arall, nid oes raid dweud fod y gwaith wedi ei ysgrifennu ymhell ar ôl 70 O.C. Mae'n bosibl fod pwyslais yr eglwys ar eschatoleg wedi newid o'r dyfodol i'r presennol o fewn deng neu bymtheng mlynedd ar ôl cwymp Jerwsalem, ac felly, o safbwynt syniadau diwinyddol y llyfr, mae'n eithaf posibl fod yr awdur wedi cyfansoddi'r Actau cyn diwedd wyth degau'r ganrif gyntaf.

Ond nid yw rhai ysgolheigion 61 yn fodlon ar hyn; maent yn mynnu dyddio'r llyfr yn ddiweddarach fyth. Y ddadl gyntaf o blaid dyddiad yn yr ail ganrif yw honiad M. Krenkel, 62 ymhlith eraill, fod yr awdur wedi defnyddio'r hanesydd Joseffus ac wedi ei gamddeall. Byddai hynny'n golygu dyddiad ar ôl 93 O.C. 63 Dywedyd fod Luc yn dibynnu ar Joseffus yn Luc iii. 1, lle mae'r awdur yn cyfeirio at Lysanias o Abilene, 64 ond Abila yw'r enw a geir yn Joseffus ar diriogaeth Lysanias, a cheir tystiolaeth annibynnol fod sail hanesyddol i'r enw a ddefnyddiwyd gan Luc. 65 Honnir hefyd fod Actau v. 36-37 a xxi. 38 wedi eu seilio ar waith Joseffus, yn enwedig v. 36-37 am fod Luc yn sôn yno am ddau gymeriad, Theudas a Jwdas, yn yr un drefn anghywir â Joseffus. 66 Ond nid oes modd profi ar sail tystiolaeth o'r fath fod Luc yn dibynnu ar Joseffus, yn enwedig am nad oes awgrym yng ngweddill ei waith fod unrhyw gysylltiad o gwbl rhwng y ddau.

Yr ail ddadl yw honno a geir yng ngwaith J. C. O'Neill,[67] sy'n honni fod yr Actau yn dibynnu ar waith Iestyn (= Justin), ac felly yn tarddu o'r ail ganrif. Ond os yw'r naill yn dibynnu ar y llall, mae'n debyg mai Iestyn sy'n dibynnu ar yr Actau yn hytrach nag fel arall,[68] a byddai hynny'n cadarnhau fod yr Actau wedi ei ysgrifennu'n gynharach — oddeutu 85-90 O.C.

Rhagdyb (b): Mae'r awdur yn anhysbys.

Fel y gwelwyd eisoes, mae'n bosibl dadlau o blaid dyddiad rhwng 85 a 90 O.C. pa ragdyb bynnag ynghylch yr awdur sydd gan y beirniad. Nid oes raid ailadrodd yr un dadleuon o blaid y dyddiad hwnnw ag a drafodwyd uchod. Beth, felly, am y trydydd posibilrwydd, sef dyddiad yn yr ail ganrif?

(iii) Dyddiad yn yr ail ganrif.

Dyma'r dadleuon o blaid: (a) mae'r awdur yn dibynnu ar Joseffus; (b) mae'r awdur yn dibynnu ar Iestyn; (c) mae'r llyfr yn rhoi darlun delfrydol o'r apostolion a'r eglwys fore; dadl gryfach yw hon, ond nid yw'n hawlio dyddiad mor ddiweddar â'r ail ganrif; (ch) mae'r llyfr yn adlewyrchu awyrgylch yr ail ganrif yn hytrach na'r ganrif gyntaf.

Gwelwyd uchod nad yw'r ddwy ddadl gyntaf yn dal dŵr. Seilir y ddwy ddadl arall ar nodweddion na ellir eu dyddio'n hawdd iawn. Mae'r cyfnod rhwng 60 a 180 O.C. mor dywyll nes bod yn anodd iawn dweud pa awyrgylch yn union a adlewyrchir gan nodweddion arbennig. Y dystiolaeth derfynol, mae'n debyg, yw'r ffaith nad yw'r awdur wedi defnyddio epistolau Paul a gyhoeddwyd yn gasgliad ychydig cyn diwedd y ganrif gyntaf, ac felly ymddengys fod yr awdur wedi ysgrifennu'r ail gyfrol at Theoffilus a'i chyhoeddi rywdro o gylch 85-90 O.C. Ac felly dylid dyddio'r efengyl ychydig yn gynharach: dyweder o gwmpas 80 O.C.

Amcan Luc a'r Actau

Beth oedd amcan awdur Luc a'r Actau, pwy bynnag ydoedd a pha bryd bynnag yr ysgrifennwyd ei waith? Cyn ateb y cwestiwn hwn, dylid sylwi ar un anhawster sylfaenol. Mae'n anodd iawn, hyd yn oed i'w gyfoeswyr, ddeall meddwl rhywun arall; mae'n anos byth deall amcanion gŵr a fu'n byw ryw 1800 neu 1900 o flynyddoedd yn ôl, ac yntau'n mynegi ei syniadau mewn iaith

ddieithr, pan nad oes unrhyw wybodaeth sicr amdano ar gael ar
wahân i'w waith ysgrifenedig. Mae'r ymdrech, felly, yn arbennig
o beryglus, ac mae'n rhaid i'r beirniad fod yn barod i gydnabod
o bryd i'w gilydd iddo grwydro ymhell oddi wrth y gwir.

(1) Mae'r drydedd efengyl yn ffurfio cyfanwaith â'r Actau.

Gwelwyd uchod[69] na ellid dweud ond un peth yn bendant am
yr awdur, sef mai ef, yn ôl pob tebyg, a ysgrifennodd y drydedd
efengyl yn ogystal â'r Actau. Nid yw'r ddau lyfr ond dwy gyfrol
wahanol yn yr un cyfanwaith. Beth y mae'r ffaith hon yn ei
ddatguddio am bwrpas yr awdur?

Ceir pwyslais mawr ymhlith ysgolheigion Almaenig diweddar[70]
ar *Heilsgeschichte* (hanes iachawdwriaeth), a rhai ohonynt yn
honni fod y thema i'w gweld yn Luc a'r Actau. Prif gynrychiolwyr
y duedd hon yw Hans Conzelmann, awdur llyfr ar y drydedd
efengyl,[71] ac Ernst Haenchen[72] a ysgrifennodd esboniad ar yr
Actau. Awgrym ysgolheigion o'r duedd hon yw fod yr awdur wedi
cynllunio ei waith yn ôl patrwm o dri chyfnod:[73] yn gyntaf,
cyfnod yr hen Israel, yr hen gyfamod a gynrychiolir yn y ddwy
bennod gyntaf o'r efengyl gan gymeriadau fel Sachareias,
Elisabeth, Anna a Simeon; yn ail, cyfnod Iesu, a ddisgrifiwyd
yng ngweddill yr efengyl; ac yn olaf, cyfnod y wir Israel, y cyfamod
newydd, sef yr eglwys, y mae ei hanes yn yr Actau. Ystyr hyn oll
yw bod yr awdur yn gweld drama prynedigaeth dyn yn cael ei
pherfformio ar lwyfan ehangach o lawer na'r efengylwyr eraill,
a gyfyngodd eu gwaith i gyfnod Iesu'n unig, heb sôn rhyw lawer
am y digwyddiadau a fu o'i flaen nac ar ei ôl.

Fel enghraifft, gellir ystyried y trydydd cyfnod, cyfnod yr
eglwys, dim ond inni gofio nad yw'r cyfnod hwn yn ddim ond
rhan o rywbeth mwy o lawer yng ngolwg yr awdur. Ar ddechrau'r
Actau mae'r Iesu atgyfodedig yn gorchymyn i'w ddisgyblion
bregethu 'yn Jerwsalem, ac yn holl Jwdea a Samaria, a hyd
eithaf y ddaear'.[74] Mae'r geiriau hyn fel petaent yn crynhoi'r
hanes yn yr Actau, lle y sonnir yn y penodau cyntaf am y
disgyblion yn pregethu yn y dyddiau cynnar yn Jerwsalem a'r
cylch, yna'r hanes yn symud i Samaria gyda gwaith Philip a fu'n
bregethwr neu'n gennad teithiol yn Samaria cyn i Bedr fynd yno,
ac yna, oddi wrth yr hanner-Iddewon yn Samaria, yr efengyl yn
mynd allan i fyd eang Môr y Canoldir, yn gyntaf at yr Iddewon

ar wasgar (y *diaspora*) ac ar ôl hynny, trwy'r proselytiaid, sef y Cenedl-ddynion a oedd yn mynychu'r synagog, at bobl nad oeddent yn Iddewon. Daw'r cynllun i ben gyda'r efengyl yn cyrraedd Rhufain, canolfan y byd secwlar, prifddinas yr ymerodraeth, lle y ceir Paul yn cenhadu yn y diwedd i'r Cenedl-ddynion yn unig.

Felly, mae a wnelo'r trydydd cyfnod â lledaenu neges iachawdwriaeth o Jerwsalem hyd at Rufain, o'r Iddewon i'r Cenedl-ddynion. Ond nid yw hynny'n broses ddamweiniol yn nhyb yr awdur. Mae'r ysbryd yn chwarae rhan flaenllaw yn yr efengyl; e.e., yn y cyfnod cyntaf, yr ysbryd yw'r nerth sydd y tu ôl i Ioan Fedyddiwr,[75] Sachareias,[76] Simeon a'r gweddill;[77] yn yr ail gyfnod daeth yr ysbryd ar Iesu o Nasareth, gan ysbrydoli ei weithredoedd;[78] ac felly nid yw'n rhyfedd fod yr ysbryd yn dylanwadu ar y digwyddiadau yn yr Actau. Nerth allanol yw'r ysbryd, o'r un math â thân,[79] o'r un math â'r gwynt,[80] tra mae'r rhai sydd o dan ei awdurdod yn debyg i ddynion o dan ddylanwad diod feddwol[81] neu wedi eu meddiannu gan gythreuliaid, fel y gwelir yn yr hanes am ddydd y Pentecost a'r ysbryd yn gweithredu mewn modd sy'n cyflawni geiriau Iesu: 'Ond fe dderbyniwch nerth wedi i'r Ysbryd Glân ddod arnoch'.[82] Wrth iddo adrodd hanes unrhyw ddigwyddiad arwyddocaol yn yr Actau mae'n amlwg fod yr awdur yn credu mai o ganlyniad i ymyrraeth uniongyrchol Duw y digwyddodd — trwy nerth yr ysbryd, fel arfer ; ond weithiau, gweledigaeth yw'r cyfrwng — e.e., gweledigaethau Pedr,[83] Ananias[84] a Phaul,[85] neu weithiau hyd yn oed ymddangosiad yr Iesu atgyfodedig — e.e., ar adeg troedigaeth Paul,[86] neu angel, fel y digwyddodd i Philip[87] ac i Bedr yn y carchar.[88] Ymddengys fod yr awdur yn mynd â hanes iachawdwriaeth yr Hen Destament, a'i sôn am ymyrraeth uniongyrchol Duw mewn digwyddiadau fel yr Ecsodus, gam ymhellach nag yn yr efengylau eraill, lle nad oes sôn am Dduw yn ymyrryd yn uniongyrchol ond yn hanes Iesu'n unig. Ac mae'r awdur yn gwneud hyn trwy gyflwyno hanes yr eglwys fore fel cyfres o ddigwyddiadau a Duw yn ymyrryd yn uniongyrchol â byd dynion.

Mae'n bosibl i'r awdur gymryd y cam yma am fod ei holl bersbectif wedi newid o'r hyn a geir yng ngwaith Marc a Phaul. Nid oedd angen am hanes yr eglwys yn nhyb pobl fel Marc a

Phaul a'r apostolion cyntaf am eu bod yn disgwyl y *parousia* (ailddyfodiad Iesu) yn y dyfodol agos, ac ar ôl hynny diwedd y byd. Gwelir hyn yn eglur iawn ym Marc xiii (yr Apocalyps Bach) yn ogystal ag yn llythyrau Paul at y Thesaloniaid[89] a'r Corinthiaid.[90] Ond ni ddaeth y byd i ben ar ôl cwymp Jerwsalem yn 70 O.C. Daeth 'rhyfeloedd a sôn am ryfeloedd', ond eto ni ddaeth y byd i ben. Daeth erlid, e.e., o dan Nero, ond ni ddaeth y byd i ben. Ac felly roedd yn rhaid i'r Cristnogion, fel yr Iddewon, newid eu syniadau ar ôl 70 O.C., a dygymod â'r ffaith fod y *parousia* wedi ei ohirio am amser maith ac felly y byddai'n rhaid iddynt ddisgwyl yn hir amdano. Ail-luniwyd Iddewiaeth yn y Gynhadledd yn Jamnia nes iddi fynd yn fath o Phariseaeth gul.[91] Ateb y Cristnogion oedd canolbwyntio ar drefn yr eglwys, neu'n fanylach, ffurfio eglwys o'r grwpiau damweiniol o Gristnogion ar wasgar trwy'r gwledydd o gwmpas Môr y Canoldir. O ganlyniad, daeth y gwaith o gofnodi hanes yr eglwys fore a'r apostolion cyntaf nid yn unig yn bosibl ond yn bwysig os nad, yn wir, yn hanfodol. Dyma'r sefyllfa a gymhellodd yr awdur i ysgrifennu cyfrol ar Actau'r Apostolion yn ogystal ag efengyl. Fel yr efengyl gyntaf, roedd y drydedd efengyl a'r Actau yn ateb a gynigiwyd gan Gristnogion yn sgîl oediad y *parousia*, fel y gwelir yn y ffordd y mae'r ddau efengylydd wedi trin Marc xiii. Fe'i gwelir hefyd ym mhwyslais y bedwaredd efengyl ar y geiriau 'nid . . . eto'.[92] Ond mae'r Actau yn mynd ymhellach na'r efengylau am fod yr awdur yn ceisio dangos i'w gyfoeswyr arwyddocâd oediad y *parousia* am ganrifoedd efallai, a phwysigrwydd y ffaith hon iddynt hwy.

Mae'r awdur fel petai'n dweud wrthynt: 'Roeddem ar gam yn disgwyl ailddyfodiad Iesu yn y dyfodol agos, ond mae Duw yn dweud wrthym yn awr, os ŷm ni'n barod i wrando ar ei neges, i ba gyfeiriad y dylem ni fynd; gadewch inni ddysgu oddi wrth weithgareddau'r apostolion cynnar a datblygiad Cristnogaeth yn y blynyddoedd cyntaf wedi marw Iesu.' Dyma'r prif bwrpas y tu ôl i Luc a'r Actau, sef cyflwyno syniadau newydd er mwyn dangos sut yr oedd Duw wedi dylanwadu ar fywyd Iesu ac ar fywyd yr eglwys, y wir Israel, wedi i'r Arglwydd Iesu ymadael â byd dynion.

(2) Mae'r awdur wedi mynegi ei amcan.

Canlyniad arall i drin y drydedd efengyl a'r Actau fel cyfanwaith
yw fod rhagair yr efengyl yn mynegi amcan yr awdur wrth
ysgrifennu'r ddau lyfr. Dyma'i eiriau: 'Yn gymaint â bod llawer
wedi ymgymryd ag ysgrifennu hanes y pethau a gyflawnwyd yn
ein plith, . . . penderfynais innau, gan fy mod wedi ymchwilio
yn fanwl i bopeth o'r dechreuad, eu hysgrifennu i ti yn eu trefn,
ardderchocaf Theoffilus, er mwyn iti gael sicrwydd am y
wybodaeth a dderbyniaist'.93

Dywed y geiriau hyn sawl peth am amcan yr awdur:

(a) Mae ganddo ddiddordeb mewn hanes — hynny yw,
mewn ffeithiau hanesyddol, i raddau helaethach nag unrhyw
awdur arall yn y Testament Newydd. Gellid dadlau94 fod
Theoffilus wedi ei gamarwain ynghylch Cristnogaeth a bod yr
awdur yn ceisio gwella'r sefyllfa. Serch hynny, mae'n bwysig
sylweddoli fod yr efengyl yn dal yn efengyl, yn waith a
ysgrifennwyd i droi pobl at gred arbennig; felly, er bod yr awdur
yn honni fod ganddo ddiddordeb mewn hanes gwrthrychol,
mae'n rhaid cydnabod nad yw ei waith yn hollol wrthrychol am
iddo geisio troi Theoffilus i gredu yn Iesu fel Crist ac Arglwydd.
Mae'r amcan yma y tu ôl i'r Actau hefyd, fel y gwelir yn enwedig
yn yr areithiau neu'r pregethau a geir ar wefusau'r apostolion.95

(b) Mae'r awdur yn credu fod y digwyddiadau y mae'n sôn
amdanynt yn gyflawniad (gair sy'n awgrymu fod y digwyddiadau
yn cyflawni proffwydoliaethau'r Hen Destament) ac mae hynny'n
wir am yr Actau yn ogystal â'r efengyl. Yn yr Actau, e.e., mae'r
digwyddiadau ar ddydd y Pentecost yn cyflawni proffwydoliaeth
Joel.96 Ceir llu o gyfeiriadau at yr Hen Destament yn araith
Steffan.97 Ac ar ddiwedd y llyfr honnir fod Paul yn cael ei wrthod
gan yr Iddewon ac yn troi at y Cenedl-ddynion fel cyflawniad o
broffwydoliaeth Eseia.98 Ac felly, dyma amcan arall a geir yn yr
efengyl a'r Actau, sef ceisio dangos fod y digwyddiadau a gofnodir
ynddynt yn gwirgyflawni'r Hen Destament, ac mai'r eglwys yw'r
wir Israel.

(c) Un peth arall y dylid sylwi arno yn y rhagair yw enw'r
derbynnydd, sef *kratiste Theophile* (= ardderchocaf Theoffilus).
Defnyddir y gair *kratiste* yn yr Actau99 wrth gyfarch swyddogion
Rhufeinig, ac felly mae'n bosibl fod Theoffilus yn swyddog
Rhufeinig. Efallai mai Theoffilus oedd ei enw gwreiddiol, ond

mae'n debycach mai llysenw yw Theoffilus i ddynodi Cristion —
hynny yw, nid unigolyn arbennig ond math arbennig o berson, y
math y mae'r awdur yn ceisio ei droi at Gristnogaeth neu o leiaf
ennyn ei ddiddordeb yn y gwirionedd am Gristnogaeth.

(3) Mae'r gwaith yn fath ar amddiffyniad:

(a) Ar gyfer y Rhufeiniaid. Yn sgil y pwynt olaf a drafodwyd
uchod mae'n deg gofyn i ba raddau y mae'r Actau, yn enwedig,
yn fath ar amddiffyniad a baratowyd ar gyfer cynulleidfa Rufeinig,
ac yn enwedig swyddogion Rhufeinig. Ni ellir amau nad
ymddengys dwy nodwedd o'r gwaith fel petaent yn cyfeirio'n
benodol at y Rhufeiniaid.

Yn gyntaf, ceir pwyslais mawr ar y ffaith fod Iesu, ac ar ôl
hynny Pedr, ac yn olaf, Paul yn ddieuog yng ngolwg y gyfraith
Rufeinig. Ym Marc dywed y canwriad wrth edrych ar Iesu ar y
Groes, 'Yn wir, Mab Duw oedd y dyn hwn',[100] ond yn Luc
dyma'r un canwriad yn dweud, 'Yn wir, dyn cyfiawn (hynny yw,
'dieuog') oedd hwn'.[101] Gellid cyfeirio at lawer o enghreifftiau
eraill[102] lle y mae'r awdur yn cyflwyno Cristnogion fel pobl
ddieuog yng ngolwg swyddogion Rhufeinig, hyd yn oed os nad
yw'r Iddewon yn cytuno.

Yn ail, dengys yr awdur ddiddordeb mawr mewn unigolion
Rhufeinig, ac yn enwedig mewn swyddogion Rhufeinig; ceir
mwy nag un canwriad sy'n ymddiddori yn y synagog ac yn y
blaen.[103] Mae'n ddiau, felly, mai gŵr o'r fath oedd Theoffilus:
Rhufeiniwr, un o'r Cenedl-ddynion a oedd yn mynychu'r
synagog, a dyna pam yr oedd gan yr awdur gymaint o ddiddordeb
yn y Rhufeiniaid, ar y naill law, a'r rhai oedd yn 'ofni Duw', ar
y llaw arall. Byddai hyn yn esbonio ei ddefnydd o dermau
technegol y synagog Helenistig sy'n ymddangos ar yr olwg gyntaf
yn nodweddiadol o gynulleidfa Iddewig yn hytrach nag un
Rufeinig.

(b) Ar gyfer yr Iddewon. Y deunydd hwn, sydd fel petai'n
anelu at gynulleidfa Iddewig, yw'r nodwedd sy'n awgrymu fod y
gwaith yn fath ar amddiffyniad ar gyfer yr Iddewon yn ogystal
â'r Rhufeiniaid. Gwelwyd eisoes[104] fod yr awdur yn ysgrifennu
Groeg sy'n debyg o ran ei arddull grefyddol i'r LXX ac yn
pwysleisio mai'r eglwys yw gwir bobl Duw, y wir Israel, a gwir
etifedd yr Hen Destament. Mae'n bosibl hefyd dod o hyd i

ddeunydd — e.e., yn hanes prawf Pedr ac, yn ddiweddarach, prawf Paul — sy'n honni nad oedd y Cristnogion mor wahanol i rai o'r Iddewon ag yr ymddangosent; ceir Gamaliel yn cydymdeimlo â'r apostolion 105 ac, yn ddiweddarach, y Phariseaid yn ochri gyda'r Cristnogion yn erbyn y Sadwceaid. 106 Mae'r pwynt olaf yn awgrymu fod y gwaith wedi ei gyfansoddi cyn i'r Phariseaid lwyr feddiannu Iddewiaeth yn y Gynhadledd yn Jamnia. Mae'r llyfr yn ceisio dangos nad yw Cristnogaeth yn anghyson ag Iddewiaeth; pwysleisir, e.e., fel yr aeth Paul allan o'i ffordd i osgoi troseddu yn erbyn y Gyfraith Iddewig. 107 Cyflawniad Iddewiaeth yw Cristnogaeth ym marn yr awdur.

(4) Amgylchfyd y gwaith a'i bwysigrwydd.

Mae'r diddordeb anghyffredin sydd gan yr awdur mewn Iddewiaeth Helenistig yn gwneud ei waith yn dystiolaeth hynod bwysig i nodweddion yr agwedd honno ar Iddewiaeth a'i dylanwad ar Gristnogaeth. Osgoi nodweddion Helenistig fu hanes yr Iddewon wedi sefydlu'r Gynhadledd yn Jamnia. Gwrthodasant yr LXX gan fynd yn ôl at y Beibl Hebraeg. Gwrthodasant hefyd syniadau Helenistig dynion fel Philon a Joseffus. Eto i gyd, mae'r awdur hwn yn adlewyrchu Iddewiaeth Helenistig y cyfnod cyn Jamnia. Mae'r pregethau yn yr Actau yn nodweddiadol o'r pregethau a draddodwyd yn y synagogau Helenistig. 108 Ni ddengys yr awdur, felly, ddim o nodweddion yr eglwys ar ôl y rhwyg rhwng Cristnogaeth ac Iddewiaeth; yn hytrach, mae ei waith yn adlewyrchu'r cyfnod byr pan fu'r eglwys yn rhan o Iddewiaeth. Ac eto, ef sy'n gyfrifol am osod sylfaen y math ar Gristnogaeth gatholig a ddaeth i rym wedi i'r eglwys ymwahanu oddi wrth y synagog Iddewig yn gyfangwbl.

Cyferbynner ei gydymdeimlad tuag at y synagog â'r gwrthwynebiad — yr atgasedd, hyd yn oed — a adlewyrchir ym Mathew a Ioan. Yn yr ystyr hon mae ei waith yn rhagflaenu'r ddwy efengyl yma yn ei syniadau, os nad o ran dyddiad. Dyma, felly, awdur sydd wedi sylweddoli arwyddocâd y ffaith fod y *parousia* wedi ei ohirio yn ogystal â phwysigrwydd gwreiddiau Iddewig y ffydd Gristnogol. Mae'n ymwybodol fod gan yr eglwys ddyfodol i baratoi ar ei gyfer. Ac yn olaf, gwelodd ei bod yn angenrheidiol i'r eglwys ddenu ati y bobl a oedd yn rheoli'r byd ar y pryd, sef y Rhufeiniaid. Efallai fod llwyddiant yr eglwys yn y canrifoedd

canlynol, ymhlith Rhufeiniaid yn enwedig, yn tystiolaethu i ba
raddau y llwyddodd yr awdur i gyflawni ei bwrpas.

LLYFRAU

Cymraeg

Gwili, tt. 472-493, 511-529.
Richard Hughes, 'Efengyl Luc', *GB* II, tt. 890-892.
I. Morris, 'Luc', *GB* II, t. 890.
T. Jones Parry, 'Yr Actau', *GB* I, tt. 21-25.
Isaac Thomas, *Arweiniad*, pen. XVIII, tt. 144-155.

Saesneg

F. F. Bruce, *The Acts of the Apostles*, Gwasg Tyndale, Llundain, 1951, ail
    arg. 1952.
H. J. Cadbury, *The Making of Luke-Acts*, SPCK, Llundain, arg. diwyg. 1958.
G. B. Caird, *Saint Luke*, Penguin, Harmondsworth, 1963.
H. Conzelmann, *The Theology of St. Luke* (Cyf. Saes. gan G. Buswell), Faber,
    Llundain, 1960 (Almaeneg gwreiddiol, 1961).
M. Dibelius, *Studies in the Acts of the Apostles* (Cyf. Saes. gan M. Ling a
    P. Schubert), SCM, Llundain, 1956 (Almaeneg gwreiddiol, 1951).
H. Flender, *St. Luke, Theologian of Redemptive History* (Cyf. Saes. gan R. H.
    ac I. Fuller), SPCK, Llundain, 1967 (Almaeneg gwreiddiol, 1965).
E. Haenchen, *The Acts of the Apostles* (Cyf. Saes. gan R. McL. Wilson ac
    eraill), Blackwell, Rhydychen, 1971 (Almaeneg gwreiddiol, 1956).
L. E. Keck a J. Louis Martyn (gol.), *Studies in Luke-Acts*, SPCK, Llundain,
    1968.
F. J. Foakes Jackson a K. Lake (gol.), *The Beginnings of Christianity*, 5 Cyf.,
    Macmillan, Llundain, 1920-33.
I. H. Marshall, *Luke: Historian and Theologian*, Gwasg Paternoster, Exeter,
    1970.
J. C. O'Neill, *The Theology of Acts in its Historical Setting*, SPCK, Llundain,
    ail arg. 1970.

Nodiadau

1 Yn ôl G. W. H. Lampe, *PC*, t. 882 (par. 771a), nid oes sicrwydd ynghylch
dyddiad y Rhagair. Barn Harnack, golygydd testun Groeg y Rhagair i'r
efengyl yn ôl Luc, oedd y dylid ei briodoli i'r ail ganrif O.C. Yn ôl Haenchen,
Acts, tt. 10-11, nid yw'r Rhagair yn 'wrth-Farcionaidd'. Ceir y testun ei hun
yn Aland, *Synopsis*, t. 533, a chyfieithiad Saesneg yn Bruce, *Acts*, tt. 6-7.
Gw. hefyd y drafodaeth yn Kümmel, *Introd.*, t. 488.
2 Yn ôl Isaac Thomas, *Arweiniad*, t. 47, dylid dyddio'r gwaith hwn rhwng
170 a 200 O.C. Cymh. Haenchen, *Acts*, t. 12. Ceir y testun yn Aland, *Synopsis*,
t. 538, a'r testun ynghyd â chyfieithiad Saesneg yn *Beginnings* II, tt. 210-211.
Cymh. Kümmel, *Introd.*, tt. 147, 492.
3 *Adv. Haer.* III. i.l ac yn y blaen. Gweler Aland, *Synopsis*, tt. 533-537;
Beginnings II, tt. 212-221 (a chyfieithiad Saesneg); Haenchen, *Acts*, t. 9.
4 Gw. Aland, *Synopsis*, t. 539; *Beginnings* II, tt. 220-223 (a chyfieithiad
Saesneg).
5 Gw. Aland, *Synopsis*, tt. 540-541; *Beginnings* II, tt. 224-233 (a chyfieithiad
Saesneg).

6 Gw. Aland, *Synopsis*, t. 540; *Beginnings* II. tt. 222-225 (a chyfieithiad Saesneg).

7 Actau xvi. 10-17, xx. 5-15 (ac o bosibl gweddill y bennod), xxi. 1-18, xxvii. 1-xxviii. 16, ac, mewn rhai llawysgrifau o eglwys y gorllewin, xi. 28. Ceir trafodaeth helaethach yn adran (3) isod.

8 Dyma awgrym yr ysgolheigion y cyfeiriwyd atynt gan A. H. McNeile, *An Introduction to the Study of the New Testament*, ail arg. diwyg. gan C.S.C. Williams, Rhydychen, 1953, t. 106 n. 4.

9 E.e., A. Souter ac E. P. Boys Smith. Gw. *Exp.T* XVIII (1907), 285, 335, 380. Cyfeiria Gwili, t. 478, at Souter er iddo gydnabod na dderbyniwyd y farn hon yn gyffredinol.

10 Gw. pen. IV uchod.

11 *The Acts of the Apostles*, Rhydychen, 1933, tt. 394-408. Ceir dadleuon cryf yn erbyn Clark yn W. L. Knox, *The Acts of the Apostles*, Caergrawnt, 1948, tt. 2-15, 100-109.

12 J. C. Hawkins, *Horae Synopticae*, Rhydychen, ail arg. 1909; A. von Harnack, *Luke the Physician* (Cyf. Saes. gan J. R. Wilkinson), Williams a Norgate, Llundain, 1909; H. J. Cadbury, *The Style and Literary Method of Luke*, Astudiaethau Diwinyddol Harvard VI, Caergrawnt, Mass., 1919-20; *The Making of Luke-Acts*.

13 Fel y gwelwyd eisoes mae'n debyg fod Luc wedi defnyddio efengyl Marc yn ogystal â deunydd cyffredin iddo ef a Mathew wrth gyfansoddi ei efengyl.

14 Ceir 27% o ddeunydd y Testament Newydd yn Luc a'r Actau, a 21% yng ngwaith Paul ag eithrio'r epistolau bugeiliol (3%).

15 Actau i. 1.

16 Luc i. 3.

17 Gw. n. 7 uchod.

18 Hawkins, *Horae Synopticae*, tt. 182-183; Harnack, *Luke the Physician*, tt. 26-120. Yn ôl *Beginnings* II, t. 161, dyma oedd dadl A. Klostermann, *Vindiciae Lucanae*, Göttingen, 1866.

19 Dibelius, *Studies in Acts*, tt. 104-105, 205-206. Bu Dibelius farw ym 1947. Casglwyd y traethodau gan H. Greeven a'u cyhoeddi yn yr Almaeneg ym 1951.

20 Gw. adran (4) isod.

21 Gw. *Beginnings* II, tt. 158-167. Yn ôl *Beginnings* II, t. 122, B. L. Königsmann oedd y cyntaf i gynnig y ddamcaniaeth, ym 1793.

22 E. Haenchen, *ZThK* LVIII (1961), 329-366 (Cyf. Saes. yn *Journal for Theology and the Church* I (1965), 65-99).

23 Yn ôl Haenchen, *Acts*, t. 17, 38, dyma oedd barn Baur a Goguel. Ceir enghreifftiau eraill yn J. Moffatt, *An Introduction to the Literature of the New Testament*, ail arg., Clark, Caeredin, 1912, tt. 295-6.

24 Yn ôl Haenchen, *JThCh* I, 67 n. 7, ceir tystiolaeth yn E. Norden, *Agnostos Theos*, Leipzig a Berlin, 1913, t. 315.

25 Col. iv. 14. Cymh. II Tim. iv. 11.

26 Gal. i. 11 — ii. 21.

27 Gal. i. 17.

28 Actau ix. 10-18.

29 Actau ix. 26-29, xi. 30, xv. 1-33.

30 Gal. i. 18 — ii. 10.

31 Actau x. 1 — xi. 18 (hanes Cornelius) ac yn y blaen.

32 Gal. ii. 11-21.

33 Actau xv ac yn y blaen.

34 Gal. i-ii.

35 Actau xviii-xix.

36 Rhuf. xv. 26, I Cor. xvi. 1-4, II Cor. viii. 1-6, ix. 1-2 ac yn y blaen.

37 E.e., Isaac Thomas, *Arweiniad*, tt. 144-148.

38 Gw. y gwahanol ddamcaniaethau a ddisgrifir yn A. H. McNeile, *An Introduction to the Study of the New Testament*, tt. 111-123. Cymh. *PC*, par. 638b (G. Ogg), 771b (G. W. H. Lampe), 784e (G. W. H. Lampe), 807g (F. F. Bruce); *Beginnings* II, tt. 265-297 (C. W. Emmet).

39 E.e., *Beginnings* II, tt. 298-348 (H. Windisch); Kümmel, *Introd.*, tt. 179-185.

40 I Cor. xiv. 18.

41 Actau iv. 36, 'Joseff, a gyfenwid Barnabas . . . (sef, o'i gyfieithu, Mab Anogaeth)'. Nid yw'r cyfieithiad yma'n bosibl. 'Mab Nebo' neu 'mab proffwyd' yw ystyr yr enw yn ôl pob tebyg. Cymh. diffyg gwybodaeth yr awdur ynghylch yr enw Elymas yn xiii. 8. Ar y ddau enw gw. y gwahanol esboniadau, e.e., Haenchen, *Acts*, tt. 231-2 (Barnabas), tt. 398-9 (Elymas).

42 Gw. Cadbury, *The Style and Literary Method of Luke*, tt. 154-158.

43 Actau ii. 9-11.

44 W. K. Hobart, *The Medical Language of St. Luke*, Hodges a Figgis, Dulyn, 1882.

45 Harnack, *Luke the Physician* (gw. n. 12 uchod).

46 Cadbury, *The Style and Literary Method of Luke*.

47 Gw. y rhestr yn Isaac Thomas, *Arweiniad*, tt. 146-7.

48 Gw. yr adran ar ddiddordeb yr awdur yn y Rhufeiniaid isod.

49 Ceir y testun hwn yn xi. 28 yn y llawysgrifau a ganlyn: D d (*Codex Bezae*, Groeg a Lladin), w (hen Ladin o'r 15fed ganrif) a rhai llawysgrifau Syrieg. Gweler Haenchen, *Acts*, t. 13 n. 3 ac ar xi. 28. Mae'n debyg fod Awstin Sant yn gyfarwydd â'r darlleniad yma hefyd. Cynnwys y darlleniad y geiriau '*ninnau* wedi cydymgynnull' (cyfieithiad Gwili, t. 478).

50 Gw. n. 52 isod.

51 Cyhoeddwyd 12fed Mehefin, 1913. Gw. *Jerome Bible Commentary* (gol. R. E. Brown, J. A. Fitzmyer a R. E. Murphy), Chapman, Llundain, 1968, Cyf. y Testament Newydd, t. 630.

52 C. C. Torrey, *The Composition and Date of Acts*, Astudiaethau Diwinyddol Harvard I, Caergrawnt. Mass., 1916; T. W. Manson, *BJRL* XXVIII (1944), 382-403; C. S. C. Williams, *A Commentary on the Acts of the Apostles*, Black, Llundain, ail arg. 1964, tt. 13-15; R. B. Rackham, *JTS* h.g. I (1900), 76-87; *The Acts of the Apostles*, Methuen, Llundain, 1902, 3ydd arg. 1906, Rhagymadrodd, tt. l-lv.

53 *JTS* h.g. I (1900), 76-87.

54 *Op. cit.* Ceir yr un farn yn J. Munck, *The Acts of the Apostles*, Beibl Anchor, Doubleday, Efrog Newydd, 1967, Rhagymadrodd, tt. LV-LXI. Cymh. *Beginnings* II, t. 310 n. 2.

55 *Op. cit.*

56 Gw. pen. IV uchod.

57 *Exp.T* LXIV (1953), 283-284.

58 Gw. adran (4) uchod.

59 Dyma'r ysgolheigion sy'n cefnogi'r ddamcaniaeth yn ôl Kümmel, *Introd*, t. 159, Zahn, Goguel, de Zwaan, W. L. Knox a Jeremias. Gw. hefyd W. M. Ramsay, *St. Paul the Traveller and the Roman Citizen*, Hodder a Stoughton, Llundain, 1895, 10fed arg., 1908, tt. 27-28. Yn ôl Haenchen, *Acts*, t. 16, a *Beginnings* II, tt. 366-367, K. A. Credner (1836) oedd y cyntaf i gynnig y ddamcaniaeth.

60 E.e., E. J. Goodspeed, *Introduction to the New Testament*, Gwasg Prifysgol Chicago, 1937, tt. 191 ym. Ar y llaw arall cynigiodd A. von Harnack, *The Date of Acts and of the Synoptic Gospels* (Cyf. Saes. gan J. R. Wilkinson), Williams a Norgate, Llundain, 1911, t. 103, esboniad cwbl wahanol, gan honni mai awgrym yr adnod oedd fod Paul yn fyw o hyd.

61 E.e., G. Klein, *ZKG* LXVIII (1957), 362 ym. (Ceir trafodaeth lawn ar ddamcaniaeth Klein yn Haenchen, *Acts*, tt. 122-127. Cymh. Kümmel, *Introd.*, t. 186); J. C. O'Neill, *The Theology of Acts in its Historical Setting*.

62 *Josephus und Lukas*, Leipzig, 1894. Gw. y drafodaeth yn *Beginnings* II, tt. 311-312, 355-358.
63 Cyhoeddodd Joseffus yr *Hynafiaethau* yn 93 O.C. Bu'n darlithio yn Rhufain yn 90 O.C. Gw. *GB* II, tt. 834-837 (erthygl: 'Ioseffus, Fflafius; Ei Weithiau' gan J. Morgan Jones).
64 Cymh. *Hynafiaethau* XIX. 5. 1, XX. 7. 1.
65 Ceir trafodaeth lawn ar y pwynt yn J. M. Creed, *The Gospel according to St. Luke*, Macmillan, Llundain, 1930, tt. 307-309. Gw. hefyd Bruce, *Acts*, t. 25.
66 Gw. *Hynafiaethau* XX. 5. 1-2. Honnir hefyd fod y cyfeiriad at yr Eifftiwr yn yr Actau xxi. 38 yn tarddu o waith Joseffus (*Hanes y Rhyfel Iddewig* II. 13. 3-5). Gw. ymhellach *GB* II, t. 837.
67 *The Theology of Acts in its Historical Setting* (gw. n. 61 uchod).
68 Gw. yn enwedig adolygiad o lyfr O'Neill gan H. F. D. Sparks, *JTS*, c.n. XIV (1963), 457-466.
69 Gw. y rhan gyntaf o'r bennod hon.
70 E.e., ysgolheigion mor wahanol eu hagwedd ag ysgol Bultmann ac Oscar Cullmann.
71 Conzelmann, *The Theology of St. Luke*.
72 Haenchen, *Acts*.
73 Gw. ymhellach W. Barnes Tatum, *NTS* XIII (1966-7), 184-195.
74 Actau i. 8.
75 Luc i. 15, 80.
76 Luc i. 67. Cymh. i. 41 (Elisabeth).
77 Luc ii. 25, 26, 27.
78 Luc ii. 40, iii. 22, iv. 1, 14 ac yn y blaen.
79 Actau ii. 3.
80 Actau ii. 2.
81 Actau ii. 13.
82 Actau i. 8.
83 Actau x. 11-16.
84 Actau ix. 10-16.
85 Actau ix. 12, xvi. 9-10.
86 Actau ix. 4-6.
87 Actau viii. 26.
88 Actau xii. 7-10.
89 I Thes. iv. 16-17.
90 I Cor. xv. 51-52.
91 Gw. pen. V. uchod a hefyd W. D. Davies, *The Setting of the Sermon on the Mount*, Caergrawnt, 1964, tt. 256-315.
92 E.e., Ioan ii. 4, vii. 6, 8, 30, 39, viii. 20 ac yn y blaen. Gw. ymhellach ben. VII isod.
93 Luc i. 1, 3-4. Gw. F. Blass, *Philology of the Gospels*, Macmillan, Llundain, 1898, tt. 7-20; *Beginnings* II, tt. 489-510 (H. J. Cadbury); A. J. B. Higgins, 'The Preface to Luke and the Kerygma in Acts' yn *Apostolic History and the Gospel* (gol. W. W. Gasque a R. P. Martin), Gwasg Paternoster, Exeter, 1970, tt. 78-91.
94 Yn ôl C. S. C. Williams, *Acts*, t. 16, roedd J. I. Still a D. Plooij ymhlith yr ysgolheigion o'r farn mai ynad Rhufeinig ar fin gwrando achos Paul oedd Theoffilus. Gw. hefyd Haenchen, *Acts*, t. 136 n. 4.
95 Awgrymodd C. H. Dodd fod amlinelliad cyffredin o'r math o *kerygma* a ddefnyddid gan bregethwyr yn yr eglwys fore i'w weld yn yr areithiau yn yr Actau a hefyd yn fframwaith efengyl Marc. Gw. *The Apostolic Preaching and its Developments*, Hodder a Stoughton, Llundain, 1936.
96 Actau ii. 16-21. Cymh. Joel ii. 28-32.
97 Actau vii. 2-53.
98 Actau xxviii. 25-27. Cymh. Eseia vi. 9, 10.

99 Actau xxiii. 26 (Ffelics), xxiv. 3 (Ffelics), xxvi. 25 (Ffestus).
100 Marc xv. 39.
101 Luc xxiii. 47.
102 E.e , Paul yn Philipi (Actau xvi. 35-39), yng Nghorinth (Actau xviii. 12-17) ac yn Effesus (Actau xix. 31). Cymh. agwedd Ffelics, Ffestus, Agripa a Bernice yn ddiweddarach yn yr hanes.
103 Luc vii. 5, Actau x. 1-2.
104 Gw. y drafodaeth ar yr awdur uchod.
105 Actau v. 34-40.
106 Actau xxiii. 6-10.
107 E.e., Actau xxi. 26.
108 Gw., e.e., bregeth Paul yn Athen, Actau xvii. 22-31. Ymhlith y llu o astudiaethau ar y bregeth hon mae'n werth cyfeirio at Dibelius, *Studies*, tt. 26-77 (cyhoeddwyd yn gyntaf ym 1939); B. Gärtner, *The Areopagus Speech and Natural Revelation* (Cyf. Saes. gan C. H. King), *Acta Seminarii Neotestamentici Upsaliensis* XXI, Uppsala, 1955; N.B. Stonehouse, *Paul before the Areopagus and other New Testament Studies*, Gwasg Tyndale, Llundain, 1957, tt. 1-40.

ADRAN B

Y TRADDODIAD IOANAIDD

IOAN

WRTH droi o'r efengylau cyfolwg at y bedwaredd efengyl mae'r darllenydd yn ei gael ei hun ar unwaith mewn byd gwahanol. Yn yr adnod gyntaf oll mae'r awdur fel pe bai yn ein cyfeirio at lefel uwch o fodolaeth: cyn-fodolaeth, yn wir. Ymddengys iaith ac arddull yr efengyl yn gwbl wahanol i eiddo'r tair efengyl arall, er nad yw hynny o reidrwydd yn arwyddocaol ynddo'i hun gan fod awduron yn mabwysiadu dulliau gwahanol wrth gyfansoddi. Fe welir gwahaniaeth arddull, er nad yw mor amlwg efallai, yn y tair efengyl gyfolwg hefyd. Traethu'n faith mewn modd ffurfiol yw dull Iesu o siarad yn yr efengyl hon o'i gymharu â'r dywediadau byr a chryno a geir yn yr efengylau cyfolwg. Ymddengys nad oes yn y bedwaredd efengyl ond ychydig, os o gwbl, o ddamhegion o'r math a geir mor aml yn yr efengylau eraill.[1] Ni cheir sôn yn efengyl Ioan am ddigwyddiadau sy'n bwysig — yn allweddol, hyd yn oed — i ddarlun yr efengylau cyfolwg o Iesu — e.e., genedigaeth Iesu, ei fedydd,[2] hanes ei demtiad, y gweddnewidiad, sefydlu'r Eucharist a'r ing yn yr ardd.[3] Nid oes unrhyw sôn am fwrw allan gythreuliaid; nid oes yr un alwad i edifarhau. Yn yr un modd, cynnwys yr efengyl hon unigolion a digwyddiadau nad oes sôn amdanynt yn y tair efengyl arall — e.e., troi'r dŵr yn win yng Nghana, Nicodemus, y sgwrs rhwng Iesu a'r wraig o Samaria, atgyfodi Lasarus,[4] a dyfynnu ond ychydig.

Ceir gwahaniaethau ffeithiol hefyd rhwng hanes Ioan am weinidogaeth Iesu a hanesion yr efengylau cyfolwg. Mae'r weinidogaeth yn para'n hwy[5] o lawer yn ôl Ioan, ac yn canol-bwyntio llawer mwy ar Jwdea a Jerwsalem. Ar ôl darllen Marc cawn yr argraff nad aeth Iesu i Jerwsalem ond ar ddiwedd ei yrfa,[6] ond yn efengyl Ioan mae'n ymweld â'r ddinas yn rheolaidd.[7] Nid yw dyddiad glanhau'r Deml yn Ioan yn cytuno â dyddiad yr efengylau cyfolwg,[8] ac yn y bedwaredd efengyl mae

hyd yn oed ddyddiad y Croeshoelio'n wahanol. 9 Ar wahân i'r
gwahaniaethau hyn i gyd fe geir newid sylfaenol ac arwyddocaol
yn yr awyrgylch diwinyddol, a'r awdur yn cyflwyno Iesu fel un
sy'n rheoli hanes yn gyffredinol a'i dynged ef ei hun yn neilltuol,
a hynny o'r cychwyn cyntaf oll. Cyhoeddi teyrnas Dduw yw prif
neges Iesu yn yr efengylau cyfolwg, ond yn y bedwaredd efengyl
mae'n canolbwyntio ar ddehongli arwyddocâd ei berson ef ei
hun a'i berthynas â Duw. Nid Iesu yw'r unig un sy'n newid ei
statws. Ni chyflwynir Ioan Fedyddiwr fel un sy'n cyflawni'r
disgwyl am Eleias bellach. 10 Fe'i darostyngir i fod yn dyst yn
unig, er mwyn peidio â bygwth statws unigryw Iesu ei hun mewn
unrhyw fodd.

Mae'r gwahaniaethau hyn a llawer eraill tebyg iddynt yn
rhoi'r argraff fod y bedwaredd efengyl yn ddogfen wahanol yn
ei hanfod i'r efengylau eraill. Dyma'r argraff a gafwyd gan lawer
yn yr eglwys fore hefyd. Gellir dyfynnu geiriau adnabyddus
Clemens o Alecsandria fod Ioan wedi cyfansoddi 'efengyl
ysbrydol' (*pneumatikon euangelion*) lle nad oedd y tair efengyl
arall yn cofnodi ond y ffeithiau materol am fywyd Iesu (*ta
sômatika*, y pethau corfforol). 11 Eto i gyd, mae'n bwysig peidio
â gorbwysleisio'r gwahaniaeth rhwng y bedwaredd efengyl a'r
lleill. Wedi'r cwbl, fe dybiwyd bod y gwaith yn haeddu'r un enw
'efengyl' â'r lleill — hynny yw, mae'n perthyn i'r un dosbarth o
lenyddiaeth. Mae'r awdur ei hun yn defnyddio'r gair 'llyfr' 12 yn
hytrach nag 'efengyl' i ddisgrifio'i waith, ond yma yn ôl pob golwg
mae'n disgrifio'r casgliad o dudalennau neu'r rhòl o bapur yr
ysgrifennai arno. Fe welir fod y gwaith yn efengyl debyg i'r lleill
yn y fframwaith sylfaenol sy'n gyffredin i'r efengyl hon â'r
efengylau eraill, fframwaith a all fod yn adlewyrchu'r *kerygma*
cnewyllol, 13 sef hanes gweinidogaeth Iesu, yn cychwyn gyda'i
gysylltiad â Ioan Fedyddiwr, ac yn gorffen gyda hanes y
dioddefaint (mynd i mewn i Jerwsalem ar gefn asyn, y swper olaf,
cael ei restio, y prawf, cael ei grogi ar y pren) ac i gwblhau'r
gwaith, hanesion am ei ddilynwyr yn darganfod y bedd gwag
cyn i Iesu ymddangos iddynt. Nid oes amheuaeth nad yw'r
gwaith hwn yn cyhoeddi'r efengyl, fel y lleill, a dyma oedd bwriad
sylfaenol yr awdur.

Casgliadau o hanesion a dywediadau heb fawr o gysylltiad â'i

gilydd a geir yn yr efengylau cyfolwg yn aml iawn, neu felly yr
ymddengys i'r darllenydd, ond wrth ddarllen y bedwaredd efengyl
cawn yr argraff fod yr efengyl wedi'i chynllunio'n gyfanwaith.
Ceir undod i ryfeddu ato yn yr efengyl o safbwynt iaith, arddull
a phwrpas, sy'n adlewyrchu ôl meddwl ac ysbrydoliaeth unigolyn
arbennig, o gymharu â'r efengylau eraill, lle mae'n amlwg fod yr
hanesion wedi dod i fod wrth i'r traddodiad am Iesu gael ei
drosglwyddo o gymdeithas i gymdeithas ar adegau gwahanol,
cyn cael ei gynnwys yn yr efengylau terfynol. 14 Eto i gyd, o'i
archwilio'n fanylach, nid yw undod efengyl Ioan yr hyn yr
ymddengys ar yr olwg gyntaf. Daw'r darllenydd craff o hyd i
anghysondebau yma a thraw, a thoriadau ar rediad yr hanes yn
ogystal â gwrth-ddywediadau ymddangosiadol yn y cynnwys.
Gellir nodi'r amlycaf o'r *aporiai* (anawsterau, achosion
penbleth) 15 fel y'u gelwir.

Yn y prolog 16 mae'r adnodau 17 sy'n cyfeirio at Ioan Fedyddiwr
yn ymddangos yn ddieithr ac yn torri ar draws rhediad emyn a
gyfansoddwyd yn ofalus. Yn ii. 11 ceir sôn am y *cyntaf* o
arwyddion Iesu, ond ni chyfeirir at ei *ail* arwydd tan iv. 54 er i'r
efengylydd gofnodi nifer o arwyddion yn y cyfamser yn ii. 23.
Mae llawer esboniad wedi sylwi nad yw iii. 31-36 yn briodol ar
wefusau Ioan Fedyddiwr, er mai Ioan sy'n siarad hyd at hynny. 18
Byddai'r geiriau'n fwy priodol ar enau Iesu neu'r efengylydd ei
hun. Yna mae'r awdur fel pe bai'n ei ailadrodd ei hun ac ar yr
un pryd yn ei wrth-ddweud ei hun gyda v. 26-30 yn dilyn v. 19-25
a vi. 51-58 yn dilyn vi. 35-50. Cynnwys y ddwy bennod gyfeiriadau
at obaith eschatolegol yn y dyfodol sy'n gwrth-ddweud i bob
golwg safbwynt arferol yr efengylydd a'i honiad fod Iesu eisoes
wedi cyflawni'r gobaith eschatolegol a bod bywyd tragwyddol
eisoes gan y rhai sy'n credu ynddo. 19 Dywedir bod Iesu yng
Ngalilea yn vi. 1 ac mae'n anodd esbonio hyn gan mai yn
Jerwsalem y mae Iesu ar ddiwedd y bennod flaenorol. 20 Yna
byddai vii. 19-23 yn dilyn yn fwy naturiol yn syth ar ôl pennod v.
Yn vii. 3 daw brodyr Iesu ato a'i gynghori i fynd i Jwdea a
chyflawni arwyddion yno fel pe na bai wedi gwneud hynny yno
o'r blaen, sy'n rhyfedd o ystyried y cyfeiriadau at arwyddion yn
Jwdea yn ii. 23 a v. 1-9.

Barn ysgolheigion yn gyffredinol yw fod y *pericope* am y wraig oedd wedi ei dal mewn godineb[21] allan o le yn efengyl Ioan, ac yn wir mae tystiolaeth y llawysgrifau cynharaf o'r Testament Newydd yn cefnogi bwrw'r adnodau allan o'r efengyl. Eto i gyd, mae'n rhaid esbonio sut y daeth yr hanes yn rhan o efengyl Ioan mewn nifer o lawysgrifau. Gwelir cymysgu themâu yn yr hanes am y bugail a'r gorlan ym mhennod x gan ysgolheigion sy'n awgrymu y byddai'r hanes yn well heb adnodau 7 a 9. Awgrymir ymhellach y byddai x. 19-29 yn fwy naturiol ym mhennod ix. Sylweddolwyd ers amser maith fod efengyl Ioan yn cynnwys dwy adran arbennig, gyda'r ail yn dechrau yn xiii. 1 â hanes y swper olaf; cynnwys yr adran gyntaf, felly, yw penodau i-xii. Er hynny, yn ôl rhai ysgolheigion ceir yr argraff fod adran gyntaf yr efengyl yn dod i ben gyda x. 40-42. Os felly, byddai'n rhaid dod i'r casgliad mai atodiad eilradd yw penodau xi-xii. Neu, fe deimlir fod yr adran gyntaf yn gorffen yn naturiol gyda xii. 36-43, a bod xii. 44-50 felly yn ychwanegiad chwithig. Yn xiv. 31 mae Iesu'n gwahodd ei ddilynwyr i adael y bwrdd swper a mynd gydag ef allan i'r nos, — neu felly yr ymddengys — ac eto mae'n dal i siarad trwy gydol y tair pennod fel pe na bai wedi dweud dim byd o'r fath. A barnu oddi wrth y dystiolaeth destunol, roedd ysgrifenyddion yn yr eglwys fore hyd yn oed yn teimlo fod hanes prawf Iesu o flaen Annas a Chaiaffas yn anhrefn llwyr yn y bedwaredd efengyl.[22] Ac, yn olaf, ymddengys fod yr efengyl yn dod i'w therfyn yn xx. 30-31, ond ar ôl hynny, yn gwbl annisgwyl, daw pennod ychwanegol heb fawr o gysylltiad rhyngddi a'r hanes blaenorol.

Pa esboniad, felly, sydd i'r anghysondebau, y gwrthddywediadau a'r toriadau yn rhediad yr efengyl a amlygwyd uchod? Dylid cydnabod ar unwaith nad yw'r diffygion hyn i gyd mor ddifrifol ag yr honna rhai beirniaid. Hwyrach nad oes angen esboniad, a dyna farn nifer o ysgolheigion.[23] Serch hynny, dal i chwilio am esboniad y mae ysgolheigion wrth fynd ar ôl y naill neu'r llall o'r damcaniaethau a ganlyn:

(a) Am iddo ddefnyddio ffynonellau ysgrifenedig, methodd yr awdur â dileu pob anghysondeb rhyngddynt. Methodd hefyd guddio pob darn cyswllt lle y newidiodd o'r naill ffynhonnell i'r llall.

(b) Cafodd drafft gwreiddiol yr efengyl ei ddiwygio unwaith

o leiaf, naill ai gan yr awdur ei hun, neu gan olygydd/golygyddion; a dyna sy'n gyfrifol am gyflwr presennol yr efengyl.

(c) Aeth fersiwn derfynol yr efengyl yn anhrefnus yn fuan ar ôl ei chwblhau ac, o ganlyniad, y mae rhai o'r tudalennau heb eu hadfer byth wedyn i'w lle gwreiddiol. Ceir amrywiaeth ar y ddamcaniaeth hon ymysg y rhai sy'n honni bod drafft cynnar neu ffynhonnell wedi mynd yn anhrefnus wrth i'r efengylydd ei chynnwys yn yr efengyl derfynol.

Cawn ystyried pob un o'r posibiliadau yn ei dro.

Ffynonellau

Un o'r cwestiynau cyntaf sy'n codi yw hwn: a oes unrhyw ffynhonnell ysgrifenedig a ddefnyddiwyd gan Ioan wedi goroesi, fel y gall y beirniad gymharu'r efengyl derfynol ag un o'i ffynonellau? O'r holl bosibiliadau, y tebycaf yw fod yr awdur wedi darllen y naill neu'r llall o'r efengylau cyfolwg a'i defnyddio. Ein gwaith cyntaf yw ystyried y berthynas rhwng efengyl Ioan a'r tair efengyl gyfolwg. Fe restrwyd uchod rai o'r gwahaniaethau amlycaf rhyngddynt, ond beth am y cytundebau? Er enghraifft, a oes unrhyw dystiolaeth o gwbl o blaid honni fod Ioan yn dibynnu ar Farc fel y gwnaeth Mathew a Luc? A derbyn damcaniaeth a ddaeth yn boblogaidd yn sgîl gwaith C. H. Dodd, [24] bod dwy ran i'r efengyl, sef llyfr yr arwyddion a hanes y dioddefaint, mae'n gyfleus troi at lyfr yr arwyddion yn gyntaf.

Fe gyfansoddwyd y llyfr o gwmpas saith hanes gwyrth ac mae'n debyg fod y rhif saith yn arwyddocaol ynddo'i hun. Fe ddigwydd rhai o'r hanesion yn un (neu fwy) o'r efengylau cyfolwg hefyd. Er enghraifft, mae'r hanesion am borthi'r pum mil [25] a Iesu'n cerdded ar y dŵr [26] yn gyffredin i Ioan a Marc; [27] yn wir, fe gydiwyd yr hanesion wrth ei gilydd yn yr un drefn yn y ddwy efengyl a hwyrach fod hynny'n arwyddocaol. Yn ogystal â hyn ceir tebygrwydd geiriol rhwng y ddwy efengyl, weithiau mewn mannau lle nad oes cytundeb rhwng Marc a'r ddwy efengyl gyfolwg arall yn eu hanesion cyfatebol — e.e., cyfeirio at ddau can *denarius* a sôn am y glaswellt, ond mae'n rhaid dweud fod llawer o wahaniaethau hefyd. [28]

Dylem ofyn pa faint o gytundeb geiriol sydd arnom ei angen cyn derbyn mai'r ffordd orau o esbonio'r ffeithiau yw fod y naill efengyl yn dibynnu ar y llall. Dyma gwestiwn sy'n galw am sylw manwl yn sgîl gwaith y beirniaid ffurf, sy'n sylweddoli pwysigrwydd y traddodiad llafar a'r defnydd helaeth ohono yn yr eglwys fore.[29] Heddiw, felly, byddai'n rhaid wrth gyfartaledd uchel o gytundeb geiriol cyn derbyn bod awdur wedi defnyddio gwaith awdur arall, ac ni cheir cytundeb o'r fath rhwng Ioan a Marc wrth adrodd hanes y ddwy wyrth yma. Mae'n ddigon hawdd priodoli'r tebygrwydd rhyngddynt i'r traddodiad llafar a ddefnyddid gan y ddau efengylydd, a dyna'r esboniad ar y cysylltiad rhwng y ddwy wyrth hefyd.

Efallai fod arwydd arall,[30] sef iacháu mab y swyddog, yn cyfateb i hanes Q am iacháu gwas y canwriad, er nad yw Ioan yn dibynnu yma nac ar Fathew nac ar Luc.[31] Unwaith eto, mae'n well esbonio'r dystiolaeth trwy ddweud fod Ioan, fel y lleill, yn dibynnu ar draddodiad llafar, ac yn yr achos arbennig yma ar draddodiad llafar yn yr iaith Aramaeg.[32] Ioan yw'r unig un sy'n cynnwys y pedwar arwydd arall, er bod ysgolheigion yn clywed adlais o hanesion gwyrth Marc, yn enwedig yn hanes y claf yn ymyl Bethesda,[33] a hanes iacháu'r dyn dall o'i enedigaeth;[34] ond mae'n amheus iawn a oes cysylltiadau o'r fath mewn gwirionedd. Eto, fe gysylltir yr arwydd yng Nghana[35] â'r dywediad am y gwin a'r crwyn,[36] ac yn yr un modd hanes Lasarus[37] â dameg y dyn cyfoethog a Lasarus yn Luc;[38] ond unwaith eto, hyd yn oed o dderbyn y fath gysylltiadau, nid ydynt yn awgrymu, heb sôn am brofi, dibyniaeth lenyddol.

O droi at hanes y dioddefaint fe sylwir, fel y byddem yn disgwyl, fod Ioan yn cytuno â'r efengylau eraill ar rai o'r manylion ffeithiol; eto i gyd, dylid sylwi ar wahaniaethau sylweddol, yn enwedig ar ddyddio'r Croeshoeliad sy'n digwydd ddiwrnod yn gynharach yn ôl hanes Ioan na'r dyddiad a geir yn yr efengylau cyfolwg.[39] Yn ôl Ioan roedd Rhufeiniaid yn ogystal ag Iddewon yn gyfrifol am restio Iesu,[40] ac ar ôl hynny ceir gwahaniaeth mawr yn hanes prawf Iesu o flaen yr archoffeiriaid.[41] Mae Iesu'n cario'r groes ei hunan heb gymorth neb;[42] mae'n llefaru geiriau hollol wahanol ar y groes,[43] yn cynnwys gorchymyn i un o'i ddisgyblion sy'n sefyll yn ei hymyl, rhywbeth sy'n gwrth-ddweud hanes Marc sy'n sôn am bob un o'i ddisgyblion yn dianc cyn y Croeshoeliad.[44] Roedd yn arfer gan ysgolheigion ar un adeg esbonio llawer o'r gwahaniaethau hyn trwy honni fod Ioan wedi newid hanes Marc er mwyn cyflawni pwrpas diwinyddol arbennig — e.e., i sicrhau bod Iesu'n marw ar y groes yr un adeg â lladd ŵyn y Pasg. Ond erbyn hyn mae'r mwyafrif o ysgolheigion wedi rhoi'r gorau i'r dehongliad yma er eu bod yn cydnabod o hyd bod pwrpas diwinyddol yr efengylydd wedi dylanwadu ar ei hanes yn yr un modd ag y cyfansoddodd pob un o'r efengylwyr eraill ei hanes er mwyn cyflawni pwrpas diwinyddol arbennig.

Ymhellach, mae hanesion yr atgyfodiad yn gwbl wahanol yn y bedwaredd efengyl. Pedr a'r disgybl arall, dau o blith ei ddisgyblion, yw'r prif dystion i'r bedd gwag yn ôl Ioan,[45] ac nid oes sôn am y gwragedd ac eithrio Mair o Fagdala, sy'n cael profiad o'r Iesu atgyfodedig yn ymddangos iddi — digwyddiad nad oes sôn amdano yn yr efengylau cyfolwg.[46] Yn wir, yr hanes sy'n dod agosaf at unrhyw un o hanesion yr atgyfodiad yn Ioan yw'r hanes gwyrth a geir yn adran y weinidogaeth yn Luc.[47] A sôn am Luc, nid dyma'r unig enghraifft ddiddorol o ddeunydd cyffredin i Luc ac Ioan nas ceir yn y ddwy efengyl arall. Gellir nodi'n arbennig y cyfeiriadau at Fair a Martha, Lasarus, yr apostol Jwdas (nid Iscariot) a'r archoffeiriad Annas. Mae'r ddau yn lleoli ymddangosiadau'r Iesu atgyfodedig yn Jerwsalem (yn wahanol i Farc a Mathew). Ceir hefyd nodweddion sy'n gyffredin i'r ddwy efengyl yma'n unig yn hanes y wraig yn eneinio Iesu,[48] yn ogystal ag yn hanes y prawf o flaen Pilat.[49] Yn wyneb y ffeithiau hyn, awgrym rhai ysgolheigion[50] yw fod Ioan wedi darllen efengyl Luc yn ogystal â hanes sylfaenol y traddodiad cyfolwg ym Marc; ond nid yw hyn yn debyg o gwbl. Mae'r gwahaniaethau rhyngddynt yn fwy niferus o lawer na'r cytundebau gweddol ddibwys ac nid yw'r cytundebau, hyd yn oed, mor agos ag yr honnir; e.e., person hanesyddol yw Lasarus yn Ioan, ond nid yw Lasarus yn Luc ond cymeriad dychmygol mewn dameg. Mae'n debyg fod unrhyw gytundeb rhyngddynt yn tarddu o gysylltiad rhwng y traddodiadau a ddefnyddid ganddynt yn y cyfnod cyn ysgrifennu'r efengylau, sef cyfnod y traddodiad llafar.[51]

Nid oes unrhyw dystiolaeth ymhlith y manylion a ystyriwyd uchod yn peri inni feddwl bod Ioan wedi darllen efengyl Marc (fe wrthodwyd eisoes y posibilrwydd fod yr awdur wedi darllen

efengyl Luc, ac ni cheir fawr o gefnogaeth i'r awgrym fod Ioan
wedi darllen efengyl Mathew hyd yn oed ymhlith y rhai sy'n
honni fod yr awdur yn gyfarwydd â'r efengylau cyfolwg). [52] Wrth
gwrs, mae'n rhaid cydnabod fod nifer o ddywediadau unigol yn
gyffredin i Ioan a Marc (a'r ddwy efengyl arall hefyd weithiau), [53]
ond at ei gilydd ni cheir y dywediadau hyn yn yr un cyd-destun
yn Ioan, er i'r dystiolaeth hon arwyddo fod Ioan, fel yr efengylwyr
eraill, yn tynnu ar ddraddodiadau cyntefig am ddysgeidiaeth Iesu.

Ar wahân i hanes y dioddefaint a'r hanesion gwyrth, dyma'r
digwyddiadau sy'n gyffredin i Ioan a Marc: Iesu a Ioan
Fedyddiwr, galw'r disgyblion cyntaf, glanhau'r Deml, yr eneinio
ym Methania a'r marchogaeth i mewn i Jerwsalem. [54] Nid yw'r
un o'r hanesion hyn yn peri inni newid ein barn fod y dystiolaeth
o blaid y ddamcaniaeth fod Ioan yn dibynnu ar Farc yn wan
iawn a'i bod yn bosibl esbonio'r dystiolaeth ffeithiol yn fwy
boddhaol trwy ddweud fod y ddau efengylydd yn defnyddio'r
un traddodiadau llafar o bryd i'w gilydd. Ni ellir anwybyddu'r
gwahaniaethau sylweddol [55] rhwng hanes Ioan a hanes Marc am
y tri digwyddiad cyntaf yn y rhestr uchod. (Daw hanes glanhau'r
Deml, er enghraifft, ar ddechrau gweinidogaeth Iesu yn Ioan ac
nid ar y diwedd, fel ym Marc). Ac nid yw'n bosibl priodoli'r
newidiadau hyn i gyd i ddiddordebau diwinyddol awdur y
bedwaredd efengyl. Yn hanes Ioan o'r eneinio ceir yr awdur yn
cytuno â Marc fan yma ac â Luc fan draw, a sylwer fod hanes
Luc o'r eneinio yn gwbl annibynnol ar Farc. [56] A'r esboniad ar
hyn yw naill ai fod Ioan yn ceisio cyfuno hanesion Marc a Luc
neu, yn fwy tebyg, fod gan yr efengylydd draddodiad annibynnol
sy'n digwydd cytuno â'r naill neu'r llall o'r traddodiadau eraill
o bryd i'w gilydd.

Fe gydnabyddir gan ysgolheigion yn gyffredinol erbyn hyn
fod y gwahaniaethau rhwng Ioan a Marc yn fwy niferus o lawer
na'r cytundebau rhyngddynt. Mae hyd yn oed C. K. Barrett [57]
sy'n dadlau o blaid dibyniaeth Ioan ar Farc yn cyfaddef nad
yw'r efengyl yn dibynnu ar Farc yn yr un modd â Mathew. Ond
gwan yw tystiolaeth Barrett dros hawlio unrhyw fath ar
ddibyniaeth, fel y dangosodd ysgolheigion megis C. H. Dodd a
L. Morris [58] wedi iddynt drin a thrafod y dystiolaeth yn fanwl
ac yn drwyadl. Ni fyddai'n hawdd caniatáu mwy na'r posibil-

rwydd i Ioan beidio â defnyddio Marc yn ymwybodol, er iddo ei darllen. Awgrym W. G. Kümmel,[59] ymhlith eraill, yw fod yr awdur yn dibynnu ar ei gof wrth ddefnyddio deunydd Marcaidd. Byddai hynny'n bosibl, ond mae'n fwy tebyg fod yr awdur wedi defnyddio traddodiadau sy'n cyfateb i'r traddodiadau a geir ym Marc ond yn annibynnol arnynt. Nid yw'r awdur yn ceisio cyflenwi hanes yr efengylau cyfolwg na'i gywiro na'i ddisodli. Lluniodd yr awdur ei waith heb ystyried yr efengylau eraill o gwbl er iddo, fel yr efengylwyr eraill, ddefnyddio traddodiadau am weithgareddau Iesu a'i ddysgeidiaeth a oedd ar led yn y gwahanol gymdeithasau yn yr eglwys fore.

Ar ôl dileu'r posibilrwydd fod awdur y bedwaredd efengyl wedi defnyddio'r efengylau cyfolwg yn ffynonellau, ein gorchwyl nesaf yw ystyried a yw'n bosibl darganfod unrhyw ffynhonnell arall o draddodiad y gymdeithas Gristnogol yn ffurf derfynol yr efengyl sydd wedi dod i lawr atom ni.

Ceisiodd llawer o ysgolheigion[60] ddod o hyd i olion ffynonellau ysgrifenedig y tu ôl i'r bedwaredd efengyl.[61] Yr ymgais fwyaf trawiadol a dylanwadol, yn ôl pob tebyg, yn y cyfnod modern yw eiddo Rudolf Bultmann a gyflwynwyd yn ei esboniad ar yr efengyl.[62] Yn ôl Bultmann, roedd yr efengyl yn cynnwys tair ffynhonnell: (i) *Sêmeia-Quelle* (= Ffynhonnell Arwyddion). Rhagymadrodd y ffynhonnell wreiddiol oedd galw'r disgyblion (i. 35-49) ac yna daeth y saith arwydd (mae'r efengylydd wedi nodi rhifau'r ddau arwydd cyntaf — gw. ii. 11, iv. 54.), gyda geiriau xx. 30 yn dod â'r gwaith i ben.[63] Cynnwys y ffynhonnell hon ddeunydd tebyg i'r hyn a geir yn yr efengylau cyfolwg ac, er bod i'r iaith nodweddion Semitaidd, Groeg oedd yr iaith y cyfansoddwyd y ffynhonnell ynddi. (ii) *Offenbarungsreden-Quelle* (= Ffynhonnell Areithiau Datguddiol). Seiliwyd y ffynhonnell ar gyfres o areithiau (o darddiad Gnosticaidd) a gyfansoddwyd yn wreiddiol yn yr iaith Aramaeg. Rhagymadrodd y ffynhonnell, yn cyflwyno'r Datguddiwr sy'n llefaru yn yr areithiau yn nes ymlaen, oedd prolog yr efengyl (i. 1-18) er nad yn ei ffurf bresennol. Arddull rythmig, farddonol sydd i'r ffynhonnell ac mae'n defnyddio syniadau mytholegol yn helaeth. (iii) Hanes y Dioddefaint. Sail hanes y dioddefaint yn Ioan oedd ffynhonnell annibynnol ar yr efengylau cyfolwg a gyfansoddwyd mewn

Groeg Semitaidd. Ynghlwm wrth ddamcaniaeth Bultmann am ffynonellau'r efengyl roedd damcaniaeth ychwanegol ar olygydd-iaeth yn ogystal â dadleoli, ond ar hyn o bryd byddai'n well canolbwyntio ar y ffynonellau tybiedig. Ceir datblygiad pellach ar ddamcaniaeth y Ffynhonnell Arwyddion mewn llyfr diweddar gan R. T. Fortna[64] sy'n ymestyn y ffynhonnell i gynnwys hanes y dioddefaint, gwyrth yr helfa fawr o bysgod, a'r sgwrs gyda'r wraig o Samaria, yn ogystal â deunydd rhagarweiniol ychwanegol.[65] Yn yr un modd, derbyniodd ysgolheigion eraill ddamcaniaeth Bultmann ynghylch Ffynhonnell yr Areithiau Datguddiol, a'i haddasu.[66]

Eto i gyd, nid yw'r mwyafrif o ysgolheigion wedi eu hargyhoeddi, yn enwedig ar gwestiwn Ffynhonnell yr Areithiau, er bod llawer ohonynt yn barod i dderbyn fod Ioan yn annibynnol ar yr efengylau cyfolwg yn hanes y dioddefaint. Honnodd Bultmann ei bod yn bosibl adnabod nodweddion iaith ac arddull neilltuol ei ffynonellau tybiedig, ond ceir dadleuon cryf yn ei erbyn yng ngwaith E. Ruckstuhl[67] a adeiladodd ar ymchwil gynharach E. Schweizer a B. Noack.[68] Dangosodd Ruckstuhl fod arddull yr efengyl gyfan yn unffurf a bod y gwahanol nodweddion ieithyddol i'w cael yn lled gyfartal yn y gwahanol ffynonellau tybiedig. Ar y llaw arall, ceisiodd Noack bwysleisio pwysigrwydd y traddodiadau llafar sydd wrth wraidd yr efengyl. Daeth her i brofion diwinyddol Bultmann at adnabod ffynonellau hefyd — e.e., o gyfeiriad ei ddisgybl E. Käsemann,[69] er bod Käsemann hefyd yn rhoi'r argraff nad yw'n medru osgoi llunio profion diwinyddol goddrychol.

Ceisiodd H. Becker[70] ddod o hyd i ddeunydd yn cyfateb i Ffynhonnell yr Areithiau yn amgylchfyd diwylliannol yr efengyl, ond nid yw ei ymgais yn argyhoeddi llawer. Ofer hefyd fu'r ymgais i ddarganfod deunydd sy'n cyfateb i Ffynhonnell yr Arwyddion. Prif wendid damcaniaeth Bultmann, fel y pwysleisiodd C. H. Dodd,[71] yw fod yr arwyddion a'r areithiau ynghlwm wrth ei gilydd.[72] Ymddengys unrhyw ymgais i'w gwahanu a'u his-rannu yn ffynonellau penodol ar wahân yn anghredadwy. Haws credu'r farn a fynegwyd gan C. K. Barrett, R. Schnackenburg a B. Lindars[73] fod yr efengylydd ei hun wedi seilio pregethau/areithiau ar ddeunydd traddodiadol — e.e.,

hanesion gwyrth neu ddywediadau unigol — ac yna yn ddiwedd-
arach wedi cynnwys y rhain fel areithiau Iesu yn ei efengyl.
Mae'n rhaid dweud mai ofer fydd pob ymgais i adnabod
ffynonellau ysgrifenedig yn y bedwaredd efengyl am fod yr awdur,
er nad oes amheuaeth iddo ddefnyddio deunydd traddodiadol,
wedi llwyr-feddiannu'r deunydd a'i gyflwyno yn ei ffordd ddihafal
ef ei hun.

Cyn gadael pwnc ffynonellau, dylid trafod ar fyr eiriau un o'r
manylion eraill sy'n nodweddu damcaniaeth Bultmann, sef yr
honiad fod peth o ddeunydd y ffynonellau wedi ei gyfansoddi'n
wreiddiol yn yr iaith Aramaeg. Yn wir, aeth rhai ysgolheigion 74
ymhellach o lawer gan honni mai Aramaeg oedd iaith wreiddiol
yr efengyl gyfan. Mae hynny'n amheus iawn, gan nad yw'n
bosibl cysoni rhai agweddau ar Roeg yr efengyl â'r ddamcaniaeth
fod yr efengyl yn gyfieithiad o'r Aramaeg. 75 Serch hynny, mae
Bultmann yn llygad ei le yn adnabod nodweddion Semitaidd
yng Ngroeg yr efengyl, er y dylid priodoli'r rhain i'r efengylydd
ei hun yn hytrach na'u derbyn yn dystiolaeth fod ffynhonnell
neu ffynonellau Aramaeg wrth wraidd yr efengyl. Mae'n ddigon
tebyg fod yr awdur yn ddwyieithog; yn wir, Aramaeg oedd ei
iaith gyntaf yn ôl pob golwg a dyna sy'n gyfrifol am ddylanwad
Aramaeg ar Roeg yr efengyl. Ni fyddai hynny, wrth gwrs, yn cau
allan y posibilrwydd mai Aramaeg oedd iaith wreiddiol rhai o'r
traddodiadau a oedd ar gael iddo; yn wir, os oedd yr awdur yn
ddwyieithog, byddai'n ddigon naturiol iddo ddefnyddio
ffynonellau Aramaeg. Ni fyddai hynny mor debyg pe bai'r awdur
yn Roegwr uniaith nad oedd yn gyfarwydd ag Aramaeg.
Daethpwyd o hyd i olion traddodiadau Aramaeg wrth wraidd yr
efengyl gan Matthew Black a C. H. Dodd, dau ysgolhaig cymedrol
y gellir ymddiried yn eu barn, 76 traddodiadau sydd yn naturiol
yn mynd â ni yn nes at fywyd a gwaith Iesu ei hun yng ngwlad
Palesteina o ran amser yn ogystal â lle ac, o ganlyniad, yn chwyddo
gwerth hanesyddol efengyl a werthfawrogir fel arfer am ei
chyfraniad diwinyddol.

Gwaith Golygu

Ein man cychwyn gorau yma yw'r geiriau a geir yn xxi. 24:
'Hwn yw'r disgybl sydd yn tystiolaethu am y pethau hyn, ac

sydd wedi ysgrifennu'r pethau hyn. Ac fe wyddom ni fod ei dystiolaeth ef yn wir'. Ymddengys fod newid y rhagenw o'r trydydd person gydag 'ysgrifennu' i'r person cyntaf 'ni' gyda 'gwybod', yn ogystal â'r newid yn amser y berfau o 'wedi ysgrifennu' i 'wyddom', yn arwydd fod yr adnod hon o leiaf i'w phriodoli i rywun ar wahân i'r efengylydd. O ganlyniad, ceisiodd ysgolheigion ddod o hyd i adnodau eraill y gellid eu priodoli i'r golygydd. Y farn gyffredinol yw fod xx. 30-31 yn ddiweddglo addas i'r efengyl. O'r herwydd, fe awgrymir fod y golygydd wedi ychwanegu nid yn unig adnod 24 ym mhennod xxi, ond y bennod gyfan. Yn ôl rhai ysgolheigion mae tystiolaeth ieithyddol yn cefnogi'r awgrym, ond, fel y dywed C. K. Barrett,[77] nid yw'r dystiolaeth ieithyddol yn torri'r ddadl y naill ffordd na'r llall. Nid oes amheuaeth nad yw pennod xxi yn atodiad, ond fe all fod o law'r efengylydd ei hun; os felly, ni fyddai'r golygydd yn gyfrifol ond am ychwanegu ôl-nodyn yn y ddwy adnod olaf.

Prif anhawster y rhai sy'n chwilio am ddylanwad golygydd, fel y rhai sy'n chwilio am ffynonellau, yw undod rhyfeddol iaith ac arddull yr efengyl. Ar wahân i vii. 53-viii. 11, sydd yn amlwg yn eilradd, ni cheir ond ychydig o ddarnau yn yr efengyl gyfan nad oes arnynt ôl arddull nodweddiadol yr efengylydd.[78] Yn sgîl hynny awgrym rhai ysgolheigion diweddar[79] yw fod yr efengylydd ei hun wedi diwygio ei waith ar fwy nag un achlysur, damcaniaeth a fyddai'n esbonio undod arddull ochr yn ochr â thoriadau ac anghysondebau. Ceisiodd ysgolheigion cynharach, megis J. Wellhausen,[80] ddarganfod *Grundschrift* — hynny yw, drafft gwreiddiol, sylfaenol, a ddiwygiwyd yn ddiweddarach gan amryw o olygyddion, ond ni fu'r ymgais yn llwyddiannus. Ar y llaw arall, awgrym ysgolhaig diweddar, W. Wilckens,[81] yw fod yr efengylydd ei hun wedi diwygio'r efengyl deirgwaith. Dwywaith yn unig y gwnaeth hynny yn ôl P. Parker[82] a'r gwahaniaeth rhwng y naill fersiwn a'r llall oedd ychwanegu deunydd yn ymwneud â Galilea.[83] Prif wendid y damcaniaethau hyn yw nad yw'n bosibl ail-lunio terfynau'r gwahanol ddiwygiadau yn fanwl ac yn gywir. Mae Bultmann, er enghraifft, yn priodoli darnau arbennig i olygydd 'eglwysig' yn ôl egwyddorion diwinyddol — e.e., y cyfeiriadau ar eschatoleg yn nhermau'r dyfodol,[84] neu sagrafennau,[85] neu'r darnau sy'n adleisio'r efengylau cyfolwg;[86]

ond dull cwbl fympwyol o weithredu yw hwn, wedi ei seilio ar
ddim mwy na barn oddrychol. Ar y llaw arall, mae S. Schulz[87]
yn priodoli'r cyfeiriadau at eschatoleg yn nhermau'r dyfodol i
draddodiad cyntefig wrth wraidd yr efengyl.

Nid oes un ddamcaniaeth ynghylch golygu heb ei hanawsterau,
yn enwedig y rheiny sy'n ceisio ail-lunio'r broses yn rhy fanwl.
Ffôl fyddai tybio fod yr efengylydd wedi llwyddo i osgoi pob
lletchwithdod wrth gyfansoddi'r efengyl. Nid oes angen priodoli
i olygu diweddarach bob darn nad yw'n cyd-fynd â'n dehongliad
arbennig ni o'i bwrpas. Nid henaint yr efengylydd na'i wendid —
na'i farwolaeth, hyd yn oed — sy'n cyfrif am yr *aporiai* hyn, sef
nodweddion yn yr efengyl sy'n peri penbleth i'r beirniad cyfoes.
Serch hynny, ni ellir gwadu tystiolaeth xxi. 24. Mae'n ymddangos
fod rhywun wedi gwneud rhywfaint o waith golygu ar yr efengyl
wedi i'r efengylydd gwblhau ei waith, hyd yn oed os nad yw'n
hawdd diffinio terfynau'r golygu, yn bennaf am nad oes neb wedi
sefydlu prawf gwrthrychol ar gyfer adnabod gwaith golygu fel
bod pob beirniad yn mynd yn ysglyfaeth i'w ddehongliad
goddrychol ef ei hun. Eto i gyd, o ystyried undod diymwad yr
efengyl hon yn ei harddull yn ogystal â'i phwrpas mae'n debyg
fod unrhyw olygu a fu arni ar ôl amser yr efengylydd wedi ei
wneud gan rai a oedd yn ddigon agos ato i lwyr amgyffred ei
syniadau diwinyddol, a hyd yn oed ei ffordd arbennig ef o'u
cyflwyno.

Dadleoli

Yn ogystal â'i ddamcaniaethau ynghylch ffynonellau a golygu
yn yr efengyl roedd Bultmann o'r farn nad yw trefn bresennol
yr efengyl yn cyfateb i drefn y cyfansoddiad gwreiddiol. Daeth
ysgolheigion eraill i'r un casgliad, yn enwedig J. H. Bernard ac
F. R. Hoare.[88] Ceisiodd Bernard hyd yn oed amcangyfrif pa nifer
o lythrennau a llinellau oedd ar bob tudalen yn y drafft gwreiddiol
er mwyn ail-lunio ffiniau'r tudalennau a ddadleolwyd a'u hadfer
i'w trefn briodol. Sylfaen pob damcaniaeth o'r fath yw'r farn
nad yw'r efengyl yn gwneud synnwyr yn ei threfn bresennol, ond
fe wadwyd hynny'n bendant gan ysgolheigion eraill.[89] Yn wir,
mae llawer o'r ail-lunio yn achosi'r un anawsterau a'r un anghys-
ondebau ag y ceisir eu datrys. Os mai ar ròl y copïwyd yr efengyl

yn wreiddiol mae'n anodd gweld sut y dadleolwyd y tudalennau. Hyd yn oed os mai *codecs* (= llyfr) oedd ffurf yr efengyl wreiddiol nid yw'n debyg o gwbl fod y tudalennau i gyd wedi mynd ar wasgar, a hyd yn oed pe bai hynny wedi digwydd mae'n anhygoel fod pob tudalen a ddadleolwyd wedi dechrau a gorffen â brawddeg gyfan. O'r braidd fod yr ymgais i amcangyfrif pa nifer o lythrennau ac yn y blaen oedd ar bob tudalen yn argyhoeddi neb, am fod maint y tudalennau a chyfanrif y llinellau a'r llythrennau ar bob tudalen yn amrywio'n fawr mewn hen lawysgrifau. Nid oes un ddamcaniaeth o'r fath wedi llwyddo i esbonio sut y digwyddodd y dadleoli. Fe honnir bod yr efengylydd wedi marw gan adael ei nodiadau mewn anhrefn, ond dyfalu pur yw'r fath esboniad ac eraill tebyg iddo. Gellir derbyn yr efengyl yn ei threfn bresennol a chytuno â Barrett ac eraill nad oes unrhyw angen damcaniaethu ynghylch dadleoli am fod trefn bresennol y deunydd, er nad yw rhesymeg y darllenydd cyfoes yn gallu dygymod yn llwyr â hi, yn ddigon boddhaol. Nid yw'n achosi unrhyw broblem na ellir ei datrys; yn wir, mae'n achosi llai o broblemau na'r damcaniaethau sy'n ceisio gwella arni.

I grynhoi, gellir dweud fod gan yr efengylydd draddodiadau (mae'r gair 'traddodiad'[90] yn fwy priodol na 'ffynhonnell') cynnar, yn cynnwys deunydd a ddefnyddiwyd ganddo wrth bregethu, peth ar ffurf 'hanesion' a pheth ar ffurf 'dywediadau'. Mae'n amlwg fod y traddodiadau sydd wrth wraidd y bedwaredd efengyl yn cytuno weithiau â'r traddodiadau a adlewyrchir yn yr efengylau cyfolwg, ond mae'n debyg fod y cysylltiadau rhyngddynt yn tarddu o gyfnod cynharach na chyfnod ysgrifennu unrhyw un o'r efengylau, a hwyrach fod rhai o'r cysylltiadau yn adlewyrchu awyrgylch cyffredin cymdeithas Aramaeg ei hiaith.

Yn ogystal â'r traddodiadau cyffredin fe ddefnyddiodd yr awdur draddodiadau cynefig eraill, ac o dro i dro mae'n debyg y gellir dibynnu'n fwy arnynt hwy fel tystiolaeth hanesyddol nag ar y deunydd a geir yn yr efengylau cyfolwg — e.e., ynglŷn â hyd gweinidogaeth Iesu, ei ymweliadau â Jerwsalem, ei berthynas â Ioan Fedyddiwr, ynghyd â chysylltiadau rhai o'r disgyblion cyntaf â Ioan, ac, o bosibl, dyddiad y Croeshoelio. Ehangodd yr awdur y deunydd hwn gan geisio dangos ei lawn arwyddocâd o safbwynt diwinyddiaeth a christoleg yn ogystal â chyflwyno'i neges i'r gymdeithas gyfoes. Mae'n debyg fod yr holl broses wedi cymryd cryn amser. Ymgymerodd yr efengylydd neu, o bosibl, un o'i ddisgyblion agos â'r gwaith o ddiwygio'r efengyl gan ychwanegu pennod xxi ac, efallai, un neu ddau o ddarnau eraill, ond nid yw'n bosibl dweud mwy na hynny. Ac felly gellir olrhain traddodiad sylfaenol y bedwaredd efengyl hyd at gyfnod cynnar iawn yn hanes y gymdeithas Gristnogol. Defnyddiodd yr awdur draddodiad lawn cyn hened â'r traddodiad a ddefnyddiwyd gan ei gyd-efengylwyr, hyd yn oed os oedd ei ffordd o ddefnyddio'r deunydd yn dra gwahanol i'w dulliau hwy.

Dylanwadau Posibl ar yr Awdur

Gellir dweud yn gwbl bendant fod yr efengylydd Ioan yn sefyll o fewn y traddodiad Cristnogol; os felly, ei ddealltwriaeth o'r *kerygma* Cristnogol a'i brofiad o fywyd y gymdeithas Gristnogol oedd y prif ddylanwad ar yr awdur. Er hynny, nid oedd yr awdur na'r gymdeithas Gristnogol yn byw a bod mewn gwagle, yn gwbl ar wahân i unrhyw ddylanwad o'r tu allan. Yn wir, os cyfansoddwyd yr efengyl, neu hyd yn oed draddodiadau a adlewyrchir ynddi, yn rhannol o leiaf gyda'r bwriad o droi ei ddarllenwyr a'i gwrandawyr at y ffydd Gristnogol,[91] mae'n rhaid fod yr awdur yn ymwybodol o'r angen i sefydlu rhyw fath ar gyfathrach â'r rhai hynny a ddeuai o gefndir hanfodol baganaidd neu anghristnogol. Yn yr adran hon fe ystyrir ym mha ffordd y gallai amgylchfyd y ganrif gyntaf fod wedi dylanwadu ar yr awdur hwn. Dylid cyfaddef ar y dechrau mai ofer fydd yr archwiliad o dro i dro, er i ryw ysgolhaig neu'i gilydd honni fod y ffordd sy'n arwain at ddealltwriaeth lawn o'r efengyl yn dilyn y naill neu'r llall o'r llwybrau a ganlyn.

(a) *Y Byd Helenistig*

Groeg yw iaith y bedwaredd efengyl yn ei ffurf bresennol, derfynol. Fe all fod rhai adrannau wedi eu cyfansoddi'n wreiddiol yn yr Aramaeg,[92] ond Groeg yw iaith yr efengyl sydd gennym yn awr. Mae'n rhaid fod yr awdur wedi dewis ysgrifennu yn yr iaith Roeg o fwriad gan mai dyna'r iaith oedd yn gyffredin iddo ef a'i gynulleidfa. Os felly, mae'n bosibl fod diwylliant Groegaidd wedi dylanwadu arno — hynny yw, y math o ddiwylliant a ledaenwyd trwy'r gwledydd dwyreiniol o gwmpas Môr y Canoldir yn sgîl buddugoliaeth Alecsander Fawr tua diwedd y bedwaredd ganrif C.C. a'r defnydd helaeth o'r iaith Roeg trwy'r gwledydd hyn i gyd ar ôl sefydlu teyrnasoedd Alecsander a'i ddilynwyr.[93]

(i) *Athroniaeth y Groegiaid*

Fe ystyrir Platon yn un o athronwyr mwyaf hanes dynolryw ac mae'n llawn haeddu'r safle. Ar ddechrau'r ganrif gyntaf C.C. fe gyfunwyd math llygredig ar Blatoniaeth â syniadau'r Stoiciaid gan ŵr o Syria o'r enw Posidonius.[94] Os oedd athroniaeth Roegaidd wedi dylanwadu ar awdur y bedwaredd efengyl, dyma'r math o athroniaeth a fyddai wedi gwneud hynny, yn ôl pob tebyg, er i rai ysgolheigion[95] briodoli i ffurf bur ar Blatoniaeth y gwrthgyferbyniadau megis oddi uchod / oddi isod ac ysbryd/cnawd[96] yn ogystal â'r cyferbyniad rhwng y gwir a'r naturiol — e.e., wrth sôn am fara a dŵr.[97] Oddi wrth y Stoiciaid y daeth y syniad o *logos*,[98] rhyw nerth dwyfol y tu mewn i ddyn sy'n ei alluogi i weld y gwirionedd ac i esgyn i gymundeb â Duw. Ceir tebygrwydd arwynebol, o safbwynt termau o leiaf, rhwng syniadau o'r fath a'r bedwaredd efengyl, ond mae unrhyw ddylanwad uniongyrchol ar awdur yr efengyl o gyfeiriad athroniaeth y Groegiaid yn amheus dros ben. Byddai thema ganolog y prolog, sef bod y gair wedi dod yn gnawd,[99] yn gwbl ddieithr i athroniaeth y Groegiaid. Ac felly dylid priodoli unrhyw debygrwydd i ddylanwad y byd Helenistig ar faes arall yng nghefndir yr awdur.

(ii) *Philon o Alecsandria*

Iddew ffyddlon oedd Philon yn byw yn Alecsandria, un o brif ganolfannau diwylliant y byd Helenistig, yn ystod hanner cyntaf y ganrif gyntaf o oed Crist.[100] Ei brif ddiddordeb oedd defnyddio syniadau athronyddol y Groegiaid, syniadau'n deillio unwaith eto o gyfosodiad Platoniaeth a Stoiciaeth, i geisio profi gwirioneddau diwinyddol y grefydd Iddewig. Mae gwaith Philon yn enghraifft hynod ddiddorol o groesffrwythloni crefydd yr Iddewon ac athroniaeth y Groegiaid. Dehonglodd Philon yr Ysgrythurau Iddewig mewn modd alegorïaidd, a chan iddo drin amryw o themâu sydd i'w cael yn Ioan hefyd — e.e., ysgol Jacob a'r sarff bres[101] — gellir gweld fod y ddau awdur yn defnyddio'r Ysgrythurau mewn modd cwbl wahanol. Os felly, o'r braidd y gellir dweud fod dull Philon o ddehongli'r Ysgrythurau wedi dylanwadu ar Ioan. Ar y llaw arall, dylid cydnabod fod gan y ddau awdur amryw o dermau pwysig yn gyffredin, megis goleuni, bywyd, gwirionedd, gwybod/adnabod, yn ogystal â symbolau megis 'bugail', er bod rhai ohonynt yn tarddu o ddefnydd cyffredin o'r Hen Destament yn ôl pob tebyg.

Y gyfatebiaeth fwyaf arwyddocaol yw fod y ddau awdur, er iddynt ddibynnu i raddau helaeth ar yr ymgais i bersonoli doethineb mewn gweithiau Iddewig diweddarach, yn dewis defnyddio'r term *logos* (= gair) yn hytrach na'r gair *sophia* (= doethineb) i ddisgrifio'r cyfryngwr sy'n cynfodoli ac yn gweithredu ar ran Duw yng nghreadigaeth y byd. Nodwedd arall yng ngwaith Philon a allai fod wedi dylanwadu ar Ioan yw'r syniad sydd ganddo o gynddelw o ddyn, syniad sydd, yn ôl rhai ysgolheigion, wrth wraidd nid yn unig y term 'mab y dyn' yn y bedwaredd efengyl, ond hefyd termau fel *logos* a *paraclêtos*, ond mae'n anodd profi hyn. Boed hynny fel y bo, awgrym y gyfatebiaeth dermau, yn enwedig y term *logos*, rhwng y ddau awdur yw fod Ioan wedi darllen gwaith Philon a benthyca syniadau a thermau oddi wrth yr Iddew Helenistig hwn; eto, o ystyried y ddau awdur yn fanylach daw llawer o wahaniaethau sylweddol rhyngddynt i'r golwg, er iddynt ddefnyddio'r un termau'n fynych.[102] Er enghraifft, amhersonol yw'r *logos* yng ngwaith Philon, ond y *logos* yn Ioan yn bersonol o ran ei hanfod; yn wir, ni fyddai Philon, ddim mwy nag athronwyr eraill, yn medru derbyn y syniad o'r *logos* yn dod yn gnawd. Y ffordd fwyaf boddhaol o esbonio'r tebygrwydd rhwng y ddau awdur yw derbyn fod y ddau o dan ddylanwad yr Ysgrythurau Iddewig, yn enwedig hanes y creu yn llyfr Genesis a'r dyfalu ynghylch gwaith creadigol a datguddiol gair YHWH, a welir yn y llenyddiaeth ddoethineb yn ogystal ag yn llyfrau'r proffwydi.

(iii) *Corpus Hermeticum*

Gwelir tebygrwydd hefyd rhwng y bedwaredd efengyl a chorff o lenyddiaeth sy'n ddiweddarach na Ioan o ran dyddiad yn cynrychioli'r hyn a elwid gan C. H. Dodd[103] yn 'uwch-grefydd

Heleniaeth', peth a ddylanwadodd ar yr awdur, ym marn Dodd. Rhoddir yr enw *Corpus Hermeticum* i'r dogfennau dan sylw am eu bod yn cynnwys cyfres o draethodau a Hermes Trismegistos yn brif lefarydd ynddynt. Ffurf ddwyfoledig gŵr doeth o'r Aifft yw Hermes sy'n cynghori ei feibion, Tat ac Asclepios, ynghylch ffordd iachawdwriaeth. Ceir y tebygrwydd mwyaf trawiadol yn y traethawd cyntaf (Poimandres) yn bennaf, traethawd sy'n drwm dan ddylanwad hanes Genesis o'r creu wedi ei ddehongli yn nhermau athroniaeth y Groegiaid. Fe gysylltir y datguddiwr dwyfol ag *anthrôpos* (= dyn) nefolaidd, ac yma eto fe all fod cysylltiad â mab y dyn y bedwaredd efengyl, ond defnydd cyffredin o fyth poblogaidd sy'n esbonio'r cysylltiad yn ôl pob golwg, myth a adlewyrchir mewn mannau eraill, megis llyfr Daniel a gwaith Enoch. Ar wahân i hynny, mae'r ddau yn sôn am y *logos*, yn ogystal â defnyddio termau fel goleuni a bywyd i ddisgrifio'r iachawdwriaeth a ddaw yn sgîl gwybodaeth am Dduw. Yr unig draethawd arall sy'n haeddu sylw yw hwnnw sy'n dwyn y teitl 'Ynghylch Ailenedigaeth' (XIII), sy'n debyg, i ryw raddau, i Ioan iii. Nid achubir dyn heb iddo gael ei eni o'r newydd. Mae'n bosibl fod Cristnogaeth wedi dylanwadu ar y traethawd, er i'r syniad o ailenedigaeth darddu o gyfnod cynharach na Christnogaeth. Ceir y syniad ymhlith y Stoiciaid, er enghraifft.

Nid oes unrhyw bosibilrwydd fod y traethodau hyn wedi dylanwadu'n uniongyrchol ar Ioan am na chyfansoddwyd hwy tan y cyfnod rhwng yr ail ganrif a'r bedwaredd, sef ymhell ar ôl amser Ioan. Er gwaethaf dadleuon Dodd, nid yw'r *Corpus Hermeticum* yn taflu fawr o oleuni ar gefndir y bedwaredd efengyl chwaith. Dangosodd G. D. Kilpatrick, [104] er enghraifft, fod llai o lawer yn gyffredin rhwng geirfa'r bedwaredd efengyl a'r *Corpus Hermeticum* nag sy'n gyffredin rhwng geirfa'r efengyl a'r LXX. Nid oes sôn yn Ioan am syniadau nodweddiadol y byd Helenistig sy'n digwydd yn aml yn y *Corpus Hermeticum*, megis anfarwoldeb, delw, syniad, meddwl ac, yn bennaf, gwybodaeth. Mae'n bosibl fod awdur y bedwaredd efengyl ac awduron y gwahanol draethodau yn defnyddio geirfa ddiwinyddol sy'n tarddu o gyfnod cynharach na'r gweithiau hyn oll, [105] neu fod Ioan wedi defnyddio rhai o'r termau hyn am fod ei ddarllenwyr yn gyfarwydd â hwy, [106] ond dyfalu yw hyn i gyd. Ni ellir ond penderfynu na fu'r *Corpus Hermeticum* na'r uwch-grefydd Helenig a adlewyrchid ynddo yn ddylanwad ar y bedwaredd efengyl.

(b) *Syniadau Gnosticaidd*

Y broblem gyntaf yw diffinio'r termau technegol. A bod yn fanwl gywir, Gnosticiaeth yw'r enw am heresi a ddaeth i'r amlwg ymhlith Cristnogion yn ystod yr ail ganrif.[107] O'r herwydd, ni allai Gnosticiaeth fod wedi dylanwadu ar y bedwaredd efengyl. Serch hynny, honnir gan nifer o ysgolheigion[108] fod gwreiddiau Gnosticiaeth yn ymestyn yn ôl i'r ganrif gyntaf, os nad yn gynt na hynny, a bod tueddiadau Gnosticaidd yn amlwg mewn cylchoedd Iddewig a Christnogol, fel ei gilydd, yn ystod y ganrif gyntaf. Barn Bultmann ac eraill[109] yw fod y fath syniadau yn tarddu o'r dwyrain yn hytrach nag o'r byd Helenistig. Mae'n bwysig, felly, gwahaniaethu rhwng Gnosticiaeth go iawn, sef heresi'r ail ganrif, a'r tueddiadau cyn-Gnosticaidd hyn. Y ffordd fwyaf boddhaol o wneud hynny yw dilyn arweiniad R. McL. Wilson[110] a disgrifio'r tueddiadau fel *Gnosis*, a chadw'r enw Gnosticiaeth am heresi'r Cristnogion ar gyfeiliorn.

(i) *Gnosticiaeth*

Er cydnabod nad oedd Gnosticiaeth, fel y cyfryw, yn ddylanwad ar Ioan, mae'n gyfleus dechrau gyda'r heresi ei hun am i'r Gnosticiaid ddefnyddio'r bedwaredd efengyl yn helaeth wrth ffurfio'u systemau. Yn wir, daw'r esboniad cyntaf ar y bedwaredd efengyl y gwyddom amdano o blith y Gnosticiaid. Ehangwyd ein gwybodaeth o syniadau'r Gnosticiaid yn fawr iawn yn ddiweddar yn sgîl darganfod nifer o destunau o'u heiddo yn Nag Hammadi,[111] yn cynnwys *Efengyl Gwirionedd, Apocryphon Ioan* ac *Efengyl Philip*. Awgrym rhai ysgolheigion yw fod y ddau destun cyntaf yn destunau cyn-Gnosticaidd a ddiwygiwyd er mwyn cydweddu â syniadau Cristnogol.[112] Os felly, ceir tystiolaeth am *Gnosis* ynddynt. Ar y llaw arall, mae efengyl Philip yn ddyledus iawn i weithiau Cristnogol, yn enwedig y bedwaredd efengyl.[113]

Er bod y systemau'n amrywio cryn dipyn, y naill oddi wrth y llall, mae'n bosibl disgrifio prif nodweddion Gnosticiaeth

ddatblygedig. Craidd y gred oedd deuoliaeth fetaffisegol —
hynny yw, dau fyd, y naill yn ysbrydol a'r llall yn faterol, a'r
byd materol yn ddrwg ac yn dywyll. Mae'r enaid yn garcharor
o fewn y byd materol, ac nid oes modd iddo ddianc ond trwy
ennill gwybodaeth sy'n dod ambell waith trwy gyfrwng gwaredwr.
Fe ddefnyddir mytholeg a thermau mytholegol yn helaeth, ac yn
y ffurf gyfeiliornus yma ar Gristnogaeth fe gyflwynir Iesu fel
gwaredwr yn dod o'r byd uchod i ryddhau'r enaid sy'n dychwelyd
gydag ef i'r goleuni. Mae'n achub dyn trwy ddatguddio gwybod-
aeth am darddiad y byd a lle dyn yn y byd ac, yn bwysicach, am
y ffordd y gall dyn ddianc o'r byd i undeb â Duw.

Honnir bod y bedwaredd efengyl yn adleisio ieithwedd o'r
fath[114] a'i bod, felly, dan ddylanwad syniadau a fabwysiadwyd
ac a ddatblygwyd yn ddiweddarach gan y Gnosticiaid yn ystod
yr ail ganrif. Dywed Bultmann fod y fath syniadau eisoes ar
led yn y dwyrain cyn cyfansoddi'r bedwaredd efengyl a bod yr
awdur wedi defnyddio deunydd (sef ffynhonnell yr areithiau
datguddiol) a fenthyciwyd o'r dwyrain wrth gyfansoddi'r efengyl.
Seiliodd Bultmann ei ddadl yn rhannol ar yr honiad fod
gwreiddiau'r enwad a elwir yn Fandeaid yn ymestyn yn ôl i'r
cyfnod cyn-Gristnogol, a dyma fydd pwnc ein trafodaeth yn yr
adran nesaf.

(ii) Y Mandeaid

Mae gan Fandeaeth[115] ei dilynwyr yn Irac hyd yn oed heddiw,
ond daw ei dogfennau ysgrythurol (mewn tafodiaith Aramaeg)
o'r cyfnod Islamaidd cynnar — hynny yw, oddeutu 700 O.C.
Daeth y dogfennau i sylw ysgolheigion yn gyffredinol ym
mlynyddoedd cynnar y ganrif hon[116] ac yn fuan wedyn fe'u
cysylltwyd â'r bedwaredd efengyl gan Bultmann, a honnai fod
y testunau yn seiliedig ar syniadau a chredoau y gellid eu holrhain
i enwad cyn-Fandeaidd o ddilynwyr Ioan Fedyddiwr. Yn y
testunau fe geir math o ddeuoliaeth, a goleuni a thywyllwch yn
ymryson â'i gilydd. Mae corff dyn yn perthyn i deyrnas tywyllwch
a'i enaid i deyrnas goleuni, a chan ei fod wedi'i garcharu o fewn y
corff mae'r enaid yn ceisio dianc. Yn y cyfamser, mae'n bosibl i'r
enaid gadw'n bur trwy fedydd rheolaidd.

Agwedd arall ar y testunau yw'r myth iachawdwriaeth sy'n

sôn am *Manda d'Hayye* (= gwybodaeth o fywyd), mab y bywyd mawr (sef Duw) yn disgyn i'r deyrnas isod ac yn trechu galluoedd y tywyllwch cyn esgyn unwaith eto i deyrnas y goleuni. Dengys hyn sut y gall yr enaid gael y fuddugoliaeth, ac mae bedydd yn ailgyflwyno drama'r myth. Mae *Manda d'Hayye* yn rhoi hyfforddiant yn y myth iachawdwriaeth er mwyn i eraill gael yr un fuddugoliaeth. Honnir hefyd fod cymeriad arall, sef *Enosh-Uthra* (*Enosh* = dyn, *Uthra* = cynorthwywr) yn gysylltiedig â mab y dyn yn Ioan. Dylid nodi agwedd arall ar y dogfennau hefyd, sef lle blaenllaw Ioan Fedyddiwr ynddynt.

'Nawr mae'n amlwg nad yw'r gweithiau hyn eu hunain wedi dylanwadu ar y bedwaredd efengyl. Yn wir, dadl F. C. Burkitt,[117] a dderbynir gan C. K. Barrett,[118] yw fod y dogfennau'n seiliedig ar ffynonellau Cristnogol, ac mae'n hawdd cytuno ag ef. Yr unig ddiddordeb sydd gan ysgolheigion ym maes y Testament Newydd yn y dogfennau hyn yw'r posibilrwydd fod eu cynnwys yn seiliedig ar ffynonellau cynharach o lawer, yn tarddu, o bosibl, o'r cyfnod cyn-Gristnogol hyd yn oed. Honnai Bultmann fod hynny'n wir, ond nid yw'r dystiolaeth Fandeaidd ond rhan o'i ddadl, ac felly dylid ystyried yn awr ei ddamcaniaeth fod ffurf ar *Gnosis* yn bod yn y dwyrain yn y cyfnod cyn-Gristnogol a bod ei syniadau wedi dylanwadu ar y bedwaredd efengyl.

(iii) *Ail-lunio Gnosis Cynnar*

Dadleuodd Bultmann dros fodolaeth enwad cyn-Fandeaidd o Fedyddwyr (y Nasoreaid) yn tarddu o Ioan Fedyddiwr. Benthyca'n helaeth oddi wrth fytholeg Iran a wnaeth yr enwad wrth lunio'i fyth ei hun am waredwr dwyfol yn disgyn i'r byd er mwyn achub y ddynolryw cyn esgyn yn ôl i'r nef. Tystiolaeth Bultmann am fodolaeth y myth hwn ac o blaid ei gysylltu ag enwad o Fedyddwyr yw'r gweithiau Mandeaidd ac Odlau Solomon, ynghyd â'r bedwaredd efengyl ei hun, am fod yr efengyl yn cynnwys deunydd sy'n tarddu o gasgliad Gnosticaidd o areithiau datguddiol. Yn eu ffurf bresennol, diweddar yw'r dogfennau Mandeaidd, fel y gwelwyd uchod, ac ni ellir dyddio Odlau Solomon chwaith yn gynt na Christnogaeth;[119] yn wir, barn amryw o ysgolheigion[120] yw fod syniadau Cristnogol wedi dylanwadu ar yr Odlau. Os felly, nid oes gan Bultmann ond tystiolaeth ffynhonnell a ail-luniwyd ganddo o'r bedwaredd efengyl ei hun. Nid yw'n syndod fod Bultmann wedi ei gyhuddo o ddadlau mewn cylch, am nad oes unrhyw dystiolaeth o blaid y ffynhonnell dybiedig ar wahân i'r efengyl a gyfansoddwyd o dan ei dylanwad.

A bod yn deg â Bultmann dylid cyfeirio at destunau Mandeaidd a ddaeth i'r golwg yn nes ymlaen o dan olygyddiaeth yr Arglwyddes E. S. Drower[121] sy'n cefnogi ei farn fod yr enwad yn tarddu o gyfnod cynharach o lawer na'r cyfnod Islamaidd, er nad oes unrhyw brawf hyd yn oed yn awr fod yr enwad yn hŷn na Christnogaeth. Argyhoeddiad y mwyafrif o ysgolheigion o hyd yw fod Mandeaeth yn ffurf ar Gnosticiaeth y dylanwadwyd arni nid yn unig gan yr Ysgrythurau Iddewig ond hefyd gan ffurfiau cyfeiliornus ar Gristnogaeth.[122] Yn yr un modd, er i'r Sgroliau ddangos fod cysylltiadau rhwng Odlau Solomon a'r Emynau Diolchgarwch o Qumran (*Hodayot*)[123] — peth sy'n cefnogi barn Bultmann fod yr Odlau yn adlewyrchu credoau hŷn na Christnogaeth er gwaethaf eu ffurf ddiweddarach bresennol yn yr iaith Syrieg — barn y mwyafrif o ysgolheigion yw mai Ioan a ddylanwadodd ar yr Odlau yn eu ffurf derfynol yn hytrach nag fel arall.

Nid yw'n hawdd derbyn damcaniaeth Bultmann fod enwad o Fedyddwyr a oedd yn meithrin syniadau Gnosticaidd am ddisgyniad ac esgyniad gwaredwr cynfodol yn gysylltiedig â Ioan Fedyddiwr, am nad oes unrhyw dystiolaeth gyfoes o gwbl o blaid cysylltiad o'r fath ar wahân i'r dadlau tybiedig yn erbyn y Bedyddiwr a'i ddilynwyr yn y bedwaredd efengyl ac esboniad Bultmann o'i amcan. Dadleuodd C. H. Dodd[124] yn gryf na chafodd enw Ioan ei gysylltu â Mandeaeth tan y cyfnod Islamaidd, a'r unig reswm am i'r Mandeaid fabwysiadu Ioan yn broffwyd oedd fod angen proffwyd ar yr enwad er mwyn gwrthsefyll bygythiad crefydd Islam a'i phroffwyd hithau. Ac felly ni ellir derbyn damcaniaeth Bultmann heb dystiolaeth gryfach o lawer na'r hyn a gynigiwyd hyd yn hyn.

Eto i gyd, ni ellir anwybyddu'r ffaith fod naws Gnosticaidd i syniadau rhannau eraill o'r Testament Newydd, a cheir yr un peth mewn rhai ffynonellau Iddewig.[125] Mae Paul fel pe bai'n gwrthsefyll ffurf ar Gnosticiaeth yng Nghorinth fel yng Ngholosae.

Nid oes fawr o amheuaeth chwaith nad oedd Gnosticiaeth Iddewig
yr ail ganrif O.C. yn tarddu o syniadau a oedd ar led yn y ganrif
flaenorol. Ni ellir gwadu'r posibilrwydd fod syniadau o'r fath
wedi dylanwadu ar awdur y bedwaredd efengyl. Yn fwy na hyn,
mae'n rhaid derbyn fod geirfa deuoliaeth, sef sôn am oleuni a
thywyllwch ac yn y blaen, yn rhagflaenu Cristnogaeth, fel y mae'r
syniad o waredigaeth trwy gyfrwng datguddiad a gwybodaeth.
Ceir digon o dystiolaeth hefyd o blaid cred ym mhob math o
gymeriadau goruwchnaturiol a chyfryngwyr, ond heb dystiolaeth
bendant mae'n anodd iawn dweud pryd ac ym mha le y cafodd y
fath syniadau ddylanwad ar gymdeithasau neu unigolion arbennig
ymhlith yr Iddewon, heb sôn am y Cristnogion cynnar. O'r braidd
y gellid honni fod y fath syniadau yn boblogaidd cyn ail hanner
y ganrif gyntaf; yn wir, mae'n amheus a oedd unrhyw beth
tebyg i systemau'r ail ganrif yn bod yn y cyfnod pan gyfansoddwyd
y bedwaredd efengyl. Ceir dadleuon cryf gan ysgolheigion fel
C. Colpe[126] yn erbyn dyddio myth y gwaredwr, a ddylanwadodd
ar y bedwaredd efengyl yn nhyb Bultmann, yn gynharach na
Christnogaeth. Y cwbl sydd eisiau ei nodi yw fod Gnosticiaeth a
Gnosis yn tystiolaethu i rai o'r syniadau a oedd yn dod i'r golwg
yn raddol mewn rhai cylchoedd Iddewig a Christnogol yn y cyfnod
a welodd ysgrifennu'r efengyl hon. Os cafodd y fath syniadau
unrhyw ddylanwad ar y bedwaredd efengyl, dylanwad negyddol
oedd hwnnw yn yr ystyr fod yr efengyl yn dadlau, o bosibl, yn
erbyn syniadau Gnosticaidd; ond fe ystyrir y ddamcaniaeth hon
yn fwy manwl yn nes ymlaen.[127]

Amgylchfyd Gwlad Palesteina

A derbyn y farn draddodiadol mai'r apostol Ioan oedd awdur
yr efengyl hon, byddem yn disgwyl gweld tystiolaeth fod
amgylchfyd gwlad Palesteina yng nghyfnod Iesu ac yn union ar
ôl hynny wedi dylanwadu ar yr awdur. Mae unrhyw gysylltiad
ag Iddewiaeth Palesteina, felly, yn arbennig o bwysig. Fel y daw
mwy a mwy o dystiolaeth am y sefyllfa ym Mhalesteina yn
nyddiau Iesu i'r golwg — tystiolaeth megis Sgroliau'r Môr
Marw — mae'n dod yn amlwg nad oedd Iddewiaeth yng ngwlad
Palesteina yn unffurf yn hanner cyntaf y ganrif gyntaf o oed
Crist. Ceir amrywiaeth fawr yn y gwahanol enwadau a grwpiau

yng nghylch y synagog. Yn wir, ni lwyddodd y Phariseaid i sicrhau fod eu dehongliad hwy o'r Gyfraith yn cael ei dderbyn yn Iddewiaeth uniongred tan ar ôl cwymp Jerwsalem yn 70 O.C. a sefydlu'r Gynhadledd yn Jamnia ychydig yn ddiweddarach. Llenyddiaeth y rabiniaid yw'r dystiolaeth am yr Iddewiaeth uniongred yma, ac er nad yw'r llenyddiaeth mor gynnar â'r bedwaredd efengyl, fe ystyrir gweithiau'r rabiniaid yn gyntaf, er mwyn darganfod a oes gan yr awdur unrhyw gysylltiad ag Iddewiaeth safonol.

(i) *Iddewon Uniongred* (*y Rabiniaid*)

Hwyrach ei bod yn arwyddocaol nad oes sôn yn y bedwaredd efengyl am unrhyw enwad Iddewig ar wahân i'r Phariseaid.[128] Ni cheir unrhyw gyfeiriad fel a geir yn yr efengylau cyfolwg at enwadau fel y Sadwceaid. Ceir amryw o arwyddion fod yr awdur yn gyfarwydd ag arferion yr Iddewon, fel gwyliau, seremonïau ac yn y blaen, yn ogystal â dulliau dadlau'r rabiniaid. Sylwer ar enghraifft wych yn vii. 22-24, sy'n frith o dermau technegol y rabiniaid,[129] neu ar bennod ix lle y ceir dadl hir yn null y rabiniaid. Yn v. 39 mae'r efengylydd yn defnyddio gair Groeg sy'n gyfieithiad uniongyrchol o'r Hebraeg *darash*, sef chwilio (yr Ysgrythurau), gair sy'n tarddu o'r un gwraidd â *midrash* (= esboniad/dehongliad o'r Ysgrythurau). Diddorol, felly, yw sylwi ar ddull *midrash* o ddehongli'r Ysgrythurau mewn adnodau megis i. 51, iii. 14, vii. 38. Fe ddangosodd amryw o ysgolheigion[130] hefyd fod yr araith hir ar fanna yn debyg i bregeth rabinaidd. At hynny, dadleuodd Aileen Guilding[131] nad oedd darnau hir o'r efengyl yn ddim ond ymgais i ddehongli'r darlleniadau a bennwyd ar gyfer y gwyliau yn rhestr llithiau'r synagog, er y dylid cydnabod nad oes fawr o gefnogaeth ymhlith ysgolheigion[132] i fanylion ei dadl, sy'n ymddangos yn hynod o gymhleth o bryd i'w gilydd. Ioan yw'r unig un o'r efengylwyr sy'n gyfarwydd â disgwyliad y rabiniaid am Feseia cuddiedig,[133] ac ef yw'r unig un sy'n defnyddio'r trawslythreniad *Messias* ochr yn ochr â'r cyfieithiad *Christos*.[134]

Dadl ychwanegol o eiddo C. H. Dodd[135] yw fod y fformiwla 'Myfi yw' yn gysylltiedig â'r dyfalu ymhlith y rabiniaid ynghylch enw (hynny yw, hanfod) Duw a seiliwyd ar y dywediadau 'Myfi

yw' yng ngwaith yr ail Eseia.¹³⁶ Yn yr un modd, ymddengys
fod cyfatebiaeth rhwng athrawiaeth y bedwaredd efengyl am y
logos a dyfalu'r rabiniaid ynghylch personoli'r *Torah* yn seiliedig
ar bersonoli'r ddoethineb ddwyfol yn yr Hen Destament. Ac
felly mae'n hawdd dod o hyd i gysylltiadau rhwng Ioan a syniadau
ac arferion a oedd yn nodweddiadol o'r rabiniaid yn y cyfnod ar
ôl 70 O.C. ac, o bosibl, yn y cyfnod cyn hynny hefyd.

Serch hynny, ochr yn ochr â'r nodweddion hyn mae'r awdur
yn cyfeirio at 'yr Iddewon' mewn ffordd sy'n awgrymu nad oedd
gan Gristnogion, na hyd yn oed Iesu ei hun, unrhyw berthynas
uniongyrchol â'r genedl Iddewig.¹³⁷ Mae'n sôn am agwedd yr
Iddewon tuag at Iesu¹³⁸ a'i ddilynwyr mewn termau dirmygus,
os nad gelyniaethus. Ceir ambell gyfeiriad at y Gyfraith Iddewig
sy'n awgrymu nad oes a wnelo'r Gyfraith ddim â'r Cristion
bellach,¹³⁹ yn ogystal â chyfeiriadau at ddilynwyr Iesu'n cael eu
taflu allan o'r synagog.¹⁴⁰ Mae'n debyg i hynny ddigwydd yn
sgîl symudiadau yn erbyn y *Mînîm* (= hereticiaid)¹⁴¹ yn y
cyfnod ar ôl 85-90 O.C. Mae'r dystiolaeth yma'n awgrymu na
ddaeth gwaith cyfansoddi'r efengyl i ben nes bod Cristnogion
wedi torri'n llwyr oddi wrth yr Iddewon, er bod yr awdur yn
gyfarwydd â'r dadleuon ynghylch sefyllfa'r Cristnogion o fewn
y ffydd Iddewig cyn hynny. Mae'r efengylydd yn gyfarwydd â'r
math o Iddewiaeth a oedd mewn bod ar adeg ysgrifennu'r efengyl,
sef ar ôl 70 O.C.,¹⁴² ac yn ei gwrthwynebu. Eto i gyd, mae'r
ffaith iddo esbonio pethau Iddewig¹⁴³ o bryd i'w gilydd yn
awgrymu nad oedd pob un o'i ddarllenwyr yn gyfarwydd ag
Iddewiaeth. Ein gwaith nesaf yw chwilio am dystiolaeth dros
gysylltu'r efengyl ag Iddewiaeth Palesteina neu unrhyw enwad
ohoni yn y cyfnod cyn cwymp Jerwsalem.

(ii) *Iddewon Anuniongred — Sect Qumran*

Nid oes unrhyw gofnod ysgrifenedig o syniadau'r rabiniaid
ar gael tan gyfnod diweddarach na chyfnod y bedwaredd efengyl.
Ond gan fod y gymdeithas a gynhyrchodd Sgroliau'r Môr Marw
wedi ei dinistrio yn y flwyddyn 68 O.C.,¹⁴⁴ nid oes amheuaeth
nad yw'r gweithiau hyn yn gynharach na'r bedwaredd efengyl,
ac yn wir yn gynharach na Christnogaeth hyd yn oed. Ceir
tystiolaeth yn y Sgroliau am gredoau cymdeithas o Eseniaid¹⁴⁵

dros gyfnod yn ymestyn o ddiwedd yr ail ganrif C.C. tan 68 O.C.
Y gyfatebiaeth fwyaf trawiadol â'r bedwaredd efengyl yw'r
ddeuoliaeth a adlewyrchir yn rhai o'r Sgroliau sy'n gwrth-
gyferbynnu goleuni a thywyllwch, gwir ac anwir, ysbryd a chnawd,
fel y gwna'r bedwaredd efengyl. 146 Ac o'i chymharu â deuoliaeth
mytholeg y dwyrain, sy'n fetaffisegol (ynddi hi, galluoedd cyfartal
yw'r da a'r drwg, yn brwydro'n ddibaid yn erbyn ei gilydd, o
fewn y byd materol yn ogystal â'r tu allan iddo), deuoliaeth
foesol sydd i'w gweld yn Qumran fel yn y bedwaredd efengyl.
Deuoliaeth yw honno a seiliwyd ar y gred mai Duw yw creawdwr
pob peth, a bod Duw yn gyfrifol am y da a'r drwg fel ei gilydd.
Yn y pen draw, fodd bynnag, y da fydd drechaf. (Yn y bedwaredd
efengyl mae'r frwydr eisoes wedi ei hennill).

Ond nid dyna'r peth pwysicaf ynghylch deuoliaeth Qumran.
Yr hyn sy'n arwyddocaol yw fod Sgroliau Qumran yn tystiol-
aethu i bresenoldeb deuoliaeth yng ngwlad Palesteina. O
ganlyniad, nid oes angen dweud fod y fath syniadau yn tarddu o
ddylanwad uniongyrchol syniadau'r dwyrain neu'r byd Helenistig
pan ddeuir o hyd iddynt yn y bedwaredd efengyl, er inni gydnabod
eu bod yn tarddu'n anuniongyrchol o fytholeg Soroastraeth neu
rywbeth cyffelyb. Cysylltiad arall a bwysleisir gan Cullmann 147
yw'r feirniadaeth ar y Deml a'r offeiriadaeth yn y bedwaredd
efengyl yn ogystal ag yn y Sgroliau, er nad yr un yn union yw'r
cymhellion. Yn yr un modd, mae'r efengyl a'r Sgroliau'n credu
fod hanes eu henwad yn cyflawni proffwydoliaeth ac, o ganlyniad,
yn drwm dan ddylanwad yr Ysgrythurau Iddewig, sy'n gyfrifol,
mae'n debyg, am lawer o'r cysylltiadau rhyngddynt.

Ond er gwaethaf yr holl gyfatebiaeth na ellir ei gwadu, nid oes
ond ychydig o ysgolheigion yn barod i honni fod efengyl Ioan o
dan ddylanwad uniongyrchol Qumran; mae'n debyg fod y llu o
wahaniaethau'n cau allan y posibilrwydd. Eto i gyd, dadl rhai
ysgolheigion yw fod Qumran wedi dylanwadu ar yr efengylydd
trwy gyfrwng dilynwyr Ioan Fedyddiwr, a gysylltir ganddynt â
Qumran 148 ar y dystiolaeth wan eu bod hwy, fel yntau, yn arfer
bedydd, er bod eu harfer yn dra gwahanol. Fe honnir fod y
'bedyddwyr' yma, ar ôl iddynt droi at Gristnogaeth, wedi
dod â dylanwad Qumran i Gristnogion cylch Ioan. Honiad
ychwanegol 149 yw mai dyma'r 'bedyddwyr' y cyfeirir atynt yn

Actau xix. Dadl Cullmann[150] yw fod cyn-Eseniaid wedi troi yn Gristnogion ar ôl 70 O.C. gan ymuno â charfan yr Heleniaid yn y gymdeithas Gristnogol, y garfan a aeth â'r efengyl i Samaria. Ond dyfalu yw hyn oll i raddau helaeth. Y cwbl y gellir ei ddweud yw fod cyfatebiaeth amlwg rhwng Ioan a chymdeithas Qumran sy'n adlewyrchu, yn ôl pob tebyg, gefndir cyffredin, sef cylchoedd Iddewon anuniongred ym *Mhalesteina* yn y cyfnod *cyn* 70 O.C.

(iii) 'Iddewon' ar Gyfeiliorn — y Samariaid

Gwyddom oddi wrth y Testament Newydd ei hun yn ogystal â ffynonellau Iddewig fod yr Iddew uniongred yn ystyried y Samariad yn ddieithryn ac yn heretic.[151] Ar y llaw arall, ymffrostiai'r Samariad yn ei achau fel disgynnydd o'r patriachiaid, gan honni mai Samaria oedd ceidwad gwir draddodiadau Israel — a dyna, wrth gwrs, oedd enw hen deyrnas y gogledd.[152] Diddorol, felly, yw nodi fod ysgolheigion diweddar[153] wedi troi at gredoau crefyddol y Samariaid gan dalu sylw mawr iddynt, a rhai ohonynt[154] yn awgrymu fod Samariaid a oedd wedi troi at Gristnogaeth wedi dylanwadu ar awdur y bedwaredd efengyl neu fod yr awdur yn anelu ei efengyl at droi'r Samariaid at Gristnogaeth.[155] Fe awgrymwyd[156] hyd yn oed fod yr awdur ei hun yn Samariad wedi troi'n Gristion.

Daw'r dystiolaeth o blaid y damcaniaethau hyn o bennod iv yn bennaf, lle y ceir Iesu'n sgwrsio â gwraig o Samaria. Mae'r bennod yn dangos gwybodaeth am lawer o gredoau'r Samariaid, yn enwedig am eu gwrthwynebiad i'r Deml yn Jerwsalem, nodwedd sy'n eu cysylltu â Heleniaid yr Actau yn ogystal ag â chymdeithas Qumran, yn ôl Cullmann.[157] Honnir hefyd fod y diddordeb cristolegol mewn 'proffwyd' sy'n cyflawni Deut. xviii. 15 yn adleisio disgwyliad y Samariaid am ddyfodiad *Taheb* tebyg i Foses.[158] Gwelir cysylltiadau â'r Samariaid mewn mannau eraill hefyd — e.e., viii. 48-49, xi. 54 (Effraim), x. 16 (y defaid eraill), a hyd yn oed i. 47-51 lle yr honnir fod y cyfeiriad at freuddwyd Jacob ym Methel yn Samaria yn cyfeirio'n anuniongyrchol at Fynydd Gerisim.

Ni ellir gwadu nad oes diddordeb yn y Samariaid yn y bedwaredd efengyl, sy'n dangos fod yr awdur yn gyfarwydd â rhai o gredoau ac arferion y Samariaid, ond gwan yw'r dystiolaeth o blaid rhai o'r damcaniaethau a grybwyllwyd uchod. Prin yw'r cyfeiriadau at y Samariaid o ystyried hyd yr efengyl gyfan. Anhawster arall yw'r broblem o ddyddio llenyddiaeth y Samariaid.159 Nid oes amheuaeth nad oedd y Samariaid yn gyfoes â Iesu a'i ddilynwyr cynnar. Serch hynny, fe all fod syniadau Cristnogol wedi dylanwadu ar y llenyddiaeth o'u heiddo sy'n cynnwys deunydd tebyg i'r bedwaredd efengyl yn hytrach nag i'r gwrthwyneb, am nad yw'n bosibl olrhain ffynonellau'r Samariaid i'r cyfnod cyn-Gristnogol.160 Boed hynny fel y bo, arwyddocâd ymdrechion yr ysgolheigion cyfoes sy'n archwilio tystiolaeth y Samariaid yw pwysleisio unwaith eto pa mor anhygoel o amryliw oedd yr awyrgylch crefyddol yng ngwlad Palesteina yn y ganrif gyntaf. Os felly, mae'n debyg fod adnabod cefndir syniadol yr efengylydd hwn yn broblem fwy cymhleth o lawer nag y tybid ar un adeg.

Ioan a'r Ysgrythurau Iddewig (yr Hen Destament)

Wrth archwilio'r holl ddylanwadau posibl ar yr awdur a'i ddeunydd fe drafodwyd nifer o ffynonellau gwahanol yr honnid gan ysgolheigion eu bod yn ffurfio cefndir meddyliol y bedwaredd efengyl, ond nid yw'r awdur yn dyfynnu'n uniongyrchol o'r un ohonynt mewn ffordd a fyddai'n torri'r ddadl unwaith ac am byth. Ar y llaw arall, mae'n dyfynnu'n blwmp ac yn blaen o'r Ysgrythurau Iddewig, yr unig Ysgrythurau a oedd yn perthyn iddo ef a'r Cristnogion cynnar. Mae'n wir nad yw'r efengyl hon yn cynnwys cymaint o ddyfyniadau uniongyrchol o'r Ysgrythurau ag a geir yn yr efengylau eraill,161 ond ni ddylai ystadegau o'r fath ein twyllo, gan fod yr efengyl gyfan wedi'i thrwytho â themâu o'r Ysgrythurau.

Yn y prolog, adleisir hanes y creu yn Genesis. Fe draethir ar themâu cysylltiedig â'r Ecsodus, fel Moses a'r manna, yn enwedig ym mhennod vi, ond fe geir syniadau tebyg mewn mannau eraill — e.e., y dŵr o'r graig, a'r sarff bres.162 Awgrymwyd163 mai'r ail Eseia oedd ysbrydoliaeth y dywediadau adnabyddus 'Myfi yw', tra bod defnydd helaeth o waith yr ail Sechareia ym mhennod vii yn thema'r dŵr bywiol sy'n gysylltiedig â gŵyl y pebyll. Mae'n amlwg fod synfyfyrio uwchben adnodau o'r Salmau wedi dylanwadu ar ffordd yr awdur o

gyflwyno hanes y dioddefaint. 164 Fe seiliwyd areithiau damhegol
megis y rheiny ar y bugail ac ar y winwydden 165 ar ddelweddau
o'r Ysgrythurau. 166 Ceir perthynas agos â'r llenyddiaeth
ddoethineb, 167 yn enwedig ar thema cynfodolaeth y *logos*, ei
drigo ymhlith dynion a'i wrthod. Honnir hefyd fod llawer o
eiriau Iesu'n adleisio ymadroddion y ddoethineb ddwyfol.

Nid oes le i amau nad yw'r Ysgrythurau Iddewig wedi
dylanwadu ar yr awdur hwn gan lunio'i syniadau a'i holl feddwl.
I raddau helaeth, dyma rywbeth a etifeddodd yn rhan o'r
traddodiad Cristnogol. 168 Fe welwyd hefyd fod yr Ysgrythurau
Iddewig yn bwysig i bobl fel Philon, y rabiniaid ac enwad Qumran,
sy'n goleuo cefndir yr efengyl er nad ydynt, hwyrach, yn
ddylanwadau arni. Efallai fod yr awdur yn dyfynnu'r Ysgrythurau
o'i gof o bryd i'w gilydd, yn enwedig pan nad yw'n cytuno â
fersiwn y Deg a Thrigain (LXX), 169 ond barn ysgolheigion
eraill yw fod yr awdur yn dibynnu ar gyfieithiad arall o'r Hebraeg
gwreiddiol mewn rhai mannau ac, yn ogystal, yn dangos
cydnabyddiaeth â Thargwm Palesteina. 170

Beth, felly, am y ddedfryd ar ôl archwilio'r dystiolaeth yma i
gyd? Beth oedd y dylanwadau pennaf ar yr awdur ar wahân i'w
brofiad yn y gymdeithas Gristnogol? Daw un peth yn fwy a
mwy amlwg yn sgîl darganfyddiadau diweddar, sef bod yr efengyl
yn perthyn i amgylchfyd Iddewon gwlad Palesteina yn anad dim.
Dyma ganlyniad dod o hyd i syniadau — e.e., deuoliaeth
Qumran — y tybiwyd eu bod yn Helenistig, ar dir Palesteina ac
mewn ffynonellau Iddewig. Nid oedd modd i Iddewon Palesteina
ynysu eu hunain oddi wrth bob dylanwad dieithr er i amryw
ohonynt fel cymdeithas Qumran geisio'n ymwybodol osgoi
cyfathrachu â dieithriaid. Mae'n bosibl olrhain syniadau
'Helenistig' neu 'ddwyreiniol' y bedwaredd efengyl i gefndir
Iddewig. Daeth syniadau o'r fath i'r awdur trwy gyfrwng
ffynonellau Iddewig, er nad oedd y rhain yn mynegi safbwynt
Iddewiaeth uniongred bob tro.

Nid oes tystiolaeth o'r cyfnod cyn-Gristnogol i gefnogi'r
rheiny sy'n gweld dylanwad ar yr awdur o gyfeiriad syniadau
ffynonellau megis y *Corpus Hermeticum*, Gnosticiaeth, Mandeaeth
a'r llenyddiaeth rabinaidd, ac felly mae'n well anwybyddu'r
rhain, hyd yn oed os yw'r cysylltiadau'n amlwg. Mae'n ddigon

posibl fod y bedwaredd efengyl wedi dylanwadu ar rai ohonynt hwy yn hytrach nag fel arall. Ceir tystiolaeth bwysig am gefndir cyffredin mewn rhai o'r ffynonellau — e.e., Philon, y rabiniaid a chymdeithas Qumran — ond unwaith eto, ni ddylid meddwl am y rhain fel dylanwadau uniongyrchol yn yr ystyr fod Ioan yn dibynnu arnynt. Y prif ddylanwadau ar yr efengylydd, yn ôl pob tebyg, oedd y synagog, er iddo yn y diwedd dorri ei gysylltiad â'r synagog, a'r Ysgrythurau Iddewig ac, yn bennaf, y traddodiadau a etifeddodd oddi wrth y gymdeithas Gristnogol yr oedd yn aelod ohoni, er nad oes sicrwydd a oedd y gymdeithas honno'n cynrychioli Cristnogaeth safonol (os oedd y fath beth yn bod yn y cyfnod hwnnw) ai peidio.

Amcan yr Efengyl

Wedi archwilio cefndir diwylliannol yr awdur, y cwestiwn nesaf yw: beth oedd ei amcan yn ysgrifennu efengyl? Gan inni wrthod yn gynharach y farn fod yr awdur yn gyfarwydd â'r efengylau cyfolwg, gellir anwybyddu damcaniaethau sy'n honni mai prif amcan yr awdur oedd cyflenwi[171] hanes yr efengylau cyfolwg neu ei gywiro[172] neu ei ddisodli.[173] Dylid ystyried amcanion yr awdur yn gwbl annibynnol ar yr efengylau cyfolwg, a'r lle gorau i gychwyn ein trafodaeth yw gweld sut y disgrifiwyd ei amcan gan yr awdur ei hun. Dyma'i eiriau yn xx. 31: 'Ond y mae'r rhain (hynny yw, 'yr arwyddion sydd wedi eu cofnodi yn y llyfr hwn') wedi eu cofnodi er mwyn i chwi gredu mai Iesu yw'r Meseia, Mab Duw, ac er mwyn i chwi trwy gredu gael bywyd yn ei enw ef'.

Daw llu o anawsterau i'r wyneb ar unwaith gan nad yw'r testun na'r dehongliad yn eglur o gwbl. Mae'r awdur yn cydnabod ei fod wedi dethol hanesion arbennig, a hynny er mwyn i'w ddarllenwyr naill ai droi at y grefydd Gristnogol neu ddal i gredu yn y ffydd (nid oes cytundeb ymhlith yr hen lawysgrifau ynghylch y Groeg gwreiddiol fel y dengys cyfieithiad y *New English Bible*),[174] ond pa fath o ddarllenwyr oedd ganddo mewn golwg? Ni chyfeirir atynt ond fel 'chwi', ac mae'n rhaid gofyn a oeddent yn Gristnogion ai peidio, yn Iddewon ynteu'n Genedl-ddynion, yn Gristnogion Iddewig ynteu'n Gristnogion o blith y

Cenhedloedd, ac yn y blaen. Mae'n amlwg fod yr ateb yn dibynnu i raddau helaeth ar ddatrys y problemau sydd ynglŷn â'r testun gwreiddiol; hynny yw, ai am droedigaeth ai ynteu am gadarnhad yn y ffydd y bu'r awdur yn sôn?

A derbyn am foment mai cadarnhau ffydd oedd bwriad yr awdur, yna byddai'n rhaid gofyn: Beth oedd wedi gwanhau'r ffydd? Pam yr oedd angen ei chadarnhau? Beth oedd wedi mynd o'i le? Ceir atebion gwahanol gan ysgolheigion sy'n apelio at dystiolaeth o blaid eu safbwynt o wahanol adrannau yn yr efengyl. Efallai nad oes raid mynd dim pellach na'r geiriau sy'n dilyn yn yr un adnod, sef '(credu) mai Iesu yw'r Meseia, Mab Duw'. A yw'r geiriau hyn yn awgrymu fod y ffydd yn cael ei herio gan yr hawl mai rhywun arall, megis Ioan Fedyddiwr, oedd y Meseia mewn gwirionedd, ac nid Iesu? Neu a ddylid dehongli'r teitl Meseia yng ngoleuni'r disgrifiad 'Mab Duw', sy'n ei ddilyn? Os felly, byddai'n bosibl symud y ddadl o dir Iddewig, er bod eraill yn honni nad yw'r teitl 'Mab Duw' yn ddim ond ffordd arall o gyfeirio at y Meseia. Yna, pa faint o bwyslais sydd ar y rhagenw yn yr ymadrodd 'yn *ei* enw *ef*'? A oedd Cristnogion yn cael eu herio gan eraill a gyhoeddai nad oedd bywyd — hynny yw, bywyd tragwyddol — i'w gael yn enw Iesu, ond yn enw rhyw iachawdwr arall? Ac yna, beth am amser y 'cael' yn yr ymadrodd 'er mwyn i chwi . . . gael bywyd'? A yw'r awdur yn pwysleisio fod bywyd tragwyddol ar gael yma yn awr i'r rhai sy'n credu 'mai Iesu yw'r Meseia, Mab Duw'? Os felly, a oedd yr awdur yn ceisio cywiro eraill a bregethai na fyddai neb yn cael bywyd tragwyddol hyd oni ddelai Iesu mewn gogoniant?

Dengys yr holl gwestiynau hyn nad yw'n hawdd penderfynu ar sail xx. 31 yn unig pam yn union yr ysgrifennodd yr awdur ei efengyl. Wrth gwrs, mae'n rhaid i unrhyw esboniad o'i amcanion fod yn gyson â'r hyn a ddywed yr awdur yn yr adnod hon, ond oherwydd yr anawsterau sydd ynghlwm wrth destun yr adnod a'i dehongliad, mae'n rhaid ystyried pob math o bosibiliadau.

Mae'n ddigon tebyg nad un amcan yn unig oedd gan yr awdur wrth ysgrifennu. 175 Fe all fod wedi ysgrifennu'r efengyl i gyflawni amryw amcanion. Eto, os oedd yr awdur yn defnyddio deunydd traddodiadol, fel y gwnaeth, yn sicr, mae'n debyg fod y deunydd wedi ei ddraddodi am reswm arbennig, a hwyrach fod ei amcan gwreiddiol yn amlwg o hyd yn y fersiwn a geir yn yr efengyl derfynol. Nid yw'n syndod, felly, fod ysgolheigion wedi cynnig amryw esboniadau gwahanol wrth geisio dehongli amcanion yr efengylydd. A siarad yn gyffredinol, mae'r ysgolheigion yn dilyn dwy ffordd wahanol, er nad yw'r naill o reidrwydd yn cau allan y llall. Efallai ein bod yn gorsymleiddio, ond mae'n ymddangos fod ysgolheigion yn dehongli amcanion yr awdur naill ai mewn termau negyddol neu mewn termau cadarnhaol.

Barn y rhai sy'n ei ddehongli mewn termau negyddol yw fod yr efengyl yn ateb ymosodiad o'r tu allan ar y gymdeithas y perthynai'r awdur iddi. Roedd yr ymosodiad yma, naill ai'n ymosodiad ar Gristnogaeth fel y cyfryw gan bobl a wrthwynebai hawliau'r ffydd Gristnogol, neu'n ymosodiad ar ffurf arbennig ar Gristnogaeth gan bobl a'i hystyriai'n gyfeiliornus. Fe ddehonglir ymateb yr awdur naill ai fel gwrth-ymosodiad (*polemic*) neu fel amddiffyniad (*apologetic*).

Ond yn ôl ysgolheigion eraill, dylid esbonio amcanion yr awdur mewn ffordd fwy cadarnhaol. Honnant hwy fod yr awdur yn anelu at droi ei ddarllenwyr at Gristnogaeth; os felly, mae'n rhaid gofyn ai'r Iddewon oedd ganddo mewn golwg, ai Cenedl-ddynion. Ar wahân i hynny, fe honnir gan eraill fod yr awdur yn ceisio cadarnhau ffydd; os felly, rhaid gofyn pam yr oedd y ffydd yn wan, ac ym mha ffordd. Barn ysgolheigion eraill yw fod yr efengyl yn ymgais i galonogi grŵp arbennig o Gristnogion ar adeg argyfwng, megis erledigaeth neu golli ei arweinydd, neu i ateb rhyw broblem ddyrys, megis gohirio'r *parousia*. Fe ystyrir pob un o'r posibiliadau yn ei dro.

(a) *Amcan Negyddol* (*Ymosodiad/Amddiffyniad*)

(i) Yn erbyn dilynwyr Ioan Fedyddiwr.

Am nad oes sôn ynddi am fedydd Iesu mae'r bedwaredd efengyl yn osgoi rhywbeth a oedd yn peri penbleth i'r Cristnogion cynnar, sef bod yr Iesu dibechod wedi derbyn bedydd gan Ioan fel arwydd o edifeirwch. Yn wir, unig swydd Ioan Fedyddiwr yn y bedwaredd efengyl yw dwyn sylw at ragoriaeth Iesu a'i waith achubol. Mae'n gwadu'n bendant fod ganddo unrhyw statws sy'n debyg o fygwth safle unigryw Iesu.176 Er i'r efengylau cyfolwg o

bryd i'w gilydd gyflwyno Ioan fel Elias, yn y bedwaredd efengyl
ceir Ioan yn gwadu hynny.[177] Nid ef yw'r goleuni[178] Nid yw'n
gwneud dim mwy na thystiolaethu i'r gwir oleuni; a'i dynged yw
lleihau, tra bod Iesu'n cynyddu.[179]

Ymddengys, felly, fod ymgais fwriadol i ddiraddio Ioan
Fedyddiwr (efallai fod hynny ar gerdded ymhell cyn amser
awdur y bedwaredd efengyl), ac awgrym rhai ysgolheigion[180] yw
fod yr awdur yn gwrthwynebu grŵp o ddilynwyr Ioan a hawliai
ar ôl ei farwolaeth mai Ioan oedd y Meseia. Fel y gwelsom,[181]
cysylltodd Bultmann yr efengylydd ei hun ag enwad Ioan
Fedyddiwr gan honni fod yr efengyl, yn rhannol o leiaf, yn
ymgais i roi gwedd Gristnogol ar ffynhonnell o areithiau
Gnosticaidd a oedd yn sôn yn wreiddiol am Ioan Fedyddiwr.
Prif wendid y ddamcaniaeth hon yw'r diffyg tystiolaeth bendant
am fodolaeth y fath enwad yn y ganrif gyntaf, ar wahân i Actau
xix, ac nid oes sicrwydd fod yr Actau'n cyfeirio at enwad. Fe geir
tystiolaeth am enwad o Fedyddwyr yn y drydedd ganrif O.C.,
ond ni ellir olrhain ei darddiad i'r ganrif gyntaf. Yr ail anhawster,
o ystyried hyd yr efengyl gyfan, yw nad oes ond ychydig o ddarnau
ynddi sy'n adlewyrchu agwedd elyniaethus tuag at y Bedyddiwr.
Hyd yn oed a chaniatáu fod yr awdur yn bwriadu ymosod ar
ddilynwyr Ioan Fedyddiwr, byddai'n rhaid dweud nad oedd
hynny ond yn atodol fel petai.

Ond hwyrach nad oes angen damcaniaethu ynghylch enwad y
Bedyddiwr er mwyn esbonio'r darnau hyn. Fel y gwelwn yn nes
ymlaen,[182] un o brif amcanion diwinyddol yr awdur yw dangos
bod Iesu'n cyflawni pob disgwyliad posibl. Nid yw Iesu ar
unrhyw adeg yn neb llai na'r *logos* ymgnawdoledig sy'n fab i
Dduw. Iesu, felly, yw'r proffwyd,[183] nid Ioan, ac nid oes ar Iesu
a ddaeth oddi uchod angen ei fedyddio gan Ioan, am y byddai
bedydd o'r fath yn arwyddo israddoldeb. Synfyfyrdod Cristnogol
ar safle Ioan Fedyddiwr a'i arwyddocâd yng nghynllun achubol
Duw sy'n gyfrifol am israddio Ioan yn y bedwaredd efengyl;
yn wir, nid israddio Ioan y mae'r awdur yn gymaint â dyrchafu
Iesu. Rhywbeth a ddigwyddodd yn naturiol o fewn y gymdeithas
Gristnogol oedd hynny, ac nid oes angen chwilio am bwysau o'r
tu allan i'w esbonio.

(ii) Yn erbyn 'yr Iddewon'.

Fe welwyd uchod fod llawer o gysylltiadau rhwng y bedwaredd efengyl ac Iddewiaeth y rabiniaid — hynny yw, y math o athrawiaeth a ddaeth yn brif awdurdod ym mywyd y synagog ar ôl cwymp Jerwsalem — er bod egwyddorion sylfaenol y fath athrawiaeth wedi eu sefydlu yn gynharach o lawer. O'r herwydd, fe awgrymir mai *Sitz im Leben* yr efengyl oedd sefyllfa lle'r oedd Cristnogion o dan fygythiad a hyd yn oed ymosodiad yn y synagog. Yn ôl ysgolhaig diweddar sydd o'r farn hon, [184] roedd y Cristion yn wynebu tri chyhuddiad arbennig: yn gyntaf, ei fod ar gyfeiliorn wrth gredu mai Iesu oedd y Meseia; yn ail, ei fod yn euog o osod Iesu ar yr un lefel â Duw; ac yn drydydd, ei fod yn tanseilio awdurdod y *Torah*, Cyfraith Moses, wrth bregethu athrawiaeth Iesu. Dywedir fod y bedwaredd efengyl yn ceisio ateb y cyhuddiadau yma. Mae'r efengylydd yn cynnig tystiolaeth sy'n profi mai Iesu yw'r Meseia. [185] Mae'n datgelu gwir berthynas Iesu â Duw mewn ffordd sy'n dangos nad yw'r berthynas yn bygwth safbwynt undduwiaeth. [186] Ac mae'r awdur yn esbonio sut y mae Iesu'n rhagori ar Foses a Chyfraith Moses. [187]

Ym marn Aileen Guilding, [188] mae'r areithiau'n ceisio dehongli o safbwynt y Cristion ddarlleniadau'r synagog o'r Ysgrythurau er mwyn profi gwirionedd y dehongliad Cristnogol yn wyneb y cam-ddehongli gan yr Iddewon. Yn gysylltiedig â hyn ceir y farn fod yr efengyl yn cyflwyno Iesu o'r cychwyn cyntaf fel un sydd nid yn unig yn cyflawni ond hefyd yn cymryd lle popeth sy'n hanfodol yng nghrefydd yr Iddew — e.e., arferion puredigaeth, y Deml, astudio'r *Torah* (gwaith y synagog), y Sabath, a'r gwahanol wyliau megis y Pasg, y Pebyll a'r Gysegrŵyl. [189] Ond nid ymosodiad ar yr Iddewon sydd yma yn ôl ysgolheigion eraill, [190] sy'n honni yn hytrach fod yr awdur yn anelu at droi'r Iddewon anghristnogol i gredu yn Iesu fel Meseia [191] (Iddewon gwlad Palesteina i ddechrau, ond yn ddiweddarach yr Iddewon ar wasgar). Mae'n bosibl fod hynny'n wir am yr efengyl gyfan, ond mae'n rhaid cyfaddef fod golwg dadlau ymosodol yn hytrach na phregethu cenhadol ar rai darnau, yn enwedig penodau vii-x.

Fe gyfeirir yn lled aml yn yr efengyl at 'yr Iddewon' heb unrhyw ymgais i esbonio pa Iddewon sydd gan yr awdur mewn golwg; hynny yw, Phariseaid, Sadwceaid neu fwy. Ni ellir priodoli'r diffyg diffiniad i anwybodaeth ar ran yr efengylydd, am fod yr awdur yn gyfarwydd iawn ag amgylchiadau gwlad Palesteina yn nyddiau Iesu a'r gymdeithas Gristnogol gyntefig, fel y gwelwyd uchod. 192 Awgrymwyd fod y cyfeiriadau at 'yr Iddewon' yn dangos fod Cristnogion erbyn hyn wedi torri cysylltiad â'r Iddewon; os felly, mae'r sefyllfa a adlewyrchir yn y bedwaredd efengyl yn debyg i honno a adlewyrchir ym Mathew, 193 sef y cyfnod wedi i'r Phariseaid feddiannu Iddewiaeth yn Jamnia. Dyma'r cyfnod a welodd yr Iddewon yn ychwanegu'r *Birkath ha-Mînîm* (melltith ar yr hereticiaid) at y Ddeunaw Bendith ac, o ganlyniad, fe daflwyd pob Iddew o Gristion allan o'r synagog. Fe honnir hefyd fod y cyfeiriadau at daflu allan o'r synagog yn Ioan yn cadarnhau hyn. 194 'Yr Iddewon', felly, yw gelynion Iesu.

Mae'r ddamcaniaeth hon yn atyniadol, mae'n rhaid dweud. Serch hynny, nid yw'n osgoi pob anhawster. Er enghraifft, nid yw'r 'Iddewon' yn ymddangos yn elyniaethus bob tro; weithiau, nid yw'r enw ond yn disgrifio trigolion Jwdea. 195 Yna, nid yw'n hollol sicr a yw'r cyfeiriadau at daflu allan o'r synagog yn arwyddo'r math o esgymuno parhaus a gafwyd erbyn diwedd y ganrif gyntaf. Gwyddys fod Iesu ei hun wedi ymryson â grwpiau arbennig o Iddewon, yn cynnwys awdurdodau'r Deml, a bod ymryson hyd at drais yn aml iawn yn nodweddiadol o'r berthynas rhwng Cristion ac Iddew o'r cyfnod cynharaf, fel y mae Paul — Iddew o ran cenedl — yn tystio yn ei lythyrau. Byddem yn disgwyl gweld ôl dadlau yn erbyn Iddewon arbennig yn y bedwaredd efengyl, ac nid oes amheuaeth nad yw'r elfen yma i'w chael ynddi. Eto i gyd, mae'n anodd penderfynu a yw'r elfen ymosodol yma'n adlewyrchu dadlau o fewn muriau'r synagog ynteu sefyllfa lle roedd y synagog a'r eglwys yn ymosod ar ei gilydd fel dau sefydliad ar wahân. Ac nid yw'n amlwg o gwbl gyfansoddi'r eefngyl.

(iii) Yn erbyn Hereticiaid.
mai ymosod ar yr Iddew neu amddiffyn hawliau'r ffydd Gristnogol rhag ymosodiadau'r Iddewon oedd prif amcan yr awdur wrth

Mae'n bosibl olrhain y farn fod yr awdur yn ceisio gwrthbrofi heresi yn ôl i'r eglwys fore. Honnodd Irenaeus 196 fod yr awdur yn ymosod ar Cerinthus, er nad oes fawr o gefnogaeth i'r fath honiad yn yr efengyl ei hun. Yn yr un modd, nid oes fawr o dystiolaeth o blaid barn Jerôm fod yr efengyl yn dadlau yn erbyn yr Ebioniaid. [197] Awgryma [198] mwy addawol yw'r ddamcaniaeth fod yr awdur yn anelu at wrthbrofi syniadau a ddaeth yn boblogaidd yn ddiweddarach ac a ddisgrifir dan yr enw Docetiaeth — hynny yw, y gred mai rhith yn unig oedd corff dynol Iesu a'i farw ar y groes. [199] Yn ddiamau, mae epistolau Ioan [200] yn ceisio gwrthbrofi'r fath gred, fel yr oedd Ignatius ychydig yn ddiweddarach. [201] Fe honnir, felly, gan ysgolheigion fod testunau [202] sy'n pwysleisio corff cig a gwaed Iesu, a realiti ei farwolaeth, yn ymosod ar syniadau o'r fath a gysylltid yn ddiweddarach â Gnosticiaeth.

Ni ellir amau na fyddai testun megis i. 14 yn erfyn cryf yn erbyn unrhyw ddehongliad 'ysbrydol' o fywyd dynol Iesu a'i farwolaeth. Eto i gyd, mae'n amheus a oedd hynny'n fwriad gan yr awdur. Nid oes ond ychydig o gyfeiriadau gwrth-Ddocetaidd ar gael ac er nad oes raid derbyn damcaniaeth E. Käsemann [203] fod yr efengyl yn adlewyrchu 'docetiaeth ddiniwed', ac felly ymhell o fod yn wrth-Ddocetaidd, dylid cydnabod fod Käsemann wedi dangos o leiaf fod yr efengyl yn fethiant llwyr os oedd yr awdur yn ceisio herio dehongliad Docetaidd o berson Iesu. Yn hytrach na herio'r Docetiaid, byddai'r efengyl yn hybu eu syniadau.

Fe gadarnheir hyn i ryw raddau gan boblogrwydd yr efengyl mewn cylchoedd Gnosticaidd yn yr ail ganrif, a'r defnydd helaeth ohoni yn eu hysgrifeniadau. Ond nid yw hynny'n golygu fod yr awdur ei hun wedi mabwysiadu safbwynt Gnosticaidd neu Ddocetaidd; yn hytrach, mae'n debyg nad oedd yr awdur ei hun yn ymwybodol o'r perygl y byddai eraill yn camddefnyddio ei dystiolaeth. Daeth y perygl yn amlwg yn fuan iawn, a dyna pam yr oedd yr epistolau yn ceisio cywiro pob camddealltwriaeth. Mae'n arwyddocaol, felly, fod yr epistolau yn tarddu o'r un 'ysgol', os nad o waith yr un awdur, â'r efengyl.

(iv) Yn erbyn Cristnogion o Dduedd Wahanol.

Hyd yma fe roddwyd yr holl sylw i'r posibilrwydd fod yr awdur yn anelu ei ddadleuon at bobl y tu allan i'r gymdeithas Gristnogol, ond fe geir ysgolheigion [204] sy'n awgrymu fod yr efengyl yn adlewyrchu dadl — ymryson, hyd yn oed — o fewn y

gymdeithas Gristnogol ei hun. Nodwyd,[205] er enghraifft, fod
y 'disgybl annwyl' yng nghwmni Pedr lle bynnag y ceir sôn
amdano yn yr efengyl, a bod pob cyfeiriad yn anffafriol o safbwynt
Pedr. Awgrymwyd ymhellach mai dyfais gan yr awdur oedd hon
i ddangos rhagoriaeth y math o Gristnogaeth a arddelid ganddo
ar Gristnogaeth yr eglwys ganolog a gynrychiolid gan Bedr.[206]
Aeth E. Käsemann[207] ymhellach wrth sôn am yr efengyl yn
cynrychioli rhyw fath o gymdeithas garismatig (*ecclesiola in
ecclesia*) a oedd yn byw yn nerth yr ysbryd ac yn gwrthwynebu'r
duedd gynyddol i ffurfio sefydliad a chanddo'i sagrafennau a'i
drefn ei hun, ac i bwysleisio'r gorffennol — hynny yw, agweddau
hanesyddol y ffydd. Mae C. K. Barrett[208] hefyd yn cyfeirio at yr
un ddadl ynglŷn â'r eglwys fel sefydliad, ond barn Barrett yw mai
problem i'w datrys oedd hon, yn nhyb yr efengylydd, yn hytrach
na thuedd yr oedd yn rhaid ei gwrthwynebu. Yn yr un modd,
honnodd Bultmann[209] fod diwinyddiaeth wrth-sagrafennol i'w
chael yn yr efengyl. Mae'n well gan O. Cullmann[210] weld amcan
yr efengylydd yn nhermau amddiffyn y gymdeithas yn hytrach
nag ymosod ar eraill. Fel Käsemann, mae Cullmann o'r farn fod
cymdeithas yr efengylydd yn dilyn math o Gristnogaeth a oedd yn
wahanol i eiddo'r eglwys ganolog, er bod Cullmann yn dadansoddi
nodweddion arbennig y gymdeithas honno mewn modd hollol
wahanol i Käsemann. Yn ôl Cullmann, teimlai'r gymdeithas fod
Iesu'n dal i fod gyda hi yn ei haddoliad, yn enwedig yn y
sagrafennau, yn ogystal ag yn ei gwaith cenhadol. Roedd y
gymdeithas yn teimlo hefyd fod angen iddi gyfiawnhau ei safbwynt
wyneb yn wyneb â'r eglwys ganolog. O ganlyniad, mae'r efengyl
yn ceisio dangos fod y gymdeithas honno yn tarddu o Iesu ei
hun fel pob cymdeithas Gristnogol arall.

Nid oes amheuaeth nad yw'r bedwaredd efengyl yn adlewyrchu
cymdeithas dan ymosodiad a chanddi ei diwinyddiaeth arbennig
ei hun, ond nid yw'r un mor amlwg fod yr ymosodiad yn dod o
gyfeiriad Cristnogion eraill. Nid yw'n amlwg chwaith fod esboniad
Bultmann ac eraill ar fudandod yr efengyl ynglŷn â sefydlu'r
Eucharist a bedydd Iesu yn gywir, sef bod yr efengylydd yn
gwrthwynebu sagrafennau fel y cyfryw. Nid oes sicrwydd chwaith
fod diffyg sôn am arweinwyr y gymdeithas a'i disgyblaeth yn
golygu fod yr awdur yn arddel safbwynt gwrth-gatholig neu

wrth-sefydliad. Nid yw'r dystiolaeth yn caniatáu barn bendant.
Y cwbl y gellir ei ddweud yw fod yr efengyl yn tarddu o
gymdeithas a oedd yn poeni'n fwy am ei goroesiad ei hun a'i
dehongliad arbennig o'r neges Gristnogol nag am grwpiau o
Gristnogion eraill neu'r byd y tu allan; serch hynny, ni fyddai'n
deg awgrymu nad oes gan yr efengyl unrhyw ddiddordeb o gwbl
yng ngweddill yr eglwys fore na'r byd y tu allan. Mae'n amlwg
hefyd fod y gymdeithas yn credu fod ganddi arweiniad union-
gyrchol y *paraclêtos*;[211] felly, nid oedd arni angen awdurdod
unrhyw eglwys ganolog.

(b) *Amcan Cadarnhaol (Cenhadu/Cadarnhau Ffydd)*

(i) I Droi at Gristnogaeth.

Os gorffennol y modd dibynnol yw'r darlleniad gwreiddiol
yn xx. 31 byddai'r awdur yn mynegi'r bwriad i droi pobl i gredu
yn Iesu fel y Meseia, Mab Duw. Ceir pwyslais mawr yng ngwaith
ysgolheigion diweddar megis W. C. van Unnik a J. A. T.
Robinson[212] ar y dehongliad yma o'r adnod hon, ac yn enwedig
ar y teitl 'Meseia' ynddi. Dadl yr ysgolheigion hyn yw fod yr
awdur yn apelio at Iddewon (ar wasgar) nad oeddent yn
Gristnogion i dderbyn mai Iesu oedd y Meseia. Honiad Robinson
yw fod yr efengyl cyfan yn adlewyrchu dadl o fewn ffiniau'r genedl
Iddewig, gan fod yr efengylydd yn anwybyddu'r Cenedl-ddynion
bron yn llwyr. Serch hynny, ni fyddai hynny'n golygu mai unig
amcan y ddadl yw troi Iddewon at Gristnogaeth.

Fel y gwelwyd,[213] gellid dadlau'r un mor gryf fod yr efengyl
yn ceisio ateb propaganda'r Iddewon. Mae'n anodd hefyd derbyn
dadl Robinson nad oes unrhyw gyfeiriad at Genedl-ddynion yn
yr efengyl. Yn ôl Robinson, er enghraifft, *Iddewon* sy'n siarad
Groeg yw'r 'Groegiaid' yn xii. 20. Mae hynny'n bosibl, ond ni
ellir cael gwared mor hawdd â hynny â'r esboniadau ar arferion
Iddewig,[214] nag â'r cyfieithiadau o eiriau elfennol Aramaeg/
Hebraeg megis Meseia a rabbi,[215] os nad oedd yr awdur yn
gwybod nad oedd rhai o'i ddarllenwyr yn gyfarwydd â phob
agwedd ar Iddewiaeth; er eu bod, hwyrach, yn mynychu'r
synagog, mae'n debyg mai Cenedl-ddynion oedd y rhain.

Ond nid dyma'r prif anhawster sy'n wynebu damcaniaeth
Robinson. Y prif anhawster sy'n wynebu nid yn unig Robinson

ond pob ysgolhaig sy'n meddwl mai troi pobl at Gristnogaeth
oedd amcan yr awdur, sef y rheiny sy'n barnu fod yr efengylydd
yn ceisio argyhoeddi dilynwyr Ioan Fedyddiwr neu Genedl-
ddynion paganaidd[216] neu gynulleidfa yn cynnwys Iddewon a
Chenedl-ddynion fel ei gilydd,[217] a bod yr efengylydd yn ceisio
cyflwyno'r neges Gristnogol mewn modd dealladwy iddynt —[218]
y prif anhawster yw'r arwyddion pendant fod yr awdur yn
ysgrifennu ar gyfer pobl a oedd yn Gristnogion *yn barod*. Gellid
dadlau mai'r rheswm dros fudandod yr awdur ynghylch cynifer
o'r elfennau hanfodol yn y *kerygma* oedd iddo gymryd y
wybodaeth hon yn ganiataol yn ei ddarllenwyr. Eto, mae'n
anodd credu y byddai craidd hanes y dioddefaint yn ail hanner yr
efengyl, sef yr areithiau a gweddi Iesu,[219] yn ddealladwy i unrhyw
un nad oedd ganddo wybodaeth am Gristnogaeth ymlaen llaw.[220]
Mae'n haws o lawer derbyn fod yr awdur yn anelu rhannau o'r
fath at bobl oedd eisoes yn Gristnogion. Mae'n wir y byddai
rhannau helaeth o'r efengyl yn gweddu'n rhagorol i sefyllfa
genhadu, yn enwedig cenhadu ymysg Iddewon, a hwyrach fod
peth o'r deunydd a ddefnyddiwyd gan yr efengylydd yn tarddu o
sefyllfa felly, ond mae'n amheus iawn a oedd yr efengyl gyfan
yn bregeth genhadol. Mae'n llawer gwell derbyn yr efengyl yn
ddogfen a fwriadwyd yn bennaf ar gyfer y rheiny a oedd eisoes
yn aelodau o'r gymdeithas Gristnogol.

(ii) I Gadarnhau Ffydd.

Mae llawer o'r hyn a drafodwyd yn yr adran flaenorol yn
berthnasol yma. Ein dadl yno oedd fod yr awdur yn ysgrifennu'n
bennaf ar gyfer pobl oedd eisoes yn Gristnogion. Gellir derbyn
hefyd y ddadl[221] fod y mwyafrif ohonynt o dras Iddewig ac wedi
dod at Gristnogaeth o amgylchedd y synagog — rhywbeth a
oedd yn wir am yr awdur yn ogystal â'i ddarllenwyr. Er i'r efengyl
gynnwys manylion ar gyfer y rhai nad oeddent yn gyfarwydd ag
Iddewiaeth[222] mae'n amheus a oedd yr awdur yn rhoi llawer o
sylw i amgylchfyd paganaidd y gymdeithas Gristnogol. Pam,
felly, yr oedd angen cadarnhau eu ffydd? Ymh'le roedd y ffydd
yn wan?

Mae'n bosibl fod ateb o ryw fath yn yr adnodau sy'n cyfeirio at
daflu allan o'r synagog,[223] yn ogystal ag yn y dystiolaeth helaeth
am y math o ddadleuon a ddefnyddid gan Gristnogion yn erbyn

Iddewon nad oeddent yn credu yn Iesu. Er enghraifft, fe soniwyd uchod am yr ymgais i gyflwyno Iesu fel un a oedd nid yn unig yn cyflawni gofynion sefydliadau'r grefydd Iddewig ond hefyd yn cymryd eu lle.[224] Dyma'r math o gysur a oedd yn angenrheidiol mewn cyfnod pan oedd Cristnogion o dras Iddewig am ryw reswm neu'i gilydd yn gorfod ymwahanu unwaith ac am byth oddi wrth eu gwreiddiau yn y ffydd Iddewig. Hwyrach fod hynny'n digwydd yn groes i'w dymuniad am mai awdurdodau'r synagog a symudodd yn gyntaf a'u taflu allan. Yn naturiol, roedd sefyllfa o'r fath yn achosi ansicrwydd ac ymdeimlad o golled, a dyma'r sefyllfa lle mae awdur y bedwaredd efengyl, fel awdur yr epistol at yr Hebreaid, yn ceisio cysuro ei ddarllenwyr.

Mae'n ceisio codi calon ei gynulleidfa a'i sicrhau fod Iesu wedi datguddio Duw mewn modd cyflawn a therfynol. Nid oes angen puredigaeth ac ymarferion defodol eraill bellach. Nid oes angen gofidio am golli'r Deml — tebyg fod y Deml wedi ei dinistrio erbyn hyn, beth bynnag. Yn yr un modd, mae'r awdur yn pwysleisio fod Iesu wedi disodli'r Sabath yn ogystal â gwyliau blwyddyn leitwrgaidd yr Iddewon. Mae'n rhagori ar Foses[225] ac yn bodoli hyd yn oed cyn bod Abraham.[226] Ef yw'r bugail, y winwydden, y ffordd, y gwirionedd a'r bywyd.[227] Ef yw'r proffwyd ac oen Duw; ef yw brenin Israel, y Meseia.[228] Mae'r saith arwydd yn brawf pendant o hyn oll.[229]

Dyma'r sicrwydd yr oedd angen amdano ar y rhai a deimlai i'r byw golli eu ffordd o fyw yng nghorlan y ffydd Iddewig. Erbyn hyn roedd yn rhaid iddynt dderbyn eu sefyllfa fel grŵp ar wahân i'r Iddewon a'u Cyfraith, ond ni ddylai'r fath sefyllfa eu poeni. Wedi'r cwbl, y gymdeithas Gristnogol oedd y wir Israel, a'r Cristion oedd gwir etifedd yr hen draddodiadau. Fel y dengys Raymond Brown,[230] mae'r awdur o fwriad yn gosod y rhai sy'n ildio dan fygythiad esgymuno[231] ochr yn ochr â dynion fel Nicodemus, ac yn enwedig y dyn dienw a anwyd yn ddall,[232] sy'n cadw eu ffydd yn Iesu er gwaethaf y gost. Gwobr y rhain yw cael eu dwyn allan o'r tywyllwch[233] i'r gwir oleuni, sef gwybodaeth am iachawdwriaeth Duw yng Nghrist Iesu. Mae'r awdur yn gwahodd ei ddarllenwyr i sylweddoli fod ganddynt yn eu sefyllfa hwythau yr un dewis rhwng goleuni a thywyllwch, rhwng cymdeithas y rhai a gredai a'r byd di-gred y tu allan.

(iii) I Gwrdd â Phroblemau Ymarferol.

Yn ogystal â'r angen i sicrhau ffydd ei ddarllenwyr a'i chadarnhau, fe awgrymir fod problemau ymarferol yn wynebu'r awdur ac yn galw am sylw buan. Fe all fod un ohonynt, sef erledigaeth, yn ganlyniad uniongyrchol i'r taflu allan o'r synagog. Problem arall oedd fod y genhedlaeth gyntaf o Gristnogion wedi mynd heibio ac efallai mai o ganlyniad i farwolaeth y 'disgybl annwyl', ei harweinydd,234 y sylweddolwyd hynny gan y gymdeithas y perthynai'r efengyl iddi. Problem arall a ddaeth yn ei sgîl oedd oedi'r *parousia*. Nid oedd yr un o'r problemau hyn yn gyfyngedig i gymdeithas y bedwaredd efengyl, wrth gwrs. Ceir sôn am erledigaeth mewn amryw fannau yn y Testament Newydd,235 tra bod awdur Luc a'r Actau, er enghraifft, yn ymgodymu â phroblem oedi'r *parousia* hefyd.236 Daw pryder Ioan ynghylch y problemau hyn i'r wyneb ym mhenodau xiii-xvii yn bennaf, er bod adnodau olaf pennod xxi yn adlewyrchu'r un peth. Dyma hefyd lle y ceir atebion yr efengylydd.

Myfyrio uwchben gohirio'r *parousia*, mae'n debyg, sy'n esbonio pwyslais yr awdur ar fywyd tragwyddol a'i gred fod y sawl sy'n credu yn mwynhau bywyd tragwyddol eisoes. Ffordd arall o sicrhau ei ddarllenwyr ei bod yn bosibl datrys eu holl broblemau yw apelio at bresenoldeb yr ysbryd, y *paraclêtos*,237 sy'n cynrychioli presenoldeb parhaol Iesu gyda'i ddilynwyr. Dyma sy'n rhoi nerth iddynt wynebu erledigaeth. Dyma sy'n dangos iddynt y berthynas rhwng dysgeidiaeth wreiddiol Iesu ei hun â'u sefyllfa hwy eu hunain. Dyma sy'n eu harwain i'r holl wirionedd.238 Ni adawyd y gymdeithas yn amddifad; yn y *paraclêtos* roedd ganddynt gysurwr a chynorthwywr, eiriolwr ac amddiffynnwr239 ym mhob perygl ac adfyd. Yn wir, yr argyhoeddiad fod arweiniad yr ysbryd ganddo sy'n rhoi hyder i'r awdur ac yn ei alluogi i ddehongli gwir arwyddocâd diwinyddol a christolegol y traddodiadau yr oedd yn etifedd iddynt.

Wrth grynhoi'r drafodaeth ar amcan yr awdur awn yn ôl at xx. 31 a'i dehongli ar y llinellau yma: 'Y mae'r rhain wedi eu cofnodi er mwyn i chi sy'n Gristnogion yn barod lynu wrth y ffydd240 mai Iesu, beth bynnag a ddywed ein gwrthwynebwyr Iddewig, yw'r Meseia; ef yw Mab Duw, sy'n datguddio mewn modd cyflawn a pherffaith ogoniant[241] Duw ac yn cymryd lle'r datguddiad a geir yn y *Torah*, Cyfraith Moses.[242] Trwy gredu fe gewch fywyd, sef bywyd tragwyddol, yma yn awr yn ei enw ef; yn wir, fe wnaeth yn hysbys i ni enw — hynny yw, gwir natur — Duw ei hun.[243] Nid oes angen i chi ddisgwyl am y *parousia* i gael y bywyd hwn; nid oes angen i chi bryderu os bydd y *parousia* yn cael ei ohirio am amser maith. Wedi'r cwbl, mae gennym ysbryd y gwirionedd, sef y *paraclêtos*, i'n harwain ni[244] a'n cysuro ni ym mhob trallod ac erledigaeth'. Ac felly, pa sefyllfa bynnag ym mywyd y gymdeithas Gristnogol a oedd yn gefndir i'r bedwaredd efengyl a'r gwahanol draddodiadau a geir ynddi, amcan cristolegol oedd gan yr awdur yn anad dim. Ei brif bwrpas oedd cyhoeddi gwir arwyddocâd Iesu: datguddiad cyflawn a therfynol Duw. Ac er mai amgylchfyd Iddewig oedd cyd-destun gwreiddiol ei bregethu, roedd neges sylfaenol yr efengylydd yn cyffwrdd ag Iddew a Chenedl-ddyn fel ei gilydd, ac er iddo anelu'n gyntaf at gadarnhau ffydd, gallai'r efengyl droi'n gyfrwng i'r anffyddiwr ddod allan o'r tywyllwch i'r goleuni.

Dyddiad a Man Ysgrifennu'r Efengyl

Rhaid dweud ar y cychwyn fod a wnelo ein trafodaeth â dyddio a lleoli ffurf derfynol yr efengyl.[245] Fe gydnabuwyd eisoes ei bod yn bosibl olrhain rhai o'r traddodiadau a gynhwyswyd yn yr efengyl derfynol i ddyddiad cynnar ac i wlad Palesteina; ein gwaith yma yw ceisio dyddio'r efengyl derfynol yn hytrach nag unrhyw ffynhonnell neu fersiwn ohoni. Mae dyddiad yr efengyl a man ei chyfansoddi yn dibynnu i ryw raddau y naill ar y llall, ond mae'n gyfleus ystyried y ddau gwestiwn ar wahân, gan ddechrau â dyddiad yr efengyl.

Ceir prawf pendant fod yr efengyl yn bod erbyn hanner cyntaf yr ail ganrif, wedi i arbenigwyr[246] ddyddio tua'r flwyddyn 130 O.C. y copi cynharaf (P52) ohoni sydd gennym. Daw P52 o'r Aifft, ac mae'n rhaid bod cylchrediad eang i'r efengyl yn y wlad honno erbyn diwedd yr ail ganrif am fod dau gopi arall[247] yn dyddio o'r ganrif honno wedi dod i'r golwg yno. Dyma gadarnhau'r dystiolaeth am y defnydd helaeth o'r efengyl ymysg Gnosticiaid yr Aifft yn yr ail ganrif. Ceir tystiolaeth bellach o'r un cyfnod fod yr efengyl ar gael erbyn hynny mewn gwledydd eraill. Fe ddefnyddiodd Tatian (tua 160 O.C.) yr efengyl, fel y gwnaeth Melito o Sardis yn Asia (yn ail hanner yr ail ganrif), Theoffilus o Antiochia (yn ddiweddar yn yr ail ganrif), ac Irenaeus (tua 185 O.C.), sy'n cysylltur'r efengyl ag Effesus. Byddai'n help pe gellid dangos fod awduron Cristnogol wedi defnyddio'r efengyl yn gynharach yn yr ail ganrif, ond nid oes modd profi fod efengyl Ioan yn adnabyddus i Ignatius o Antiochia, Polycarp na Iestyn Ferthyr, er bod eu gweithiau hwy'n adleisio efengyl Ioan o bryd i'w gilydd, neu felly yr ymddengys.[248] Nid yw'n bosibl chwaith profi fod Clemens o Rufain ar ddiwedd y ganrif gyntaf yn gwybod am efengyl Ioan.[249] Serch hynny, mae'r dystiolaeth allanol yn dangos fod y bedwaredd efengyl wedi ei chyfansoddi erbyn tua 110 O.C. fan bellaf.

Os ym Mhalesteina y cyfansoddwyd yr efengyl, mae'n rhaid fod hynny wedi digwydd cyn cwymp Jerwsalem yn 70 O.C., ond, fel y gwelir, nid oes ond ychydig o ysgolheigion yn meddwl fod y drafft terfynol yn tarddu o Balesteina.[250] Ar wahân i hynny, nid yw'r gwahanol awgrymiadau a gynigiwyd ar gyfer lleoliad yr efengyl yn hawlio dyddiad arbennig, na chynnar na diweddar. Yn ôl y traddodiad, Ioan fab Sebedeus, un o'r deuddeg, oedd awdur yr efengyl. Os felly, ychydig cyn ei farw ef yw'r dyddiad diweddaraf posibl ar gyfer yr efengyl derfynol (ar wahân, efallai, i ychwanegiad bach yma a thraw, megis adnodau olaf pennod xxi), ac mae'n rhaid fod Ioan wedi marw cyn diwedd y ganrif gyntaf. Ef hefyd yw awdur traddodiadol llyfr Datguddiad, a barn rhai ysgolheigion yn y ganrif ddiwethaf,[251] a dderbyniai'r traddodiad, oedd fod yr efengyl yn ddiweddarach o gryn dipyn na llyfr Datguddiad am fod cymaint o wahaniaeth arddull, heb sôn am wahaniaeth awyrgylch, rhwng y ddau lyfr. Ond erbyn heddiw nid oes llawer yn derbyn y traddodiad mai'r un oedd awdur yr efengyl ag awdur llyfr Datguddiad, er bod y mwyafrif yn cydnabod fod cysylltiadau rhyngddynt. Yn yr un modd, roedd awdur yr efengyl yn gyfrifol am epistolau Ioan hefyd, yn ôl y traddodiad. Hwyrach fod hynny'n wir, ond nid oes sail i'r honiad pellach mai gwaith hen ŵr yw'r epistolau, a bod yr awdur felly wedi ysgrifennu'r efengyl yn ei henaint. Dyfalu pur yw hynny.

Problem arall sy'n effeithio ar y dyddiad yw dehongliad y

rhan olaf o bennod xxi sy'n sôn am y 'disgybl annwyl'. Honnir fod yr adnodau hyn yn cyfeirio at farwolaeth y 'disgybl annwyl', a chan mai'r 'disgybl annwyl' yw awdur yr efengyl[252] (sylw bach o law golygydd, felly, yw'r adnodau hyn) mae'r adnodau yn cyfeirio at farw'r awdur. Honnir hefyd fod yr adnodau blaenorol (xxi. 18-19) yn cyfeirio at farwolaeth Pedr a hynny, yn ddiamau, yw'r dehongliad cywir. Dylid dyddio marwolaeth Pedr yn y chwedegau. Ni fu farw'r 'disgybl annwyl' tan ar ôl hynny, ac ymhell ar ôl hynny ym marn y mwyafrif o ysgolheigion. Byddai hynny'n golygu nad oes modd dyddio'r efengyl yn gynharach na'r wythdegau. Ond fe ddangosodd J. A. T. Robinson[253] yn ddiweddar nad yw'r dadleuon yma'n dal dŵr, er iddo dderbyn fod yr adnodau hyn yn cyfeirio at farwolaeth yr awdur. Serch hynny, os dylid uniaethu'r awdur â'r 'disgybl annwyl', ac os yw'r adnodau hyn yn sôn am ei farwolaeth, o'r braidd y gellir dyddio'r efengyl cyn 70 O.C., fel y gwnaeth Robinson. Mae'n rhaid bod rhywfaint o amser wedi mynd heibio rhwng marw Pedr a marw'r 'disgybl annwyl', a rhagor o amser wedyn cyn i'r efengyl gyrraedd ei ffurf derfynol. O ganlyniad, byddai'n anodd derbyn dyddiad cyn y saithdegau cynnar ar gyfer drafft terfynol yr efengyl.

Tuedd ysgolheigion eraill yw seilio eu dadleuon ar dystiolaeth fewnol yr efengyl ei hun — hynny yw, yr amgylchiadau a adlewyrchir ynddi. Er enghraifft, os defnyddiodd yr awdur y naill neu'r llall o'r efengylau cyfolwg, byddai'n rhaid dyddio'r efengyl yn gymharol ddiweddar, ond gan inni wrthod y fath ddibyniaeth[254] mae'n bosibl derbyn dyddiad cynharach, ac, yn wir, byddai dyddiad cynnar yn esbonio, o bosibl, pam nad oedd yr awdur yn gyfarwydd â'r efengylau cyfolwg, yn enwedig Marc. Ceir tystiolaeth fod rhywrai yn yr eglwys fore[255] o'r farn mai efengyl Ioan oedd y ddiwethaf o'r efengylau, ond hwyrach fod y farn honno wedi ei seilio ar ddiwinyddiaeth yr efengyl, sy'n ymddangos yn aeddfetach ('yr efengyl ysbrydol', chwedl Clemens). Mae'r un farn yn cael ei mynegi gan ysgolheigion cyfoes, sy'n dadlau fod syniadau'r efengylydd ar y sagrafennau, yr eglwys a christoleg yn aeddfetach na'r syniadau diwinyddol a geir yn yr efengylau cyfolwg, ond mae'n anodd profi fod syniadau diwinyddol yr eglwys fore wedi datblygu ar batrwm cronolegol. Dylai tystiolaeth llythyrau Paul — y rheiny na ellir amau eu

dilysrwydd ac sy'n gynharach o ran dyddiad na'r efengylau
cyfolwg — fod yn ddigon i wrthbrofi unrhyw ddadl o blaid
dyddiad diweddar sy'n seiliedig ar ddiwinyddiaeth 'aeddfed'.
Yn wir, mae'n bosibl troi'r ddadl hon wyneb i waered, fel y
gwnaeth rhai ysgolheigion 256 sy'n honni fod mudandod yr
efengyl ynghylch y geni gwyrthiol yn ei gosod yn yr un cyfnod â
Phaul a Marc, ond gwan yw'r ddadl hon hefyd.

Yr unig ddadl gredadwy ar y llinellau yma yw honno a seilir
ar eschatoleg yr efengyl. Un o nodweddion amlycaf Ioan yw'r
syniad o eschatoleg gyflawnedig — syniad a ddatblygodd, mae'n
debyg, 257 yn sgîl cwymp Jerwsalem a gohirio'r *parousia* a marw'r
genhedlaeth gyntaf o Gristnogion (y llygad-dystion). Mae'n haws
dilyn y ddadl hon er nad oes raid dyddio'r efengyl, hyd yn oed o
dderbyn y ddadl, ymhell ar ôl 70 O.C.; nid oes angen mynd
ymhellach na'r wythdegau cynnar, beth bynnag. Honnir eto fod
y syniadau docetaidd yr ymosodir arnynt (neu a fynegir) 258 yn
yr efengyl yn adlewyrchu dyddiad diweddar yn ogystal ag
amgylchfyd Helenistig, ond dengys tystiolaeth ddiweddar nad
oes sail i ddadl o'r fath am fod yr un syniadau yn ymddangos yn
gynharach o lawer na diwedd y ganrif gyntaf. Daw peth o'r
dystiolaeth o lenyddiaeth Qumran, a byddai'r cysylltiadau rhwng
syniadau enwad Qumran a'r bedwaredd efengyl yn awgrymu
dyddiad cynnar ar gyfer yr efengyl, fel y byddai gwybodaeth
drwyadl yr awdur o wlad Palesteina. Byddai'n anodd iddo ddod
o hyd i'r fath wybodaeth ar ôl 70 O.C. Serch hynny, nid yw hyn
yn golygu dim mwy na bod y traddodiadau a gynhwysir yn yr
efengyl yn tarddu o Balesteina yn y cyfnod cyn y Rhyfel Iddewig.

A sôn am y Rhyfel Iddewig, mae'r efengyl yn fud ynghylch
cwymp Jerwsalem, ac fe honnir 259 fod hynny, ochr yn ochr â'r
diffyg diddordeb yn y Cenedl-ddynion ynghyd ag ymadroddion
megis 'y *mae* yn Jerwsalem', 260 yn arwydd fod y gwaith wedi ei
gyfansoddi *cyn* dinistr y Deml ac *yn* Jerwsalem. Ond, unwaith
eto, y traddodiad a ddefnyddiwyd gan yr awdur sy'n tarddu o
Balesteina, neu hyd yn oed o Jerwsalem, a dyna sy'n gyfrifol am
rai o'r nodweddion hyn, yn ôl pob tebyg. Dywed eraill 261 fod y
mudandod ynghylch cwymp Jerwsalem yn ddadl dros ddyddiad
diweddar iawn, wedi i gwymp Jerwsalem fynd yn ddigwyddiad
yn y gorffennol pell nad oedd yn werth sôn amdano. Nid yw'n

sicr chwaith fod yr efengyl yn esgeuluso'r Cenedl-ddynion yn gyfangwbl. Dadl arall a seiliwyd ar fudandod yw honni fod diffyg sôn am y Sadwceaid yn awgrymu dyddiad ar ôl 70 O.C. wedi i'r Sadwceaid ddiflannu, er y dylid nodi yn y cyswllt yma nad oes sôn am yr 'ysgrifenyddion' yn yr efengyl chwaith, a phrin y gellid dweud fod y rheiny wedi diflannu ar ôl cwymp Jerwsalem.

Ac anwybyddu dadleuon hynod, megis honni fod v. 43 yn cyfeirio at Bar Cochba yn yr ail ganrif,[262] nid oes ond un ddadl olaf ar ôl, a honno sy'n setlo'r mater ym marn amryw o ysgol-heigion, sef y cyfeiriadau at daflu allan o'r synagog,[263] ochr yn ochr â disgrifio gelynion Iesu a'i ddilynwyr fel 'yr Iddewon'. Fe briodolir hyn oll i'r cyfnod tua 85-90 O.C. pryd yr ychwanegwyd y *Birkath ha-Mînîm* (melltith ar yr hereticiaid) at y Ddeunaw Bendith; [264] wedi hynny fe daflwyd Cristnogion nad oeddent yn barod i adrodd y Ddeunaw Bendith allan o'r synagog yn swyddogol. Serch hynny, nid yw hyn wrth fodd Robinson,[265] sy'n dadlau fod hyn oll yn cyfeirio at ddadleuon yn y synagogau ym Mhalesteina yn y cyfnod cyn 70 O.C., a bod tynged Paul ac eraill yn y cyfnod hwnnw yn esboniad digonol ar y math o daflu allan a ddisgrifir yn y bedwaredd efengyl. Felly, nid yw'r dystiol-aeth yma mor bendant ag y tybiwyd ei bod.

Mae'n bosibl gosod terfynau'r cyfnod y cyfansoddwyd yr efengyl ynddo. Mae'n ymestyn o'r chwedegau diweddar (ar ôl marw Pedr ac, o bosibl, y 'disgybl annwyl'), ar y naill ben, a degad cyntaf yr ail ganrif, ar y pen arall. O fewn y cyfnod hwnnw, ymddengys fod dyddiad ar ôl 70 O.C. yn debycach nag un cyn cwymp Jerwsalem, er nad oes sôn am y digwyddiad hwnnw yn yr efengyl, na hyd yn oed gyfeiriad anuniongyrchol ato. Dyma'r prif resymau dros ddweud hyn: (i) Ymddengys fod y 'disgybl annwyl' wedi marw ar adeg pan oedd y gymdeithas Gristnogol yn dechrau sylweddoli fwyfwy na fyddai'r *parousia* yn digwydd yn y dyfodol agos; yn wir, marwolaeth y 'disgybl annwyl' oedd yn cadarnhau'r gohiriad yn derfynol. Roedd Cristnogion yn gyffredinol yn disgwyl i ddinistr y Deml ragflaenu'r *parousia*. Mae'n debyg, felly, na fyddai'r disgwyl eiddgar am y *parousia* wedi gostegu tan ar ôl cwymp Jerwsalem heb i'r *parousia* ddigwydd wedi'r cwbl. (ii) Er gwaethaf dadleuon Robinson, mae'r efengyl yn rhoi'r argraff fod Cristnogion wedi ymadael yn llwyr â'r grefydd Iddewig yn hytrach nag yn parhau i ddadlau o fewn y synagog. Mae ganddi gymdeithas ar wahân mewn golwg, yn enwedig yn yr areithiau ffarwel. Dylid priodoli'r cyfeiriadau at daflu allan o'r synagog i'r cyfnod 85-90 O.C. wedi'r cwbl, sy'n golygu na chwblhawyd drafft terfynol yr efengyl tan wythdegau diweddar neu nawdegau cynnar y ganrif gyntaf. Eto i gyd, nid oes angen gwadu nad yw'r efengylydd wedi cynnwys traddodiadau cynharach o lawer.

Ymh'le, felly, y cafodd yr efengyl ei chyhoeddi yn y diwedd? Mae derbyn dyddiad am ei chyhoeddi ar ôl 70 O.C. yn cau allan Balesteina, er gwaethaf y ffaith amlwg fod yr awdur yn gyfarwydd â gwlad Palesteina a bod ganddo syniadau tebyg i syniadau grwpiau fel enwad Qumran a oedd yn ffynnu ym Mhalesteina cyn y Rhyfel Iddewig. Rhywbryd cyn 70 O.C., efallai ar ôl iddo gwblhau drafft o ryw fath, fe symudodd yr awdur allan o wlad Palesteina — symudiad y cyfeirir ato, efallai, yn vii. 35. I ba le, felly, yr aeth yr efengylydd?

Mae Cullmann[266] yn cefnogi'r awgrym na symudodd ef ymhell o Balesteina gan iddo, fel eraill a oedd yn dianc o'r Rhyfel Iddewig, fynd tua'r dwyrain ar draws yr Iorddonen i ardal lle roedd grwpiau o Fedyddwyr ac Iddewon o duedd Gnosticaidd, syncretyddol yn ffynnu. Yno hefyd yr aeth gweddillion enwad Qumran yn ôl Cullmann a dyna sy'n esbonio'r cysylltiadau rhyngddynt a chylch Ioan. Dadl ychwanegol o blaid yr ardal ar draws Iorddonen, yn ôl rhai ysgolheigion, yw'r diddordeb yn yr ardal a amlygir yn yr efengyl ei hun, ond dyfalu yw hyn. Er nad oes unrhyw ddadl bendant yn erbyn yr ardal ar draws Iorddonen fel cartref olaf yr awdur, nid yw'r ddamcaniaeth wedi derbyn croeso brwd, yn bennaf am y gellid addasu'r dadleuon o blaid yr ardal hon at amryw o leoedd eraill, gan gynnwys yr awgrym nesaf, sef Antiochia yn Syria — ardal arall sy'n weddol agos at Balesteina.[267]

Dadleuir o blaid Antiochia ar sail tystiolaeth ieithyddol — hynny yw, sefyllfa ddwyieithog (Aramaeg a Groeg) — yn ogystal â'r ffaith fod Ignatius ac Odlau Solomon yn adleisio'r bedwaredd efengyl. Yma hefyd fe geir arwyddion o'r *Gnosis* cyntefig y dywedir ei fod wedi dylanwadu ar y bedwaredd efengyl. Fe honnir fod cysylltiadau rhwng efengyl Mathew ac epistol cyntaf Ioan,[268] a ddaeth o'r un cylch â'r efengyl, a bod hynny o blaid Antiochia fel cartref olaf cylch Ioan, ond nid yw cysylltiadau o'r fath yn profi dim. Antiochia hefyd a welodd gyhoeddi'r esboniad cyntaf ar yr efengyl gan Gristion uniongred, sef Theoffilus,[269] ond unwaith eto nid yw hynny'n profi dim, gan fod tystiolaeth gynharach dros ddefnyddio'r efengyl yn yr Aifft.

Unwaith eto, nid oes modd torri'r ddadl ar sail y dystiolaeth hon gan fod rhai o'r dadleuon sydd o blaid Antiochia yn ffafrio'r pedwerydd lle a awgrymwyd, sef Alecsandria yn yr Aifft,[270] yr ardal lle y cafwyd y copïau cynharaf o'r efengyl. Ond nid yw hynny'n ddadl o blaid Alecsandria mewn gwirionedd, gan mai hinsawdd yr Aifft yn unig sy'n esbonio hynny. Mae gwres a sychder yr Aifft yn cadw dogfennau papurfrwyn rhag pydru. O'r Aifft y daw'r copi cynharaf o bob llyfr arall yn y Testament Newydd yn ogystal â Ioan. Fe honnir fod cysylltiadau y bedwaredd efengyl â Philon neu'r *Corpus Hermeticum* neu'r Gnosticiaid yn cefnogi Alecsandria, gan fod pob un ohonynt yn tarddu o'r Aifft. Ond fe ddadleuwyd uchod[271] nad oedd Ioan yn gyfarwydd â gwaith Philon, tra bod y ddau arall naill ai'n dibynnu ar Ioan neu'n adlewyrchu dim mwy na chefndir syniadol cyffredin sy'n ehangach na'r Aifft. Mae'n deg, felly, anwybyddu'r fath ddadleuon. Dadl arall[272] yw cyfeirio at y lliaws mawr o Iddewon a oedd yn byw yn Alecsandria, lle roedd cymdeithas o Samariaid hefyd, a honni mai dyma oedd cefndir y bedwaredd efengyl. Honnir hefyd fod diddordeb yr efengyl yn Ioan Fedyddiwr a'i ddilynwyr yn ei chysylltu ag Alecsandria, cartref gwreiddiol disgyblion Ioan y cyfeirir atynt yn yr Actau xix. Symudodd y 'Bedyddwyr' yma i Effesus. Yn y dref honno hefyd yr oedd cymdeithas fawr o Iddewon, a chan i'r traddodiad leoli'r efengyl yn Effesus mae'n well rhoi Alecsandria o'r neilltu. Mae pob dadl o blaid Alecsandria lawn cyn gryfed o blaid Effesus, ac mae cefnogaeth i'r dref honno yn nhraddodiad yr eglwys fore.

Beth, felly, am y traddodiad y gellir ei olrhain i Irenaeus[273] (tua 185 O.C.), sef bod Ioan fab Sebedeus, wedi cyfansoddi'r efengyl yn Effesus? Nid oes a wnelom yma ond â'r cyfeiriad at le'r cyfansoddi. Mae'n rhaid esbonio'r traddodiad rywsut. Awgrymwyd eisoes y byddai'r gymdeithas bwysig o Iddewon yn Effesus[274] yn gydnaws â chefndir yr efengyl, fel y byddai presen-

oldeb dilynwyr Ioan Fedyddiwr275 yno yn esbonio'r ymosodiad
tybiedig arnynt ar ddechrau'r efengyl. Fe honnir yn ogystal fod
y math o syniadau Gnosticaidd a adlewyrchwyd yn y bedwaredd
efengyl i'w cael yn yr ardal hon, a hyd yn oed bod ieithwedd
Qumran yn nodweddiadol o'r llythyrau at y Colosiaid a'r
Effesiaid,276 sy'n gysylltiedig â'r un ardal. Dywedir hefyd fod
Ignatius, er mai brodor o Antiochia ydoedd, wedi ysgrifennu ei
lythyrau yn Asia; os felly, byddai cysylltiad ag Ignatius yn ddadl
o blaid Effesus yn hytrach nag Antiochia. Ond er bod hyn oll yn
rhesymol, nid yw'n agos at fod yn brawf terfynol.

Elfen arall yn y traddodiad (a gellid dadlau mai dyma a
achosodd y traddodiad a geir yn Irenaeus) yw'r berthynas rhwng y
bedwaredd efengyl a llyfr Datguddiad, a ysgrifennwyd gan
awdur sy'n ei alw ei hun yn 'Ioan'. Nid oes fawr o amheuaeth
nad yw'r gwaith hwn yn gysylltiedig ag ardal Effesus,277 ac mae'n
cynnwys llythyrau at yr eglwysi sydd, yn ddiddorol iawn, yn
ymosod ar y synagog278 mewn modd a all fod yn arwydd o'r
un rhwyg rhwng y Cristion a'r Iddew ag a adlewyrchir yn y
bedwaredd efengyl. Y dystiolaeth gryfaf o blaid Effesus fel cartref
olaf yr efengylydd yw'r traddodiad sy'n dod o'r ail ganrif, yn
ogystal â'r berthynas rhwng yr efengyl a llyfr Datguddiad sydd,
efallai, wrth wraidd y traddodiad. Serch hynny, nid oes unrhyw
ddadl bendant o blaid y naill na'r llall o'r damcaniaethau eraill,
ac felly nid oes angen gwrthod y traddodiad, er inni gydnabod
nad yw'r dadleuon o'i blaid yn brawf pendant.

Ond pam yr oedd awdur a ddaeth yn wreiddiol o Balesteina
wedi ymsefydlu yn Effesus? Nid oes ateb i'r cwestiwn hwn. Ni fu
fawr o gefnogaeth i ddamcaniaethau sy'n ceisio dilyn ei symudiad
i Effesus naill ai trwy Antiochia279 neu trwy Alecsandria.280
Awgrym Robinson281 yw fod y Gynhadledd a ddisgrifiwyd yn
Galatiaid ii wedi neilltuo'r Iddewon ar wasgar yn Asia yn faes
cenhadu i Ioan. Mae hynny'n ddigon posibl, er nad oes unrhyw
dystiolaeth bendant o'i blaid. Dechreuodd yr awdur ei waith ar
dir Palesteina gan gwblhau'r efengyl ymhlith y Cristnogion
Iddewig yn Effesus yn wythdegau diweddar neu nawdegau cynnar
y ganrif gyntaf, yn ôl pob golwg. Pwy, felly, oedd yr awdur dan
sylw? A oedd ef yn llygad-dyst i'r digwyddiadau a ddisgrifiodd?

Yr Awdur

Fe gyfeiriwyd uchod 282 at yr undod arddull a phwrpas sy'n nodweddiadol o'r efengyl hon. Cynnyrch myfyrdod un dyn sydd gennym yn yr efengyl, mae'n debyg, yn hytrach na chyfansoddiad golygydd yn gweithio ag amryw o ffynonellau ysgrifenedig, er bod yn rhaid cydnabod fod adnodau unigol yma a thraw 283 yn dod o law golygydd. Enw'r awdur, nid enw'r golygydd, yw'r pwnc dan sylw yn yr adran hon. Gwyddom gryn dipyn amdano eisoes ar sail tystiolaeth ei waith; hynny yw, tystiolaeth fewnol yr efengyl. Daethom i'r casgliad fod yr awdur, yn ôl pob tebyg, yn Iddew o ran cenedl, a chan ei fod yn medru Aramaeg yn ogystal â Groeg — yn wir, mae'n debyg mai Aramaeg oedd ei iaith gyntaf — mae'n deg tybied ei fod yn frodor o wlad Palesteina. Daw cefnogaeth bellach o'r ffaith amlwg fod yr awdur yn gyfarwydd â daearyddiaeth Palesteina, yn enwedig yn y de, yn ogystal â daearyddiaeth leol dinas Jerwsalem, 284 heb sôn am ei wybodaeth drwyadl o'r gwyliau Iddewig ynghyd ag arferion ac ymarferion crefyddol y synagog. Fe dybid ar un adeg fod ôl dylanwad Helenistig ar yr efengyl yn tanseilio'r farn fod yr awdur yn Iddew o wlad Palesteina, ond nid yw hynny'n rhwystr bellach, am i ysgolheigion ddarganfod fod dylanwadau o'r fath i'w cael ym Mhalesteina yng nghyfnod y Testament Newydd a hyd yn oed cyn hynny. Mae'n deg, felly, glynu wrth ein cred fod yr awdur yn Iddew o Balesteina a fagwyd yn y synagog. Fe drôdd at y ffydd Gristnogol yn ddiweddarach heb golli cysylltiad â'r synagog, hyd yn oed ar ôl ei droedigaeth.

Mae'r dadleuon hyn yn ein hatgoffa o'r amddiffyn clasurol ar y farn draddodiadol mai Ioan, yr apostol, fab Sebedeus, oedd awdur yr efengyl — amddiffyn a gyflwynwyd yn esboniad yr esgob Westcott, 285 un o'r ysgolheigion enwocaf ym maes astudiaethau'r Beibl yn niwedd y ganrif ddiwethaf. Dadleuodd Westcott fesul cam ar sail y dystiolaeth fewnol: (*a*) fod yr awdur yn Iddew, (*b*) fod yr awdur yn Iddew o wlad Palesteina, (*c*) fod yr awdur yn llygad-dyst i'r digwyddiadau a ddisgrifiai, (*ch*) fod yr awdur yn un o'r apostolion, a (*d*) mai'r apostol Ioan oedd yr awdur. Amcan Westcott oedd profi dilysrwydd y dystiolaeth allanol ar sail y dystiolaeth fewnol. Gan inni ddilyn y ddau gam

cyntaf o'i ddadl yn barod a chytuno ag ef hyd yma, hwyrach y
dylem symud at y trydydd cam a gofyn a yw tystiolaeth yr efengyl
yn caniatáu'r farn fod yr awdur — hynny yw, awdur penodau
i-xx o leiaf, yn llygad-dyst.

Nid oedd tystiolaeth Westcott at ei gilydd ond yn profi fod gan
yr awdur draddodiad cyntefig, wedi ei seilio yn ôl pob tebyg ar
brofiad llygad-dyst. Nid yw'n profi fod y traddodiad yn cychwyn
ac yn gorffen gyda'r awdur ei hun. Yn ôl rhai ysgolheigion[286]
mae'n anodd iawn cysoni'r farn fod yr awdur yn llygad-dyst â'r
darlun o Iesu yn yr efengyl hon sy'n dra gwahanol i'r darlun a
geir yn yr efengylau cyfolwg. Dadl yr ysgolheigion hyn yw fod
yr efengylau cyfolwg yn nes at yr Iesu hanesyddol, ac o'r braidd
y gellid credu ei bod hi'n bosibl i'r un dyn gyfateb i ddarlun Ioan
a'r darlun synoptaidd ar yr un pryd. Mae'n rhaid cydnabod bod
hwn yn anhawster na ddylid ei ddibrisio. Ond efallai fod yr awdur
ei hun wedi mynegi'n weddol glir beth oedd yn ei feddwl wrth
gyflwyno Iesu fel y gwnaeth. Mae'n honni[287] fod ei waith dehongli
yn mynd yn ei flaen o dan arweiniad y *paraclêtos*, ysbryd y
gwirionedd. Byddai hynny'n arwain o reidrwydd at ddatblygiad,
yn enwedig i gyfeiriad cristoleg 'aeddfetach', er na fyddai hynny'n
golygu o reidrwydd na allai llygad-dyst fod wedi dehongli yn y
fath fodd yr hyn a welodd ar un adeg. Yn wir, gellid dadlau fod
llygad-dyst mewn gwell sefyllfa i ymgymryd â'r gorchwyl na
rhywun a gafodd ei wybodaeth yn ail law.

Mae'r ateb i'r cwesitwn a oedd yr awdur yn llygad-dyst ai
peidio yn dibynnu i raddau helaeth ar y dehongliad o'r darnau
sy'n sôn am y disgybl 'yr oedd Iesu'n ei garu', am i'r golygydd
honni yn xxi. 24 mai'r disgybl hwnnw oedd yr awdur — awdur
yr efengyl gyfan, mae'n debyg, er bod ystyr y Groeg yn amwys ac
yn cyfeirio, o bosibl, at yr adnodau blaenorol yn unig.
Pwysigrwydd yr adnod dan sylw, pwy bynnag a'i hysgrifennodd,
yw tystiolaethu fod y traddodiad mai'r 'disgybl annwyl' oedd
awdur yr efengyl ar led cyn cyhoeddi'r efengyl derfynol (chwarter
olaf y ganrif gyntaf yn ein barn ni), ac mae'n ddigon posibl fod y
traddodiad yn tarddu o gyfnod cynharach na hynny hyd yn oed.
Gadewch inni ystyried y darnau sy'n sôn am y 'disgybl annwyl'
yn fanylach.

Fe gyfeirir at y 'disgybl annwyl' chwe gwaith yn yr efengyl,

sef yn xiii. 23 (y swper olaf), xix. 26 (yng nghwmni mam Iesu yn
ymyl y groes), xx. 2 (yng nghwmni Pedr yn dyst i'r bedd gwag),
xxi. 7 (yr helfa fawr o bysgod), xxi. 20 (y chwedl na fyddai'r
'disgybl annwyl' yn marw) a xxi. 24 lle yr honnir, fel y gwelsom,
mai ef oedd awdur yr efengyl. Digwydd pob cyfeiriad yn hanesion
y dioddefaint neu'r atgyfodiad. Yn xx. 2-10 fe gyfeirir ato nid yn
unig fel y 'disgybl annwyl', ond hefyd fel y 'disgybl arall'. O
ganlyniad, mae'n bosibl dadlau fod y cyfeiriad at 'ddisgybl arall'
(eto yng nghwmni Pedr) yn xviii. 15 yn sôn am yr un disgybl —
cyfeiriad ato unwaith eto yn hanes y dioddefaint. Fe honnir
ymhellach[288] mai ef yw'r disgybl dienw yng nghwmni Andreas[289]
yn i. 35-39, ond gan nad oes sicrwydd o hynny mae'n well
anwybyddu'r cyfeiriad yma. Awgrymodd Cullmann[290] fod yr
hanes gwreiddiol yn cyfeirio at y disgybl hwn wrth yr enw
'disgybl arall' yn unig er mwyn peidio â sôn amdano wrth ei enw
ei hun. Golygydd diweddarach oedd yn gyfrifol am ychwanegu'r
disgrifiad 'yr un yr oedd Iesu'n ei garu'. Fe gysylltir y ddau
ddisgrifiad â'i gilydd yn xx. 2, ond ym mhob man arall fe
lwyddodd y golygydd i gael gwared â'r ymadrodd 'disgybl arall'
a rhoi yn ei le yr ymadrodd 'yr oedd Iesu'n ei garu'. Fe all fod
Cullmann yn llygad ei le, ond y peth pwysig i'n trafodaeth yma
yw'r honiad a geir yn xxi. 24 mai awdur yr efengyl oedd y disgybl
dienw sy'n ymddangos yma a thraw yn hanes y dioddefaint, yn
ogystal ag yn hanes yr atgyfodiad, fel llygad-dyst.

Fel y dangosodd Dodd yn ei ymdriniaeth fanwl,[291] mae
ystyriaethau eraill yn awgrymu fod hanes y dioddefaint yn y
bedwaredd efengyl yn seiliedig ar ffynhonnell annibynnol y
gellir dibynnu ar ei gwybodaeth sylfaenol. Fe all fod y ffynhonnell
yma'n tarddu o draddodiad llygad-dyst. Os felly, byddai'n bosibl
priodoli'r traddodiad i'r 'disgybl annwyl' ei hun. Roedd y disgybl
hwn, felly, yn llygad-dyst, a chan mai ef oedd yr awdur, roedd yr
awdur yn llygad-dyst. Fe ymddengys hyn oll yn ddadl berffaith
resymegol, er y dylid nodi nad yw'r disgybl hwn yn ymddangos
cyn y swper olaf. Sylwer hefyd nad oes yr un cyfeiriad ato wrth
ei enw. A oes modd, felly, tynnu'r mwgwd i ffwrdd a datguddio'i
enw? 'Oes' yw ateb y traddodiad sy'n dweud mai Ioan fab
Sebedeus oedd y 'disgybl annwyl'. Ond cyn ystyried y traddodiad,
gadewch inni gael cip ar un neu ddau o'r enwau eraill a awgrymir.

Pe bai'n rhaid inni seilio ein barn ar dystiolaeth yr efengyl yn
unig, byddai'n naturiol ystyried hawl unigolyn arall y dywedir
amdano yn yr efengyl fod Iesu'n ei garu, sef Lasarus o Fethania,
brawd Mair a Martha.292 Wedi'r cwbl, fel y nodir gan y rheiny
sy'n honni mai Lasarus oedd y 'disgybl annwyl',293 nid yw'r
'disgybl annwyl' yn ymddangos yn yr hanes tan ar ôl codi
Lasarus o'r bedd. Mae'n dod o Jwdea, prif ganolfan gweith-
gareddau Iesu yn yr efengyl hon, a byddai ei atgyfodiad yn
esboniad digonol ar y gred na fyddai'r 'disgybl hwnnw' yn marw.
Ai Lasarus, felly, yw'r 'disgybl annwyl' yn hytrach nag Ioan,
fab Sebedeus? Ceisiodd K. A. Eckhardt294 gael y gorau o ddau
fyd wrth honni nad oedd Lasarus ond enw arall ar Ioan. Yr oedd
J. N. Sanders295 hefyd yn cytuno mai Lasarus oedd y 'disgybl
annwyl' ac mai ef oedd ffynhonnell llawer o'r wybodaeth a geir
yn yr efengyl, ond yn barnu nad Lasarus oedd ei hawdur, ond
Ioan Marc. Eto i gyd, er cyfrwysed damcaniaethau o'r fath,
ychydig o dystiolaeth gadarn sydd o'u plaid. Byddai'n hynod, a
dweud y lleiaf, pe bai'r awdur wedi defnyddio cyfeiriadau dienw
at rywun y cyfeiriwyd ato'n fynych eisoes wrth ei enw ym
mhenodau xi a xii. Ac felly, mae'n deg anwybyddu'r farn mai
Lasarus oedd y disgybl dienw dan sylw.

Cyfeiriwyd eisoes at yr ymgeisydd nesaf, sef Ioan Marc (yr
awdur yn ôl Sanders,296 ond nid y 'disgybl annwyl'). Fe aeth
ysgolheigion eraill297 yr holl ffordd, gan ddadlau nid yn unig
fod Ioan Marc wedi ysgrifennu'r efengyl, ond hefyd mai ef oedd y
'disgybl annwyl'. Roedd ei gartref yn Jerwsalem.298 Roedd gan
ei deulu gysylltiadau â'r Lefiaid,299 sy'n esbonio pam yr oedd yn
adnabyddus i'r archoffeiriad.300 Yn ôl y traddodiad, roedd Ioan
Marc yn cadw cwmni â Phedr, fel y mae'r 'disgybl annwyl' yn yr
efengyl hon. Ar ben hynny, ceir tystiolaeth fod rhai cylchoedd yn
yr eglwys fore yn cymysgu Ioan Marc a Ioan fab Sebedeus.301
Ond unwaith eto, o'r braidd y mae'r dadleuon hyn yn argyhoeddi.
Mae rhywbeth mawr yn rhwystro uniaethu Ioan Marc â'r 'disgybl
annwyl', sef y traddodiad sy'n cysylltu enw Marc ag awdur yr
ail efengyl, er bod rhai sydd o'r farn mai Ioan Marc oedd awdur y
bedwaredd efengyl yn honni nad yr un Marc oedd hwn â'r Marc
a gyfansoddodd yr ail efengyl. Ond mae'r darlun yn ddigon
cymysglyd heb gymhlethu pethau fel yna. Yn yr un modd, gellir

anwybyddu'r awgrymiadau rhyfedd ac afresymol mai Paul[302] neu Mathias[303] oedd y 'disgybl annwyl'.

Nid oes ymgeisydd cryf ymhlith y rhai a enwyd gan ysgolheigion cyfoes i gymryd lle Ioan fab Sebedeus. Ymateb ysgolheigion eraill[304] sy'n methu derbyn y traddodiad yw ymgodymu â'r broblem mewn modd gwahanol, sef trwy awgrymu nad yw'r awdur yn enwi'r disgybl dienw am y rheswm syml nad oedd ganddo enw mewn gwirionedd, am mai cynrychioli delfryd y mae'r 'disgybl annwyl'. Mae'r rhan fwyaf o'r rheiny sy'n dilyn y llwybr hwn o'r farn fod yr awdur o fwriad yn gwrthgyferbynnu'r 'disgybl annwyl' â Phedr, sy'n ymddangos yn yr un cyd-destun ag ef bron bob tro, a hynny mewn safle is-raddol. Honiad Bultmann,[305] er enghraifft, yw fod y 'disgybl annwyl' yn cynrychioli Cristnogaeth Helenistig gyferbyn â Christnogaeth Iddewig a gynrychiolid gan Bedr; ar y llaw arall, barn A. Kragerud[306] yw fod y disgybl yn cynrychioli ffurf garismatig ar Gristnogaeth gyferbyn â Christnogaeth y sefydliad (= Pedr). Honnodd A. Loisy,[307] ymhlith eraill, fod y disgybl yn esiampl o'r hyn y dylai Cristion fod, ac mai bwriad yr awdur oedd cyflwyno'r esiampl er mwyn i eraill ei ddilyn.

Nid yw'r farn fod gan y disgybl swyddogaeth symbolaidd yn gyfyngedig i feirniadaeth gyfoes chwaith; yr oedd Gregor Fawr yn meddwl fod y disgybl hwn yn cynrychioli Cristnogaeth Iddewig[308] a Phedr, i'r gwrthwyneb, yn cynrychioli Cristnogaeth Helenistig. Mae'n rhaid cydnabod fod y fath ddamcaniaeth yn atyniadol am ei bod yn esbonio pam nad oes gan y disgybl enw ac eto'n datrys y broblem ddyrys o ddod o hyd i enw iddo. Nid oes fawr o amheuaeth nad oes gan y disgybl swydd cynrychiolydd i ryw raddau. Ni ellir amau chwaith nad yw ei ymddygiad a'i safle yn cael eu cyflwyno mewn goleuni ffafriol o'u cymharu â rhai Pedr. Ond am yr union reswm yma mae'n afresymol honni nad yw'r disgybl hwn yn gymeriad hanesyddol. Gwyddom, wedi'r cwbl, fod *Pedr* yn gymeriad hanesyddol. Mae'r awdur hwn yn feistr ar roi arwyddocâd symbolaidd i gymeriadau a digwyddiadau hanesyddol, ac nid oes le i amau nad dyma'i amcan yma; os felly, nid oes modd osgoi'r broblem trwy ddilyn damcaniaethau sy'n gweld y 'disgybl annwyl' yn gymeriad delfrydol.

Mae'n rhaid dychwelyd at y farn draddodiadol mai Ioan fab Sebedeus, oedd y disgybl yr 'oedd Iesu'n ei garu'. Dull y rheiny sy'n ceisio amddiffyn y traddodiad 309 yw bwrw pob ymgeisydd arall allan, un ar ôl y llall, nes cyrraedd Ioan. Dadleuant fod y 'disgybl annwyl' yn un o ddilynwyr agosaf Iesu, ac mae hynny'n amlwg. Yn ôl yr efengylau cyfolwg roedd gan Iesu dri disgybl arbennig a rannodd brofiadau preifat ag ef. 310 Roedd pob un ohonynt yn perthyn i'r deuddeg ac, yn ôl Marc, 311 nid oedd neb ond y deuddeg yn bresennol yn y swper olaf lle mae'r 'disgybl annwyl' yn ymddangos am y tro cyntaf, yn ôl efengyl Ioan. Mae'n rhaid fod y 'disgybl annwyl' yn un o'r deuddeg; yn wir, mae'n un o'r grŵp o dri, yn ôl pob golwg. Nid Pedr mohono am fod Pedr yn ymddangos wrth ei ochr yn y bedwaredd efengyl. Nid Iago mohono chwaith am fod y bedwaredd efengyl yn awgrymu fod y 'disgybl annwyl' wedi goroesi Pedr, ond fe ddienyddiwyd Iago yn ôl Actau xii. 2 ymhell *cyn* marw Pedr. Ioan, brawd Iago, felly, yw'r unig un ar ôl, ac mae'n rhaid mai Ioan oedd y 'disgybl annwyl'. Byddai'r un ddadl, wrth gwrs, yn cau allan mewn modd effeithiol awgrymiadau megis Lasarus neu Ioan Marc am nad oedd y naill na'r llall yn aelod o'r deuddeg. Fe awgrymir hyd yn oed fod Ioan yn perthyn i Iesu ar ochr ei fam a bod ganddo gysylltiad o'r herwydd â llwyth yr offeiriaid, gan fod Mair hithau'n berthynas i Elisabeth, mam Ioan Fedyddiwr. Fe fyddai hynny'n esbonio xviii. 15, ond nid oes sail gadarn i ddadleuon o'r fath am nad yw'r cysylltiadau'n dibynnu ar ddim mwy na damcaniaethu.

Yn ei hanfod, felly, mae'r ddadl o blaid Ioan, fab Sebedeus, wedi ei seilio (ar wahân i'r traddodiad) ar dystiolaeth yr efengylau cyfolwg. Ond fe heriodd Cullmann 312 y fath ddull o ddadlau, gan nodi nad oes gan y bedwaredd efengyl fawr o ddiddordeb yn y deuddeg. 313 O'r herwydd, nid yw'n deg cyfyngu'r dewis i'r deuddeg. Honiad Cullmann yw fod y 'disgybl annwyl' yn cynrychioli safbwynt cwbl wahanol i eiddo'r deuddeg, a gynrychiolid gan Bedr. Os oedd y disgybl hwn yn un o'r deuddeg, mae'n hynod iawn nad oes unrhyw sôn amdano tan y swper olaf. Barn Cullmann yw fod y 'disgybl annwyl' yn frodor o Jwdea yn hytrach nag o Galilea a bod ganddo gysylltiadau â dosbarthiadau yn y gymdeithas Iddewig, megis teulu'r archoffeiriad, a fyddai y tu hwnt i gyrraedd pysgotwr o Galilea. Ar ben hynny, os oedd yr awdur (neu'r golygydd) yn awyddus, fel yr ymddengys, i osgoi enwi'r disgybl hwn, nid oes modd dadlau fod y disgybl yn un o feibion Sebedeus gan i'r efengyl gyfeirio atynt hwy yn xxi. 2; mae'n rhaid, felly, fod y disgybl hwn yn un o'r ddau ddisgybl dienw yn y rhestr yn yr un adnod.

Dyma graidd y ddadl. A oedd y disgybl hwn yn un o'r deuddeg gan mai'r deuddeg yn unig oedd yn bresennol adeg y swper olaf, ai nac oedd? Nid oes sail i'r fath ddadl, yn ôl Cullmann, am nad oes unrhyw arwydd yn y *bedwaredd* efengyl nad oedd eraill yn bresennol. O'u pwyso, mae'n rhaid cyfaddef fod dadleuon Cullmann yn ddigon cryf i'n rhybuddio rhag derbyn y traddodiad allanol os nad oes gennym reswm da dros wneud hynny. Nid yw tystiolaeth fewnol yr efengyl ei hun, o'i hystyried ar wahân i dystiolaeth sy'n seiliedig ar yr efengylau cyfolwg, yn awgrymu o gwbl mai Ioan fab Sebedeus, oedd y 'disgybl annwyl'. Yn wir, byddai xxi. 2, os rhywbeth, yn cynnig tystiolaeth yn erbyn y fath osodiad.

Pa mor gryf, mewn gwirionedd, yw'r dystiolaeth allanol sy'n cysylltu enw Ioan fab Sebedeus, â'r efengyl hon? Ceir y cyfeiriad cynharaf yng ngwaith Irenaeus (tua 185 O.C.),[314] pan ddywed fod Ioan, disgybl yr Arglwydd, wedi ysgrifennu'r efengyl yn Effesus. Roedd y traddodiad, felly, wedi ei sefydlu yn Asia Leiaf[315] erbyn chwarter olaf yr ail ganrif, tra bod tystiolaeth Canon Muratori a Chlemens o Alecsandria yn dangos fod yr un traddodiad ar led yn Rhufain yn ogystal â'r Aifft erbyn diwedd yr ail ganrif. Wedi hynny mae'r traddodiad yn sefydlog ar y cyfan, ac yn tystiolaethu'n ddieithriad bron o blaid Ioan yr apostol. Ond a ellir olrhain y traddodiad ymhellach yn ôl nag amser Irenaeus? Honnodd Irenaeus ei hun fod ganddo gysylltiad â Pholycarp a oedd yn ei dro mewn cysylltiad â Ioan. Serch hynny, nid oedd Irenaeus yn priodoli'r farn mai Ioan oedd awdur y bedwaredd efengyl i Polycarp. Mewn gwirionedd, ni soniodd Polycarp yr un gair am y pwnc, nac Ignatius na Iestyn chwaith. Yn wir, fe geir rhywfaint o dystiolaeth fod yr efengyl yn cael ei phriodoli i'r heretic Cerinthus mewn rhai cylchoedd yn yr ail ganrif, sy'n awgrymu fod rhywrai'n amau nad oedd yr efengyl yn uniongred, ac mae'n anodd esbonio sut y gallai hynny fod wedi digwydd i lyfr a gysylltid ag un o'r apostolion. Irenaeus, felly, yw tarddiad y traddodiad hyd y gwyddom ar hyn o bryd, a'i farn bendant ef oedd mai Ioan 'disgybl yr Arglwydd' oedd awdur yr efengyl.

Daeth geiriau Irenaeus i lawr atom yng ngwaith yr hanesydd eglwysig, Eusebius,[316] sy'n sôn hefyd am brofiad Papias,[317] y cyfeiriodd Irenaeus ato fel un a fu'n gwrando ar Ioan. Yn ôl Eusebius[318] roedd gan Papias gysylltiad uniongyrchol (er nad o reidrwydd yn y cnawd) â dau grŵp o bregethwyr Cristnogol yr eglwys fore, a dyna lle y cafodd Papias ei wybodaeth am ddysgeidiaeth Iesu. Cynnwys y rhestr o'u henwau ryw Ioan yn y grŵp cyntaf, ochr yn ochr ag enwau eraill o'r deuddeg, ac yn yr ail grŵp Ioan arall (rhyw henuriad) wrth ochr Aristion, ac mae'n amlwg fod y ddau olaf yn dal ar dir y rhai byw yng nghyfnod Papias ei hun. O ganlyniad, fe awgrymir fod Papias yn gyfarwydd â dau Ioan, sef Ioan, fab Sebedeus, a Ioan arall, sy'n cael ei alw'n henuriad. Wrth gwrs, mae'n rhaid cofio na soniodd Papias am y bedwaredd efengyl o gwbl, ac felly nid oes modd honni fod Papias yn priodoli'r efengyl i'r naill Ioan na'r llall. Yn wir, nid yw Papias yn cysylltu'r henuriad ag Effesus fel y cyfryw.

Serch hynny, ym marn rhai ysgolheigion cyfoes,[319] os oedd mwy nag un Ioan yn Asia Leiaf mae'n eithaf tebyg iddynt gael eu cymysgu, y naill â'r llall, yn enwedig mewn cyfnod diweddarach. Aeth rhai ysgolheigion[320] ymhellach na hynny, gan honni mai Ioan yr 'henuriad' oedd gwir awdur yr efengyl a briodolwyd trwy ddamwain i Ioan yr apostol, oherwydd fod yr un enw gan y ddau. Mae'r rhain yn dadlau ymhellach drwy apelio at dystiolaeth dau o lythyrau Ioan lle mae'r awdur yn cyfeirio ato'i hun fel 'henuriad'.[321] Mae'n debyg mai'r un oedd awdur yr efengyl a'r llythyrau; os felly, yr un 'henuriad' oedd awdur yr efengyl a llythyrau Ioan a dyma'r 'henuriad' y cyfeiriwyd ato wrth yr enw 'Ioan' gan Papias mewn geiriau a gofnodir nid yn unig gan Eusebius ond hefyd gan Jerôm.[322]

Ymddengys hyn oll yn ddadl deg, ond nid oes unrhyw gefnogaeth iddi yng ngwaith y tadau eglwysig. Nid oes unrhyw arwydd yn unman cyn y cyfnod modern sy'n awgrymu mai Ioan yr 'henuriad' y cyfeiriodd Papias ato oedd awdur y bedwaredd efengyl. At hynny, fe heriodd ysgolheigion eraill[323] y dehongliad yma ar eiriau Papias, gan ddadlau nad oedd Papias yn cyfeirio at Ioan arall, ond yn hytrach yn sôn am yr un Ioan yr ail waith. Sut bynnag, dylid cydnabod nad yw'r dehongliad yma mor naturiol â derbyn fod Papias yn sôn am Ioan arall. Nid oes unrhyw brawf pendant mai'r un awdur oedd yn gyfrifol am yr efengyl a'r llythyrau, er bod ysgolheigion yn gyffredinol yn cydnabod bod y gweithiau hyn i gyd yn perthyn i'r un cylch o Gristnogion. Nid yw'r llythyrau'n dweud chwaith mai'r enw Ioan oedd gan yr 'henuriad'. Felly, er bod y ddamcaniaeth yn atyniadol, mae'n rhaid anwybyddu'r fath ymgais i osgoi'r anawsterau sydd ynghlwm wrth (a) rhoi enw i'r 'disgybl annwyl', a (b) derbyn y traddodiad allanol mai Ioan fab Sebedeus oedd awdur yr efengyl. Nid oes angen damcaniaeth o'r fath. Dim ond tywyllu cyngor yw tynnu Ioan arall eto i mewn i'r drafodaeth.

Mae'n ymddangos na ellir yn hyderus olrhain y traddodiad allanol ymhellach yn ôl nag amser Irenaeus; nid oes sicrwydd fod Irenaeus, hyd yn oed, yn cyfeirio at Ioan fab Sebedeus, gan nad yw'n sôn amdano ond fel 'disgybl yr Arglwydd', er nad oes angen pryderu gormod ynghylch hynny. Mae'n ddigon posibl fod Irenaeus neu un o'i ragflaenwyr yn dyfalu ynghylch enw'r awdur ar sail tystiolaeth fewnol yr efengyl ei hun, ynghyd â thystiolaeth gweddill y Testament Newydd. Byddai hynny'n golygu nad yw datganiad Irenaeus yn ddim ond damcaniaeth fel damcaniaethau modern ynghylch enw'r awdur. Yn wir, fe all fod y ddamcaniaeth yn ceisio sefydlu enw da (uniongred) efengyl a oedd mewn perygl o fynd yn eiddo i hereticiaid, trwy apelio at awdurdod apostol fel ffynhonnell yr efengyl.[324]

Nid yw'n harolwg, felly, yn caniatáu barn bendant ynghylch enw'r awdur. Mae'n bosibl dweud cryn dipyn amdano, fel y gwelsom, ond ni ellir honni'n hyderus fod ei enw yn adnabyddus inni gan i lu o anawsterau ein rhwystro rhag derbyn mai Ioan fab Sebedeus ydoedd. Wrth gwrs, ni fyddai'n deg awgrymu nad oes modd gorchfygu rhai o'r anawsterau hyn, e.e., nid oes unrhyw reswm pam na allai pysgotwr 'annysgedig'[325] fod wedi datblygu'n ddiwinydd blaenllaw dros y blynyddoedd dan ddylanwad ysbryd y gwirionedd, fel yr honnodd yr efengylydd. Nid yw syniadau 'aeddfed' ac 'uchel' ynghylch person Iesu yn cau allan o reidrwydd y posibilrwydd fod yr awdur yn llygad-dyst, yn enwedig pan oedd yn fwriad ganddo geisio dehongli arwyddocâd yr hyn a welodd ac a glywodd er budd ei ddarllenwyr. Mae'n deg anwybyddu'r ddadl na fyddai apostol yn dibynnu ar waith eraill wrth gyfansoddi efengyl, am inni wadu dibyniaeth yr efengyl hon ar yr efengylau cyfolwg.[326] Yn yr un modd fe ddangoswyd nad oes sail i'r ddadl fod Ioan yr apostol wedi dioddef merthyrdod yn gynnar iawn yn hanes yr eglwys fore.[327]

Nid yw'r dadleuon hyn yn peri pryder bellach. Serch hynny, mae'n anodd esbonio sut y bu Cristnogion mor hir yn derbyn awdurdod yr efengyl os oeddent yn gwybod mai Ioan yr apostol a'i hysgrifennodd. Mae'n anodd deall pam nad oes sôn mewn efengyl a ysgrifennwyd gan Ioan fab Sebedeus, am ddigwyddiadau y bu gan Ioan ran ynddynt yn ôl hanes yr efengylau cyfolwg.[328] Eto, os Ioan oedd y 'disgybl annwyl', pam na chyfeirir ato tan hanes y swper olaf? Yn wir, gellir gofyn pam y bu iddo fabwysiadu'r fath deitl? Onid ydyw'n haerllugrwydd o'r mwyaf iddo honni fod Iesu'n ei garu? Erbyn amser ysgrifennu llyfr Datguddiad mae'n ymddangos fod y deuddeg yn perthyn i'r gorffennol pell,[329] ac eto fe gysylltir y bedwaredd efengyl â llyfr Datguddiad gan rai ysgolheigion sy'n honni fod yr awdur (Ioan) wedi ysgrifennu'r efengyl ymhell *ar ôl* llyfr Datguddiad. O ystyried popeth, mae'n ymddangos fod Cullmann[330] yn llygad ei le yn dadlau nad oedd y 'disgybl annwyl', er iddo, o bosibl, ysgrifennu'r efengyl, yn un o'r deuddeg — dadl a fyddai'n cau allan Ioan fab Sebedeus.

Mae llawer o ysgolheigion cyfoes sy'n cydnabod grym y dadleuon yma yn teimlo, serch hynny, na ddylid gosod y traddodiad o'r neilltu yn gyfangwbl. Fe welir tuedd gynyddol, yn enwedig ymhlith esbonwyr Pabyddol,[331] i gyfaddawdu. Maent yn derbyn nad Ioan fab Sebedeus oedd yr awdur terfynol; hynny yw, nid Ioan a ysgrifennodd yr efengyl ar bapur yn ei law ei hun. Gwaith disgybl ffyddlon i'r apostol Ioan oedd hwnnw, disgybl a fu mor ffyddlon i athrawiaeth ei feistr fel bod modd meddwl o hyd am Ioan fel y gwir 'awdur' neu, o leiaf, yr awdurdod y tu ôl i'r efengyl, er inni dderbyn mai un o'i ddisgyblion a ysgrifennodd y geiriau ar bapur. Yn wir, byddai'r mwyafrif o ysgolheigion yn cytuno fod yr amryw weithiau a gysylltir ag enw Ioan yn tarddu o grŵp neu gylch o Gristnogion a chanddo safbwynt diwinyddol arbennig, pwy bynnag oedd arweinydd y cylch, ai Ioan ai rhywun arall. Ymhlith y gwaith a gynhyrchwyd gan y grŵp yr oedd llyfr Datguddiad, ac enw awdur y llyfr hwnnw oedd Ioan. [332] Dyma Ioan yr apostol, yn ôl rhai ysgolheigion, [333] er i'r mwyafrif ohonynt wrthod derbyn fod yr un awdur yn gyfrifol am yr efengyl hefyd. Os felly, byddai'n anodd derbyn mai Ioan yr apostol oedd awdur yr efengyl. Serch hynny, nid oes sicrwydd mai Ioan yr apostol, fab Sebedeus, yw'r Ioan a gyfansoddodd lyfr Datguddiad. Yn wir, fe all nad yw'r traddodiad sy'n cysylltu enw Ioan â'r gweithiau hyn yn seiliedig ar ddim mwy na bod rhyw Ioan anadnabyddus wedi ysgrifennu llyfr Datguddiad. Yn y cyfamser, fe gyfansoddodd un o'i gyfeillion y bedwaredd efengyl gan ddymuno peidio â datguddio'i enw. Mae'n amlwg nad oedd Cristnogion diwedd yr ail ganrif yn fodlon parchu ei ddymuniad gan iddynt geisio gwthio'r enw Ioan arno; ond nid oes raid inni eu dilyn ar hyd y llwybr diderfyn sy'n ceisio dod o hyd i enw priodol rhywun a ddewisodd, ganrifoedd yn ôl, beidio â datgelu'i enw.

LLYFRAU

Cymraeg

J. G. Griffiths (gol.), *Cefndir y Testament Newydd*, Gwasg Gomer, Llandysul, 1966.
Gwili, tt. 530-544, 571-644.
J. Morgan Jones, *Y Testament Newydd*, pen. VII, tt. 93-106.
Joseph Jones, 'Ioan, Yr Efengyl yn ôl', *GB* II,803-811.
W. Tudor Jones, 'Gnostigiaeth', *GB* I, 596-598.
M. B. Owen, 'Ioan, Fab Sebedeus', *GB* II, 799-802.
B. J. Roberts, *Sgroliau'r Môr Marw*, Gwasg Prifysgol Cymru, Caerdydd, 1956.
Isaac Thomas, *Arweiniad*, tt. 186-200.
J. Tudno Williams, 'Bultmann a'r Bedwaredd Efengyl', *Y Traethodydd* XXXIV (1966), 139-144.

Saesneg

C. K. Barrett, *The Gospel According to St. John*, SPCK, Llundain, 1955.
C. K. Barrett, *The Gospel of John and Judaism*, SPCK, Llundain, 1975.
R. E. Brown, *The Gospel According to John*, 2 Gyf., Doubleday, Efrog Newydd, 1966 a 1971.
R. Bultmann, *The Gospel of John: A Commentary* (Cyf. Saes. gan G. R. Beasley Murray ac eraill), Blackwell, Rhydychen, 1971 (Almaeneg gwreiddiol, 1964).

O. Cullmann, *The Johannine Circle* (Cyf. Saes. gan J. Bowden), SCM, Llundain, 1976 (Almaeneg gwreiddiol, 1975).
C. H. Dodd, *Historical Tradition in the Fourth Gospel*, Caergrawnt, 1963.
C. H. Dodd, *The Interpretation of the Fourth Gospel*, Caergrawnt, 1953.
E. Käsemann, *The Testament of Jesus* (Cyf. Saes. gan G. Krodel), SCM, Llundain, 1968 (Almaeneg gwreiddiol, 1966).
B. Lindars, *The Gospel of John*, Oliphants, Llundain, 1972.
L. Morris, *Studies in the Fourth Gospel*, Gwasg Paternoster, Exeter, 1969.
R. Schnackenburg, *The Gospel According to St. John*, Cyf. I, pen. I-IV (Cyf. Saes. gan K. Smyth), Burns & Oates, Llundain, 1968 (Almaeneg gwreiddiol, 1965).

Nodiadau

1 Eto i gyd, dangosodd C. H. Dodd fod y bedwaredd efengyl yn cynnwys deunydd ar ffurf dameg. Gw. *Historical Tradition*, tt. 366-387.

2 Honnir fod Ioan yn cyfeirio at fedydd Iesu yn i. 32-34.

3 Eto fe honnir fod Ioan yn cyfeirio at yr ing yn yr ardd yn xii. 27 a xviii. 11.

4 Gw. Ioan ii. 1-11 (Cana), iii. 1-12 (Nicodemus), iv. 5-42 (y wraig o Samaria), xi. 1-44 (Lasarus).

5 Dwy flynedd a hanner, o leiaf. Gw. Kümmel, *Introd.*, t. 200.

6 Mae'r daith yn cychwyn ym Marc x. 1 ac yn gorffen yn xi. 11, ond fe geir olion ym Marc sy'n awgrymu fod Iesu wedi ymweld â'r ddinas o'r blaen, e.e., Marc xi. 1-7, xiv. 12-16, lle mae trefniadau Iesu gyda phobl leol yn awgrymu ei fod wedi cyfarfod â hwy o'r blaen.

7 Gw. Ioan ii. 13, v. 1, vii. 10, x. 22, 23, xii. 12, cymaint â phum ymweliad, o bosibl.

8 Yn ôl Ioan ii. 14-16 mae'n digwydd ar ddechrau gweinidogaeth Iesu, ond yn ôl Marc xi. 15-17 ar ddiwedd ei yrfa.

9 Yn ôl Ioan fe groeshoeliwyd Iesu ar Nisan 14, y dydd o flaen y Pasg, ond fe'i croeshoeliwyd yn ôl yr efengylau cyfolwg ar ddydd y Pasg, Nisan 15, ac felly, yn ôl yr efengylau cyfolwg, roedd y swper olaf yn dathlu'r Pasg.

10 Gw., e.e., Marc ix. 13 a chymh. Ioan i. 21.

11 Fe ddyfynnir geiriau Clemens yng ngwaith Eusebius *Hanes yr Eglwys* VI, xiv. 7. Gw. Gwili, t. 536; Isaac Thomas, *Arweiniad*, t. 188; Lindars, *St. John*, t. 26.

12 Gw. xx. 30. Fe ddefnyddir y gair Groeg *biblion*.

13 C. H. Dodd yw'r prif lefarydd o blaid y ddamcaniaeth fod *kerygma* (pregethu) yr eglwys fore yn seiliedig ar amlinelliad sylfaenol o ddigwyddiadau hanesyddol. Gw. *Historical Tradition*, t. 233 n. 2, lle y ceir y mynegiant diweddaraf o'i farn yng ngoleuni beirniadaeth Nineham. Gw. hefyd ben. IV a VI uchod.

14 Gw. yr adran ar *Redaktionsgeschichte* ym mhen. III uchod.

15 Awgrym E. Schwarz yw'r gair Groeg *aporiai*. Fe gyhoeddodd Schwarz gyfres o astudiaethau ar yr *aporiai* yma o dan y teitl *Aporien im vierten Evangelium* ym 1907-8. Gw. Schnackenburg, *St. John* I, t. 44 n. 2. Fe ystyrir rhai o'r *aporiai* gan Gwili, tt. 606-607.

16 i. 1-18.

17 adn. 6-8, 15.

18 Gw. iii. 27-30.

19 Cymh. iii. 5, x. 9, xiv. 3, y dywedir eu bod allan o le yn yr efengyl hon.

20 Gw. v. 1.

21 vii. 53- viii. 11.

22 A bod yn fanwl, fe ddigwydd xviii. 13-24 yn fersiwn Sinaitig y Testament

Newydd Syrieg yn y drefn adnodau 13, 24, 14, 15, 19-23, 16-18. Gw. Schnackenburg, *St. John* I, t. 186. Fe fabwysiadwyd y drefn hon gan Gyfieithiad y Brifysgol. Gw. *Yr Efengyl yn ôl Ioan*, Cyfieithiad Newydd, Hughes a'i Fab, Wrecsam, 1927, t. 5.

23 Am restr o ysgolheigion sy'n gwadu'r angen am esboniad o unrhyw fath gweler Kümmel, *Introd.*, t. 205. Cynnwys y rhestr Dodd, Barrett a Lightfoot.

24 Gw. *Interpretation*, tt. 297-389, adran sy'n dwyn y teitl 'The Book of Signs', ac sydd, mewn gwirionedd, yn esbonio pen. i-xii ag eithrio'r prolog a gweddill pen. i.

25 vi. 1-13.

26 vi. 16-21.

27 Gw. Marc vi. 34-44, 45-52.

28 Gw. yn enwedig drafodaeth Morris, *Studies*, tt. 28-30. Gw. hefyd Dodd, *Historical Tradition*, tt. 199-211, 196-199; A. J. B. Higgins, *The Historicity of the Fourth Gospel*, Lutterworth, Llundain, 1960, tt. 26-39.

29 Gw. pen. III uchod.

30 iv. 46-54.

31 Gw. A. J. B. Higgins, *op. cit.*, tt. 22-26; Dodd, *Historical Tradition*, tt. 188-195.

32 Byddai hynny'n esbonio'r amrywiaeth rhwng mab (Ioan), gwas (Mathew) a chaethwas (Luc).

33 v. 2-9. Cymh. Marc ii. 1-12.

34 ix. 1-11. Cymh. Marc viii. 22-26, x. 46-52.

35 ii. 1-11.

36 Marc ii. 22.

37 xi. 1-44.

38 Luc xvi. 19-31.

39 Gw. n. 9 uchod.

40 Mae'r gair Groeg *speira* (= mintai) yn xviii. 3 yn arwyddo fod Rhufeiniaid yn bresennol.

41 Gw. y drafodaeth fanwl yn Dodd, *Historical Tradition*, tt. 82-120.

42 Gw. xix. 17. Nid ymddengys Simon o Cyrene (Marc xv. 21) yn hanes Ioan.

43 Gw. xix. 26-27, 28, 30. Ni cheir yr un o'r dywediadau hyn yn yr efengylau cyfolwg; nid yw Ioan yn cynnwys y dywediadau a geir ym Marc xv. 34 a Luc xxiii. 34, 43, 46.

44 Gw. xix. 26. Gwrthgyferbynner Marc xiv. 50 (bob un).

45 Gw. xx. 2-10.

46 Gw. xx. 11-18. Mae'r Iesu atgyfodedig yn ymddangos i grŵp o wragedd sy'n cynnwys Mair o Fagdala ym Mathew xxviii. 9-10, ond nid yw'r adroddiad yn debyg i'r eiddo Ioan.

47 Luc v. 1-11. Cymh. Ioan xxi. 1-14.

48 Ioan xii. 1-8. Cymh. Luc vii. 36-50. Gw. ymhellach Dodd, *Historical Tradition*, tt. 162-173.

49 Yn enwedig Peilat yn datgan deirgwaith fod Iesu'n ddieuog.

50 E.e., J. A. Bailey, *The Traditions Common to the Gospels of Luke and John*, Suppl. *Nov. Test*. VII, Brill, Leiden. 1963.

51 Awgrym rhai ysgolheigion yw fod Luc yn gyfarwydd â thraddodiadau a ddefnyddiwyd gan Ioan. Barn M-E. Boismard yw mai Luc oedd golygydd terfynol y bedwaredd efengyl. Gw. ymhellach Lindars, *St. John*, t. 27; Schnackenburg, *St. John* I, t. 33; Brown, *St. John* I, t. XXXIII.

52 Ag eithrio H. F. D. Sparks, sy'n dadlau fod Ioan yn dibynnu ar Fathew ar sail Ioan xiii. 16 a xv. 20. Gw. *JTS* c.n. III (1952), 58-61.

53 Ceir rhestr gynhwysfawr yn Dodd, *Historical Tradition*, tt. 335-365.

54 Gw. Ioan i. 19-34 (Cymh. Marc i. 4-8 — y Bedyddiwr), Ioan i. 35-42 (Cymh. Marc i. 16-20 — galw'r disgyblion), Ioan ii. 14-16 (Cymh. Marc xi.

15-17 — glanhau'r Deml), Ioan xii. 1-8 (Cymh. Marc xiv. 3-9 — yr eneinio), Ioan xii. 12-16 (Cymh. Marc xi. 1-10 — mynd i mewn i Jerwsalem).
55 Gw. yn enwedig Morris, *Studies*, tt. 23-36; Dodd, *Historical Tradition*, tt. 248-312, 156-162.
56 Gw. Morris, *ibid.*; Dodd, *Historical Tradition*, tt. 162-173.
57 Gw. Barrett, *St. John*, t. 34.
58 Morris, *Studies*, pen. I, tt. 15-63; Dodd, *Historical Tradition, passim*.
59 Gw. Kümmel, *Introd.*, t. 204.
60 Gw. y rhestr o ysgolheigion yn Kümmel, *Introd.*, tt. 210-216. Cymh. Brown, *St. John* I, tt. XXVIII-XXXII.
61 Ceir ymgais i ddefnyddio adnoddau cyfrifiadur wrth chwilio am ffynonellau yn Ioan yn G. H. C. MacGregor a A. Q. Morton, *The Structure of the Fourth Gospel*, Oliver & Boyd, Caeredin, 1961.
62 Mae'n anodd dilyn damcaniaethau Bultmann yn ei esboniad, am fod y manylion ar wasgar. Gw. Bultmann, *The Gospel of John*. Ceir crynodeb teg o'i ddamcaniaeth yn Saesneg yn erthygl D. Moody Smith yn *NTS* X (1963-4), 336-351. Gw. hefyd Brown, *St. John* I, tt. XXIX-XXX; B. Lindars, *Behind the Fourth Gospel*, SPCK, Llundain, 1971, tt. 18-20.
63 Gw. hefyd y cyfeiriad at 'arwyddion' yn xii. 37.
64 Gw. R. T. Fortna, *The Gospel of Signs, Cyfres Monograff SNTS* XI, Caergrawnt, 1970.
65 Hynny yw, daw'r deunydd ychwanegol o xxi. 1-14, iv. 1-42 a i. 19-34.
66 E.e., Hans Becker mewn gwaith a gyhoeddwyd, wedi iddo farw, dan olygyddiaeth Bultmann ym 1956. Gw. trafodaeth D. Moody Smith, *art. cit.*, 342-343.
67 Am drafodaeth ar waith E. Ruckstuhl a gyhoeddwyd ym 1951 gw. D. Moody Smith, *art. cit.*, 338-341; Brown, *St. John* I, t. XXXI; Schnackenburg, *St. John* I, t. 52. Fe restrodd Ruckstuhl hanner cant o nodweddion arddull Ioan.
68 Cyhoeddwyd gwaith Schweizer mewn llyfr yn dwyn y teitl *Ego Eimi* yn Göttingen ym 1939. Cynnwys ei restr 33 o nodweddion arddull Ioan. Fe ddisgrifir gwaith Noack gan D. Moody Smith, *art. cit.*, 341-342. Barn Noack oedd fod efengyl Ioan yn tarddu o ddraddodiad llafar ac nid wedi'i seilio ar ffynonellau ysgrifenedig.
69 Ceir trafodaeth ar wrthwynebiad Käsemann i Bultmann gan D. Moody Smith, *art. cit.*, 344-346.
70 Gw. n. 66 uchod.
71 Gw. Dodd, *Interpretation, passim*. Cymh. Lindars, *St John*, t. 47; *Behind the Fourth Gospel, passim*.
72 E.e., pen. ix a phen. xi.
73 Gw. Barrett, *St. John*, tt. 16-21; Schnackenburg, *St. John* I, t. 73; Lindars, *St. John*, tt. 51-54.
74 E.e., C. F. Burney, *The Aramaic Origin of the Fourth Gospel*, Gwasg Clarendon, Rhydychen, 1922; C. C. Torrey, *Our Translated Gospels*, Hodder & Stoughton, Llundain, 1937. Gw. ymhellach Gwili, tt. 607-609.
75 Ceir adolygiad diweddar ar iaith Ioan gan Barrett, *The Gospel of John and Judaism*, tt. 20-31. Cymh. Schnackenburg, *St. John* I, tt. 105-111; Lindars, *St. John*, tt. 44-46.
76 Gw. M. Black, *An Aramaic Approach to the Gospels and Acts*, 3ydd arg., Gwasg Clarendon, Rhydychen, 1967; Dodd, *Historical Tradition, passim*. Gw. hefyd J. H. Charlesworth (gol.), *John and Qumran*, Chapman, Llundain, 1972, t. 108 n. 4, tt. 185-187 (traethawd gan W. H. Brownlee).
77 *St. John*, t. 480.
78 At ei gilydd fe geir y deunydd nad yw ei arddull yn nodweddiadol o Ioan yn ii. 1-10, 13-19, iv. 46-53, xii. 1-8, 12-15, a'r rheswm, mae'n debyg, yw fod yr awdur yn defnyddio deunydd traddodiadol. Fe ddigwydd amryw o'r hanesion yn yr efengylau cyfolwg hefyd.

79 Gw., e.e., ddamcaniaethau W. Wilckens a P. Parker a ddisgrifir isod.
80 Ceir amlinelliad o feirniadaeth gynharach yn Schnackenburg, *St. John* I, tt. 49-50. Cymh. Kümmel, *Introd.*, tt. 210-211.
81 Gw. yr amlinelliad o ddamcaniaeth W. Wilckens yn Brown, *St. John* I, tt. XXXII-XXXIII. Gw. hefyd D. Moody Smith, *art. cit.*, 346-347.
82 Gw. *JBL* LXXV (1956), 303-314.
83 Hynny yw, pen. ii. 1-12, iv, vi a xxi.
84 E.e., v. 28-29, vi. 39-40 ac yn y blaen.
85 E.e., vi. 51-58 ac yn y blaen.
86 E.e., i. 22-24, 27, 32, iii. 24, iv. 2, xi. 2 ac yn y blaen.
87 Ceir disgrifiad o ddamcaniaethau Schulz yn D. Moody Smith, *art. cit.*, 347-348.
88 J. H. Bernard, *A Critical and Exegetical Commentary on the Gospel According to St. John*, 2 Gyf., Clark, Caeredin, 1928; gweler Cyf. I, tt. xvi-xxx; F. R. Hoare, *The Original Order and Chapters of St. John's Gospel*, Burns & Oates, Llundain, 1944.
89 O blith y llu o ysgolheigion sydd o'r farn hon gellid enwi E. C. Hoskyns, C. H. Dodd a C. K. Barrett.
90 Gw. Cullmann, *Johannine Circle*, t. 7.
91 Gw. ein trafodaeth ar y posibilrwydd hwn yn yr adran ar bwrpas yr awdur isod.
92 Gw. n. 74-76 uchod.
93 Am drafodaeth fanwl ar hyn i gyd gw. M. Hengel, *Judaism and Hellenism* (Cyf. Saes. gan J. Bowden), 2 Gyf., SCM, Llundain, 1974. Gw. hefyd J. Gwyn Griffiths (gol.), *Cefndir y Testament Newydd*, yn enwedig tt. 9-15, 57-60.
94 Gw. Lindars, *St. John*, t. 39. Cymh. Dodd, *Interpretation*, t. 10; J. H. Jones yn *Cefndir y Testament Newydd* (gol. J. G. Griffiths), tt. 22-23.
95 Mae Brown, *St. John* I, t. LVII, yn cyfeirio at E. A. Abbott a W. R. Inge fel ysgolheigion sy'n cynrychioli'r duedd hon. Gw. hefyd Isaac Thomas, *Arweiniad*, t. 194.
96 Gw. iii. 31 (oddi uchod/oddi isod), iii. 6, vi. 63 (ysbryd/cnawd).
97 Gw. vi. 32 (bara) a iv. 14 (dŵr).
98 Gw. Dodd, *Interpretation*, tt. 10-11; J. G. Griffiths (gol.), *Cefndir y Testament Newydd*, tt. 76-77.
99 i. 14.
100 Am drafodaeth ar Philon gw. yn enwedig Dodd, *Interpretation*, tt. 54-73. Cymh. B. Lindars, *St. John*, tt. 39-40; Gwili, tt. 585-589; Isaac Thomas, *Arweiniad*, t. 195.
101 Gw. Brown, *St. John* I, tt. LVII-LVIII.
102 Gw. trafodaeth Dodd, *op. cit.*
103 *Interpretation*, tt. 10-53.
104 G. D. Kilpatrick, 'The Religious Background of the Fourth Gospel' yn *Studies in the Fourth Gospel* (gol. F. L. Cross), Mowbray, Llundain, 1957, tt. 36-44.
105 Gw. Brown, *St. John* I, t. LIX.
106 Gw. Lindars, *St. John*, t. 40.
107 Gw. trafodaeth Dodd, *Interpretation*, t. 97, a noder ei gyfeiriad at R.P. Casey, *JTS* h.g. XXXVI (1935), 45-60. Gw. hefyd J. G. Griffiths (gol.), *Cefndir y Testament Newydd*, t. 74.
108 Gw. pen. V, tt. 30-38, o waith Cullmann, *Johannine Circle*, am amlinelliad o rai o'r damcaniaethau hyn.
109 Mynegodd Bultmann y farn hon yn gyntaf mewn erthygl a gyhoeddwyd ym 1925 yn *ZNW* XXIV, 100-146. Gw. ymhellach *Primitive Christianity in its Contemporary Setting* (Cyf. Saes. gan R. H. Fuller), Thames & Hudson, Llundain, 1956, t. 162.
110 Gw. *Gnosis and the New Testament*, Blackwell, Rhydychen, 1968.
111 Enw modern yw Nag Hammadi am le a adwaenid yn yr hen fyd wrth

yr enw Chenoboskion. Fe ddefnyddir y ddau enw mewn llyfrau gwahanol wrth gyfeirio at y testunau a ddaeth i'r golwg ym 1947. Gw. trafodaeth R. McL. Wilson yn y llyfr y cyfeiriwyd ato yn y nodyn blaenorol. Cymh. Schnackenburg, *St. John* I, tt. 146-149.

112 Gw. Cullmann, *Johannine Circle*, t. 37.
113 Gw. Schnackenburg, *St. John* I, tt. 148-149.
114 Gw. i. 5, iii. 6, 13, viii. 12, 23, xii. 46.
115 Gw. Dodd, *Interpretation*, tt. 115-130; Gwili, tt. 589, 601-603.
116 Mark Lidzbarski oedd yn bennaf cyfrifol am gyhoeddi'r testunau yma. Fe gyfieithodd a golygu cyfres o destunau a gyhoeddwyd rhwng 1905 a 1925. Gw. Dodd, *Interpretation*, t. 115 n. 1; Gwili, t. 601.
117 F. C. Burkitt, *JTS* h. g. XXIX (1928), 225-237.
118 Barrett, *St. John*, t. 32.
119 Gw. Schnackenburg, *St. John* I, tt. 143-145.
120 Gw. Schnackenburg, *ibid.* Cymh. Lindars, *St. John*, t. 41.
121 Gw. Kümmel, *Introd.*, tt. 222-223. Cymh. Schnackenburg, *St. John* I, t. 139.
122 Roedd F. C. Burkitt, er enghraifft, o'r farn fod Marcion wedi dylanwadu ar Fandeaeth (*JTS* h.g. XXIX (1928), 225-237), tra bod R. E. Brown yn gweld dylanwad Nestoriws arni. Gw. *St. John* I, tt. LIV-LV.
123 Gw. J. H. Charlesworth (gol.), *John and Qumran*, tt. 107-136.
124 *Interpretation*, tt. 124-125.
125 Gw. Barrett, *The Gospel of John and Judaism*, pen. III, tt. 40-58.
126 Gw. Brown, *St. John* I, t. LV; Schnackenburg, *St. John* I, Excursus VI, tt. 543-557, sy'n dyfynnu dadleuon Colpe yn helaeth. Cyhoeddwyd ymchwil Colpe ym 1961.
127 Gw. yr adran ar bwrpas yr awdur isod.
128 Am fanylion gw. Schnackenburg, *St. John* I, t. 165.
129 Gw. Dodd, *Interpretation*, tt. 78-79.
130 Gw. B. Gärtner, *John 6 and the Jewish Passover, Coniectanea Neotestamentica* XVII, Gleerup, Lund, 1959; P. Borgen, *Bread from Heaven, Suppl. Nov. Test.* X, Brill, Leiden, 1965.
131 *The Fourth Gospel and Jewish Worship*, Rhydychen, 1960.
132 Gw. L. Morris, *The New Testament and the Jewish Lectionaries*, Gwasg Tyndale, Llundain, 1964.
133 Ioan vii. 27.
134 *Messias* yn i. 41, iv. 25 — fe roddir y cyfieithiad *Christos* yn i. 41 a dyma'r ffurf sy'n ymddangos mewn mannau eraill megis i. 20, 25, iii. 28, iv. 29, vii. 26, 27, 31, ac yn y blaen.
135 *Interpretation*, tt. 93-96.
136 E.e., Eseia xlviii. 12.
137 E.e., Ioan v. 15, ix. 22, xviii. 12 ac yn y blaen.
138 E.e., Ioan v. 16, x. 31, xviii. 36.
139 Gw. vii. 19, viii. 17, x. 34, xv. 25. Cymh. i. 17 sydd hefyd fel pe bai'n diddymu'r Gyfraith.
140 Gw. ix. 22, xii. 42, xvi. 2.
141 Ar y pwynt yma gw. Barrett, *The Gospel of John and Judaism*, tt. 47-50. Gw. hefyd ein trafodaeth isod ar bwrpas yr efengyl a dyddio'r efengyl.
142 Am gyfiawnhad dros y dyddiad yma gw. yr adran ar ddyddio'r efengyl isod.
143 E.e., ii. 6, xix. 40.
144 Gw. B. J. Roberts, *Sgroliau'r Môr Marw*, t. 6.
145 Gw. B. J. Roberts, *op. cit.*, tt. 51-52.
146 Gw. J. H. Charlesworth (gol.), *John and Qumran*, tt. 76-106; Isaac Thomas, *Arweiniad*, tt. 196-197.
147 Gw. *NTS* V. (1958-59), 157-173; *Johannine Circle*, t. 33.
148 Gw. Cullmann. *Johannine Circle;* J. H. Charlesworth, *ibid.*

149 E.e., R. H. Fuller, *The New Testament in Current Study*, SCM, Llundain, 1963, t. 141.

150 *Johannine Circle*, t. 98.

151 Gw., yn enwedig yn y Testament Newydd, dystiolaeth efengylau Luc ac Ioan — e.e., Ioan iv. 9.

152 Cwympodd teyrnas y gogledd yn 722 C.C. Gw. II Bren. xvii a noder fod y ddau enw, Israel a Samaria, yn disgrifio teyrnas y gogledd.

153 Gw. yn enwedig J. Macdonald, *The Theology of the Samaritans*, SCM, Llundain, 1964.

154 E.e., W. A. Meeks, *The Prophet-King*, *Suppl. Nov. Test.* XIV, Brill, Leiden, 1967.

155 Dyma farn J. Bowman, 'Samaritan Studies', *BJRL* XL (1958), 298-327. Cymh. E. D. Freed, *Nov. Test.* XII (1970), 241-256.

156 E.e., G. W. Buchanan yn *Religions in Antiquity* (gol. J. Neusner), *Numen Suppl.* XIV, Brill, Leiden, 1970, 149-175.

157 *Johannine Circle*, yn enwedig pen. V a VI.

158 Gw. yn enwedig W. A. Meeks, *The Prophet-King*.

159 Gw. Macdonald, *Theology of the Samaritans*, pen. I, tt. 11-55.

160 E.e., daw *Memar* (= athrawiaeth) Markah, a ddyfynnir yn aml gan Bowman, o'r drydedd neu'r bedwaredd ganrif O.C. Gw. Macdonald, *Theology of the Samaritans*, tt. 420-421. Cymh. C. H. H. Scobie, *NTS* XIX (1972-73), 405.

161 Am fanylion gw. Schnackenburg, *St. John* I, tt. 121-124; Brown, *St. John* I, tt. LIX-LX.

162 Ioan vii. 38 (dŵr o'r graig), iii. 14 (y sarff bres).

163 Gw. n. 135 uchod.

164 Gw. Dodd, *Historical Tradition*, tt. 31-49.

165 Ioan x (y bugail), xv (y winwydden).

166 Am y bugail gw. yn enwedig Eseciel xxxiv, ac am thema'r winwydden fel symbol o Israel gw. Eseia v. 1-7, Esec. xix. 10-14, Salm lxxx. 8-16.

167 Gw. yn enwedig E. M. Sidebottom, *The Christ of the Fourth Gospel*, SPCK, Llundain, 1961; Dodd, *Interpretation*, tt. 274-5; Isaac Thomas, *Arweiniad*, t. 195.

168 Am ddefnydd cyffredin o destunau prawf gw. Dodd, *Historical Tradition*, tt. 31-49.

169 Gw. C. Goodwin, *JBL* LXXIII (1954), 61-75.

170 Gwelir cysylltiad â Thargwm Palesteina (cyfieithiad Aramaeg o'r Ysgrythurau) gan ysgolheigion yn iii. 14, iv. 6, 12, vii. 38 a xii. 41. Gw. Brown, *St. John* I, t. LXI. Honnir fod dyfyniadau o'r Ysgrythurau yn cytuno â'r Hebraeg yn erbyn yr LXX yn vi. 45, xiii. 18, xix. 37. Gw. Morris, *Studies*, t. 231; Gwili, tt. 608-609.

171 Mae Kümmel, *Introd.*, t. 232, yn enwi Goguel a Boismard ymhlith yr ysgolheigion sy'n mynegi'r farn hon.

172 Dyma farn E. Stauffer yn ôl Kümmel, t. 232.

173 Cytuna Schnackenburg, *St. John* I, t. 26, a Kümmel, t. 232, mai Windisch oedd arloeswr y ddamcaniaeth hon. Cymh. Gwili, t. 575.

174 Yn ôl y nodyn yn y *New English Bible*, 'Some witnesses read "that you may come to believe . . ." '.

175 Pwysleisiwyd y pwynt hwn gan Schnackenburg, *St. John* I, t. 153. Cymh. Brown, *St. John* I, t. LXVII.

176 Ioan i. 20-21.

177 E.e., Marc ix. 13. Cyferbynner Ioan i. 21.

178 Ioan i. 8.

179 Ioan iii. 30.

180 Yn ôl Brown, *St. John* I, t. LXVII, Baldensperger oedd y cyntaf i fynegi'r farn hon ar ddiwedd y ganrif ddiwethaf. Cymh. Schnackenburg, *St. John* I, t. 167; Gwili, tt. 599-603.

181 Gw. yr adran ar ffynonellau uchod.
182 Gw. yr adran ddilynol.
183 Fe brofwyd hynny y tu hwnt i bob amheuaeth gan W. A. Meeks, *The Prophet-King*.
184 J. Louis Martyn, *History and Theology in the Fourth Gospel*, Harper & Row, Efrog Newydd, 1968. Gw. hefyd Gwili, tt. 603-604.
185 Gw. Ioan v, vi, a vii, yn enwedig.
186 Gw. yn enwedig v. 19-47.
187 Gw. Ioan i. 17-18, ix. 28-33. Cymh. v. 45-47.
188 Gw. n. 131 uchod.
189 Gellir dilyn hynny'n hawdd yn yr amlinelliad o gynnwys deg pennod cyntaf yr efengyl a geir yn Brown, *St. John* I, tt. CXL-CXLI.
190 Gw. W. C. van Unnik, 'The Purpose of St. John's Gospel' yn *Studia Evangelica* I (*Texte und Untersuchungen* LXXIII), Akademie-Verlag, Berlin, 1959, 382-411; J. A. T. Robinson, *NTS* VI (1960), 117-131 (adargraffwyd yn *Twelve New Testament Studies*, SCM, Llundain, 1962, 107-125). Cymh. Isaac Thomas, *Arweiniad*, t. 198.
191 Gw. Ioan xx. 31.
192 Gw. yr adran ar amgylchfyd gwlad Palesteina uchod.
193 Gw. pen. V uchod a'r cyfeiriad at farn W. D. Davies yn y bennod honno.
194 Ioan ix. 22, xii. 42, xvi. 2.
195 E.e., yn hanes codi Lasarus, xi. 1-44.
196 Irenaeus, *Adv. Haer.* III. xi. 1.
197 Gw. y drafodaeth yn Brown, *St. John* I, t. LXXVI.
198 Gw. E. C. Hoskyns (gol. F. N. Davey), *The Fourth Gospel*, Faber, Llundain, ail arg. 1947, tt. 48-57. Cymh. Lindars, *St. John*, tt. 61-63; Gwili, tt. 594-595; J. Morgan Jones, *Y Testament Newydd*, tt. 95-96.
199 *Dokein* yw'r gair Groeg am 'ymddangos', felly *Docet*iaeth.
200 Gw. Lindars, *ibid*.
201 Gw. Brown, *St. John* I, t. LXXVI.
202 E.e., i. 14, vi. 53-56, xix. 34.
203 Gw. *Testament of Jesus*.
204 E.e., Käsemann, *Testament of Jesus*; Cullmann, *Johannine Circle*.
205 Am drafodaeth ar y 'disgybl annwyl' gw. yr adran ar yr awdur isod.
206 Dyma farn, e.e., A. Kragerud. Gw. Schnackenburg, *St. John* I, t. 162 n. l.
207 Gw. *Testament of Jesus*.
208 *The Gospel of John and Judaism*, pen. IV, tt. 59-76.
209 Gw. R. Bultmann, *Theology of the New Testament* II (Cyf. Saes. gan K. Grobel), SCM, Llundain, 1955, tt. 58-59. Mae Bultmann yn priodoli darnau fel vi. 51b-58 sy'n cyfeirio at y sagrafennau i 'olygydd eglwysig'. Ceir dehongliad gwrthsagrafennol arall yn Gwili, tt. 595-599. Cymh. Isaac Thomas, *Arweiniad*, t. 195.
210 *Johannine Circle*, pen. II, tt. 12-19.
211 Gw. xiv. 26, xvi. 13.
212 Gw. n. 190 uchod.
213 Gw. yr adran ar 'ymosodiad' ar yr Iddewon uchod.
214 E.e., ii. 6, xix. 40.
215 i. 38, 41.
216 Gw. y damcaniaethau a ddisgrifir gan R. P. Martin, *NT Foundations* I, t. 275.
217 Gw. Dodd, *Interpretation*, tt. 8-9; C. F. D. Moule, 'The Intention of the Evangelists' yn *New Testament Essays* (gol. A. J. B. Higgins), Gwasg Prifysgol Manceinion, 1959, tt. 165-179. Cymh. Isaac Thomas, *Arweiniad*, t. 198.
218 Gw. Kümmel, *Introd.*, t. 229.

219 Ioan xiv-xvi (areithiau), xvii (gweddi Iesu).
220 Gw. A. J. B. Higgins, *The Historicity of the Fourth Gospel*, tt. 14-15, yn enwedig t. 14n.
221 Gw. n. 190 uchod.
222 Gw. n. 214 uchod.
223 ix. 22, xii. 42, xvi. 2.
224 Gw. n. 189 uchod.
225 i. 17.
226 viii. 58.
227 x. 11, xv. 1, 5, xiv. 6.
228 vi. 14 (proffwyd), i. 29, 36 (oen Duw), i. 49 (brenin Israel), i. 41 (Meseia).
229 Gw. R. T. Fortna, *The Gospel of Signs*, a'r drafodaeth yn B. Lindars, *Behind the Fourth Gospel*, yn enwedig pen. II.
230 *St. John* I, t. LXXV.
231 xii. 42-43.
232 pen. ix.
233 Daeth Nicodemus i mewn o'r nos (iii. 2, xix. 39), tra oedd y dyn a iachawyd ym mhen. ix yn dioddef gynt gan ddallineb.
234 Am drafodaeth ar y 'disgybl annwyl' gw. isod. Os Ioan, yr apostol, oedd y 'disgybl annwyl', yna ef, yn naturiol, fyddai arweinydd y gymdeithas. Marwolaeth y disgybl hwn, mae'n debyg, yw'r testun dan sylw yn xxi. 20-23.
235 Gw., e.e., y cyfeiriadau yn J. A. T. Robinson, *Redating the New Testament*, SCM, Llundain, 1976, tt. 273-4.
236 Gw. pen. VI uchod.
237 Gw. R. E. Brown, *NTS* XIII (1967), 113-132.
238 xvi. 13.
239 Gall y gair *paraclêtos* olygu un neu fwy o'r pethau hyn.
240 Hynny yw, o dderbyn amser presennol y modd dibynnol fel y darlleniad gwreiddiol.
241 Gw. i. 14, 18. Mae'r gair Groeg *doxa* (= gogoniant) yn ganolog i ddatguddiad Duw yn Iesu yn yr efengyl hon. Cymh. pen. xvii.
242 Gw. i. 17.
243 Gw. xvii. 6, 26.
244 xvi. 13.
245 Hyd yn oed os nad yr awdur/efengylydd (gw. isod) oedd yr un a fu'n gyfrifol am gyhoeddi'r efengyl derfynol.
246 E.e., Kurt Aland, *NTS* IX (1962-3), 307. Cymh. Isaac Thomas, *Arweiniad*, t. 197.
247 P66 (Papurfrwyn Bodmer II) a P75 (Papurfrwyn Bodmer XIV-XV).
248 Gw. Brown, *St. John* I, t. LXXXI; Cullmann, *Johannine Circle*, t. 96; Gwili, tt. 610-611.
249 Dyma farn M-E. Boismard. Gw. Cullmann, *ibid.*
250 Ceir rhestr o'r rheiny sy'n derbyn y safbwynt hwn yn J. A. T. Robinson, *Redating the New Testament*, t. 307 n. 218.
251 Gw. trafodaeth J. A. T. Robinson, *op. cit.*, tt. 254-256.
252 Ar y pwynt yma gw. yr adran ar yr awdur isod.
253 *op. cit.*, tt. 279-282.
254 Gw. yr adran ar ffynonellau uchod.
255 E.e., Irenaeus (*Adv. Haer.* III. i. 1) yn yr ail ganrif a Chlemens o Alecsandria yn y drydedd. Gw. ymhellach n. 11 uchod.
256 E.e., Morris, *Studies*, t. 289.
257 Gw. Brown, *St. John* I, tt. LXXXV-LXXXVI.
258 Käsemann, *Testament of Jesus*.
259 E.e., gan Robinson, *Redating the New Testament*, tt. 275-277.
260 Ioan v. 2.

261 Mae Morris, *Studies*, t. 285, yn cyfeirio at y ddadl hon, er nad yw'n cytuno â hi, wrth gwrs.
262 Gw. Barrett, *St. John*, t. 109; J. A. T. Robinson, *op. cit.*, t. 273. Priodolir y farn i P. W. Schmiedel (1902) gan Brown, *St. John* I, t. 226; Gwili, t. 610.
263 ix. 22, xii. 42, xvi. 2.
264 Ceir y dystiolaeth yn Brown, *St. John* I, tt. LXXIV-LXXV, a Barrett, *St. John*, t. 108. Cymh. *The Gospel of John and Judaism*, tt. 47-48.
265 *Redating the New Testament*, tt. 272-274.
266 *Johannine Circle*, t. 98.
267 Mae Kümmel, *Introd.*, t. 247, o blaid 'somewhere in Syria'. Ymhlith eraill o'r un farn ceir Burney, Schweizer a Haenchen. Dyma hefyd oedd barn Effrem Syrus a fu farw yn 373 O.C. Gw. Gwili, t. 620.
268 Ceir amlinelliad o'r dystiolaeth yn Barrett, *St. John*, t. 110.
269 Yn ddiweddar yn yr ail ganrif O.C.
270 O blith y rhai sy'n cysylltu'r efengyl ag Alecsandria, er nad ydynt oll yn credu mai yno y cyhoeddwyd yr efengyl derfynol, gellir enwi K. Lake, W. H. Brownlee, J. N. Sanders a J. L. Martyn.
271 Gw. yr adran ar ddylanwadau posibl ar yr awdur uchod.
272 Gw. traethawd W. H. Brownlee yn *John and Qumran* (gol. J. H. Charlesworth), t. 189.
273 *Adv. Haer.* III. i. 1. Gweler Gwili, t. 535; Isaac Thomas, *Arweiniad*, t. 187.
274 Gw. Actau xviii. 19- xix. 41.
275 Gw. Actau xix. 1-7.
276 Gw. Brown, *St. John* I, tt. CIII-CIV.
277 Dat. i. 9, 11.
278 Dat. ii. 9, iii. 9.
279 Dyma farn T. W. Manson ac R. M. Grant, ymhlith eraill. Gw. Kümmel, *Introd.*, t. 247.
280 Gw. W. H. Brownlee, *art. cit.* Ymhlith eraill o'r un farn ceir H. C. Snape a E. Stauffer.
281 *Op. cit.*, tt. 304-306.
282 Gw. yr adran ragarweiniol uchod.
283 E.e., xxi. 24-25 neu hyd yn oed yr holl bennod.
284 Gw. A. J. B. Higgins, *The Historicity of the Fourth Gospel*, tt. 78-82; Morris, *Studies*, tt. 227-230. Ceir barn fwy amheugar yn Barrett, *The Gospel of John and Judaism*, tt. 36-38.
285 B. F. Westcott, *The Gospel According to St. John*, 2 Gyf., Murray, Llundain, arg. diwyg. 1908. Fe ail-luniwyd y ddadl yn ddiweddar gan Morris, *Studies*, tt. 215-280. Ceir amlinelliad ohoni yn Gwili, tt. 612-613, er nad yw'n cytuno â hi.
286 Dyma anhawster sy'n peri penbleth arbennig i'r rhai sy'n credu fod Ioan yn gyfarwydd â thraddodiad yr efengylau cyfolwg. Gw. ymhellach A. R. C. Leaney, *Pelican Guide* III, tt. 266-267.
287 Gw. yn enwedig xiv. 26, xv. 26, xvi. 13, 15.
288 E.e., Morris, *Studies*, tt. 246, 354.
289 Fe gyfeirir ato wrth ei enw yn i. 40.
290 *Johannine Circle*, t. 73.
291 *Historical Tradition*, tt. 21-151.
292 Gw. yn enwedig xi. 3, 5, 36 a chymh. xi. 11.
293 E.e., F. V. Filson, *JBL* LXVIII (1949), 83-88. Gw. hefyd *A New Testament History*, SCM, Llundain, 1965, tt. 372-373. Cyfeirir at awgrymiadau cynharach ar yr un llinellau gan Gwili, tt. 618, 631.
294 Gw. Brown, *St. John* I, t. XCV.
295 Gw. *NTS* IX (1962-63), 75-85.
296 *Ibid.*

297 Gw. P. Parker, *JBL* LXXIX (1960), 97-110. Dyma farn John Marsh hefyd. Gw. *The Gospel of St. John*, Penguin, Harmondsworth, 1968, t. 24. Dyma hefyd oedd barn ysgolheigion cynharach megis Wellhausen a Weiss.

298 Actau xii. 12.

299 Am ei gefnder, Barnabas, gw. Col. iv. 10, Actau iv. 36.

300 Ioan xviii. 15.

301 Gw. Brown, *St. John* I, t. XC.

302 B. W. Bacon (gol. C. H. Kraeling), *The Gospel of the Hellenists*, Holt, Efrog Newydd, 1933, tt. 301-331. Cyfeiriodd Gwili, t. 618, at awgrym cynharach o'r un farn.

303 E. L. Titus, *JBL* LXIX (1950), 323-328.

304 E.e., y rhai y cyfeirir atynt yn y tri nodyn nesaf. Gw. hefyd Gwili, t. 618.

305 *Gospel of John*, t. 484.

306 Ceir esboniad ar ddehongliad A. Kragerud yn Schnackenburg, *St. John* I, t. 100.

307 A. Loisy, *Le Quatrième Evangile*, Nourry, Paris, ail arg. 1921, t. 128.

308 Ceir y cyfeiriad at Gregor yn Brown, *St. John* I, tt. XCIV-XCV. Mae Brown yn nodi'r gwahaniaeth rhwng Gregor a Bultmann a welodd gynrychioli Cristnogaeth Iddewig gan Bedr yn hytrach na'r 'disgybl annwyl'.

309 Fe ddisgrifir rhan o'r broses gan Schnackenburg, *St. John* I, t. 98. Cymh. Brown, *St. John* I, tt. XCVI-XCVII; Morris, *Studies*, t. 246.

310 E.e., Marc v. 37, ix. 2, xiii. 3 (gydag Andreas), xiv. 33.

311 Gw. Marc xiv. 17.

312 Gw. *Johannine Circle*, tt. 75-78. Gw. hefyd y cyfeiriad at Sanday yn Gwili, t. 618, gan iddo achub y blaen ar ddehongliad Cullmann.

313 Ni chyfeirir atynt ond unwaith, sef yn Ioan vi. 70.

314 *Adv. Haer.* III. i. 1 a ddyfynnwyd gan Eusebius, *Hanes yr Eglwys* V, viii. 4. Am gyfieithiad gw. Barrett, *St. John*, t. 84.

315 Gw. Barrett, *St. John*, t. 84; Gwili, t. 624.

316 Gw. n. 314.

317 Esgob Hierapolis yn Asia Leiaf tua 135 O.C. Gw. Isaac Thomas, *Arweiniad*, t. 189.

318 *Hanes yr Eglwys* III, xxxix. 3ym. Gw. y cyfieithiad yn Gwili, t. 530; Isaac Thomas, *Arweiniad*, t. 189. Cymh. Barrett, *St. John*, t. 89.

319 Gw. R. P. Martin, *NT Foundations* I, t. 278; Kümmel, *Introd.*, tt. 241-243.

320 E.e., A. von Harnack, B. H. Streeter, J. H. Bernard ac eraill. Gw. y drafodaeth ar eu damcaniaethau a geir yn Schnackenburg, *St. John* I, tt. 88-91; Gwili, tt. 631-644.

321 Gw. II Ioan adn. 1, III Ioan adn. 1.

322 *De viris inlustr.* xviii.

323 E.e., Zahn, Nunn, Edwards. Gw. Schnackenburg, *St. John* I, t. 80.

324 Am briodoli'r efengylau i apostolion er mwyn ennill awdurdod iddynt gw. pen. IV uchod.

325 Actau iv. 13.

326 Gw. yr adran ar ffynonellau uchod.

327 Gw. Schnackenburg, *St. John* I, tt. 86-88; Morris, *Studies*, tt. 280-283; Isaac Thomas, *Arweiniad*, t. 188. Ar yr ochr arall, gw. Gwili, tt. 531-535, 540, 541.

328 E.e., atgyfodi merch Jairus (Marc v. 37), y gweddnewidiad (Marc ix. 2), cais meibion Sebedeus (Marc x. 35).

329 Gw. Dat. xviii. 20, xxi. 14.

330 *Johannine Circle*, tt. 75-76.

331 E.e., R. E. Brown, F-M. Braun, R. Schnackenburg.

332 Dat. i. 4, 9.

333 E.e., Barrett, *St. John*, t. 113, ond nid Datguddiad yn ei ffurf derfynol.

MYNEGAI

A. Cyfeiriadau Ysgrythurol

181